I0632194

COLLECTION

COMPLETE

DES ŒUVRES

de Monsieur

DE VOLTAIRE,

NOUVELLE ÉDITION,

*Augmentée de ses dernieres Pieces de Théâtre,
& enrichie de 61 Figures en taille-douce.*

TOME PREMIER.

SECONDE PARTIE.

A AMSTERDAM,

Aux Dépens de la Compagnie.

M. DCC. LXIV.

VARIANTES

DE LA

HENRIADE.

AVERTISSEMENT.

ON donne ici les VARIANTES qui se trouvent dans les différentes éditions de la HENRIADE; & l'on a marqué les Pages & les Vers où elles se raportent dans celle-ci. Elles ont été recueillies par M. l'Abbé Lenglet du Fresnoy, qui les fit imprimer en 1740. Il les mit à la suite de l'édition in-4°. dite de Londres, & y joignit des REMARQUES. M. de Voltaire en a ajouté depuis quelques-unes de lui, en réponse à celles de M. l'Abbé Lenglet, où il paraît que cet Editeur s'est mépris.

PREFACE.

PRÉFACE,

PAR MONSIEUR

MARMONTEL.

O N ne se lasse point de réimprimer les Ouvrages que le Public ne se lasse point de relire, & le Public relit tou-jours avec un nouveau plaisir ceux qui, comme la Henriade, aïant d'abord mé-rité son estime, ne cessent de se perfection-ner sous les mains de leurs Auteurs.

Ce Poëme, si différent dans sa naissance de ce qu'il est aujourd'hui, parut pour la premié-re fois en 1723. imprimé à Londres sous le titre de la *Ligue*. Mr. de Voltaire ne put don-ner ses soins à cette Edition ; aussi est - elle remplie de fautes, de transpositions, & de lacunes considérables.

L'Abbé Desfontaines en donna peu de tems après une Edition à Evreux, aussi imparfaite que la première, avec cette différence qu'il glissa dans les vuides quelques Vers de sa fa-

P 4 çon,

çon, tels que ceux-ci, où il est aisé de reconnaître un tel Ecrivain.

Et malgré les Perraults, & malgré les Houdarts,
L'on verra le bon goût naître de toutes parts.

Chant 6. de son Edition.

En 1726. on en fit une Edition à Londres, sous le titre de *la Henriade in-4°.* avec des figures. Elle est dédiée à la Reine d'Angleterre; & pour ne rien laisser à désirer dans cette Edition, j'ai cru devoir insérer dans ma Préface cette Epître Dédicatoire. On sait que dans ce genre d'écrire, Mr. de Voltaire a pris une route qui lui est propre. Les gens de goût qui s'épargnent ordinairement la lecture des fades éloges, que même nos plus grands Auteurs n'ont sçu se dispenser de prodiguer à leurs Mécénes, lisent avidement & avec fruit les Epîtres Dédicatoire d'Alzire, de Zaïre, &c. Celle-ci est dans le même goût, & on y reconnaît un Philosophe judicieux & poli, qui sait louer les Rois même sans les flâter. Il n'écrivit cette Epître qu'en Anglais.

T 0

TO THE
QUEEN.

MADAM,

IT is the *Fate* of *Henry the Fourth to be protected by an* English QUEEN. *He vvas assisted by that great :* Elizabeth *vvho vvas in her Age the Glory of her Sex. By vvhom can his Memory be so vvel protected, as by her vvho resembles so much* Elizabeth *in her personnal Virtues ?*

YOUR MAJESTY vvill find in this Book, bold impartial Truths, Morality unstained vvith Superstition, a Spirit of Liberty, equally abhorrent of Rebellion and of Tiranny, the Rights of Kings alvvays asserted, and those of Mankind never laid aside.

The same Spirit in vvhich it is vvritten, gave me the Confidence, to offer it to the virtuous Consort of a King, vvho among so many crovvned Heads enjoys, almost alone, the inestimable Honour of ruling a free Nation, a King vvho makes his Povver consist in being beloved, and his Glory in being just.

Our Descartes, *vvho vvas the greatest Philo-*

fopher in Europe, *before Sir* Ifaac Newton *appeared, dedicated his Principles to the celebrated Princefs Palatine* Elizabeth, *not, faid he, becaufe she vvas a Princefs, for true Philofophers refpect Princes, and never flatter them, but becaufe of all his Readers she underftood him the beft, and loved Truth the moft.*

I beg Leave M A D A M (vvithout compar'ng my felf to Defcartes*) to dedicate the* Henriade *to YOUR MAJESTY, upon the like Account, not only as the Protectrefs of all Arts and Sciences, but as the beft Judge of them.*

I am vvith thad profound Refpect, vvhich is due to the greateft Virtue, as vvel as to the higheft Rank.

May it pleafe YOUR MAJESTY,

YOUR MAJESTYS

moft humble, moft dutiful, moft obliged Servant, VOLTAIRE.

Mr. l'Abbé Lenglet du Frefnoy *nous en a donné la Traduction fuivante.*

A
LA REINE.

MADAME,

'E s t le fort de *Henri IV.* d'être pro-
tégé par une Reine d'Angleterre ; il a
été appuïé par *Elizabeth*, cette grande
Princeſſe qui étoit dans ſon tems la gloire de
ſon ſexe. A qui ſa mémoire pourroit-elle être
auſſi-bien confiée, qu'à une Princeſſe dont
les vertus perſonnelles reſſemblent tant à celles d'*Elizabeth* ?

VOTRE MAJESTE' trouvera dans ce
Livre des vérités bien grandes & bien im-
portantes ; la Morale à l'abri de la ſuperſti-
tion ; l'eſprit de liberté, également éloigné
de la révolte & de l'oppreſſion ; les droits des
Rois, toujours aſſurés, & ceux du peuple,
toujours défendus.

Le même eſprit dans lequel il eſt écrit, me
fait prendre la liberté de l'offrir à la vertueu-
ſe Epouſe d'un Roi, qui parmi tant de Têtes
Couronnées, joüit preſque ſeul de l'honneur,
ſans prix, de gouverner une Nation libre, &

P. 6   d'un

d'un Roi qui fait confifter fon pouvoir à être aimé, & fa gloire à être jufte.

Notre *Defcartes*, le plus grand Philofophe de l'Europe, avant que le Chevalier *Nevvton* parût, a dédié fes Principes à la célèbre Princeffe Palatine *Elizabeth*; non pas, dit-il, parce qu'elle étoit Princeffe; car les vrais Philofophes refpectent les Princes, & ne les flâtent point; mais parce que de tous fes Lecteurs, il la regardoit comme la plus capable de fentir & d'aimer le vrai.

Permettez - moi, MADAME, (fans me comparer à *Defcartes*) de dédier de même la *Henriade* à VOTRE MAJESTE', non-feulement parce qu'elle protége les Sciences & les Arts, mais encore parce qu'elle en eft un excellent Juge.

Je fuis, avec ce profond refpect qui eft dû à la plus grande Vertu, & au plus haut Rang,

Si VOTRE MAJESTE' veut bien me le permettre,

de VOTRE MAJESTE',

Le très-humble, très-refpectueux,
& très-obéiffant ferviteur,
VOLTAIRE.

Cette Edition qui fût faite par Soufcriptions, a fervi de prétexte à mille calomnies contre

contre l'Auteur. Il a dédaigné d'y répondre ; mais il a remis dans la Bibliothéque du Roi, c'est-à-dire, sous les yeux du Public & de la postérité, des preuves autentiques de la conduite généreuse qu'il tint dans cette occasion. Je n'en parle qu'après les avoir vûes.

Il seroit long & inutile de compter ici toutes les Editions qui ont précédé celle-ci, dans laquelle on les trouvera réunies par le moïen des *Variantes.*

En 1736. le Roi de Prusse, alors Prince Roïal, avoit chargé Mr. Algaroti qui étoit à Londres d'y faire graver ce Poëme avec des Vignettes à chaque page. Ce Prince, ami des Arts qu'il daigne cultiver, voulant laisser aux siécles à venir un Monument de son estime pour les Lettres, & particuliérement pour la *Henriade*, daigna en composer la Préface ; & se mettant ainsi au rang des Auteurs, il apprit au monde qu'une plume éloquente sied bien dans la main d'un Héros. Récompenser les beaux Arts est un mérite commun à un grand nombre de Princes, mais les encourager par l'exemple, & les éclairer par d'excellens Ecrits, en est un d'autant plus recommandable dans le Roi de Prusse, qu'il est plus rare parmi les hommes. La mort du Roi son pere, les guerres survenuës, & le départ de Mr. Algaroti de Londres interrompirent ce projet, si digne de celui qui l'avoit conçû. Comme la

Préface

Préface qu'il avoit compofée n'a pas vû le jour, j'en ai pris deux fragments qui peuvent en donner une idée, & qui doivent être regardés comme un morceau bien précieux dans la Littérature.

» Les difficultés, dit - il en un endroit,
» qu'eut à furmonter Mr. de Voltaire lorfqu'il
» compofa fon Poëme Epique, font innom-
» brables. Il voïoit contre lui les préjugés de
» toute l'Europe, & celui de fa propre Na-
» tion, qui étoit du fentiment que l'Epopée
» ne réuffiroit jamais en Français. Il avoit de-
» vant lui le trifte exemple de fes Prédécef-
» feurs, qui avoient tous bronché dans cette
» pénible carriére. Il avoit encore à combat-
» tre le refpect fuperftitieux & exclufif du
» peuple favant pour Virgile & pour Homé-
» re; & plus que tout cela, une fanté faible
» qui auroit mis tout autre homme, moins
» fenfible que lui, à la gloire de fa Nation,
» hors d'état de travailler. C'eft cependant,
» indépendament de tous ces obftacles, que
» Mr. de Voltaire eft venu à bout de fon def-
» fein, &c.

» Quant à la faine Morale, dit-il ailleurs,
» quant à la beauté des fentimens, on trou-
» ve dans ce Poëme tout ce qu'on peut dé-
» firer. La valeur prudente de *Henri IV.* jointe
» à fa générofité & à fon humanité, dévroit
» fervir d'exemple à tous les Rois & à tous
les

» les Héros, qui se piquent quelquefois mal à
» propos de dureté envers ceux que le destin
» des Etats, & le sort de la Guerre ont sou-
» mis à leur puissance. Qu'il leur soit dit en
» passant, que ce n'est ni dans l'inflexibilité,
» ni dans la tirannie que consiste la véritable
» grandeur ; mais bien dans ce sentiment que
» l'Auteur exprime avec tant de noblesse.

» Amitié, don du Ciel, plaisir des grandes ames,
» Amitié que les Rois, ces illustres ingrats,
» Sont assez malheureux pour ne connaître pas.

Ainsi pensoit ce grand Prince avant que monter sur le Trône. Il ne pouvoit alors instruire
les Rois que par des maximes ; aujourd'hui
il les instruit par des exemples.

La Henriade a été traduite en plusieurs lan-
gues. En vers Anglais par M. Lokman. Une
partie l'a été en vers Italiens par M. Querini,
noble Vénitien, & une autre en vers Latins,
par le Cardinal de ce nom, Bibliothécaire du
Vatican, si connu par sa grande Littérature. Ce
sont ces deux hommes célébres qui ont traduit le Poëme de Fontenoy. Messieurs Orto-
lani & Nanci ont aussi traduit plusieurs Chants
de la Henriade. Elle l'a été entiérement en vers
Hollandais & Allemans.

Cette justice rendue par tant d'Etrangers
contemporains, semble supléer à ce qui manque d'ancienneté à ce Poëme ; & puisqu'il a
été

été généralement aprouvé dans un siécle, qu'on peut apeller celui du goût, il y a apparence qu'il le sera des siécles à venir. On pourroit donc, sans être téméraire, le placer à côté de ceux qui ont le sceau de l'immortalité. C'est ce que semble avoir fait M. Cocchi, Lecteur de Pise, dans une Lettre imprimée à la tête de quelques éditions de la Henriade, où il parle du sujet, du plan, des mœurs, des caractéres, du merveilleux & des principales beautés de ce Poëme, en homme de goût & de Littérature; bien différent d'un Français, Auteur de Feuilles Périodiques, qui plus jaloux qu'éclairé, l'a comparé à la Pharsale. Une telle comparaison supose dans son Auteur ou bien peu de lumiéres, ou bien peu d'équité; car en quoi se ressemblent ces deux Poëmes? Le sujet de l'un & de l'autre est une Guerre Civile; mais dans la Pharsale, *l'audace est triomphante & le crime adoré;* dans la Henriade, au contraire, tout l'avantage est du côté de la justice. Lucain a suivi scrupuleusement l'Histoire, sans mélange de fiction; au lieu que M. de Voltaire a changé l'ordre des tems, transporté les faits, & emploïé le merveilleux. Le stile du premier est souvent empoulé, défaut dont on ne voit pas un seul exemple dans le second. Lucain a peint ses Héros avec de grands traits, il est vrai, & il a des coups de pinceau dont on trouve peu d'exemples dans Virgile & dans

Homé-

Homére. C'est peut-être en cela que lui ressemble notre Poëte. On convient assés que personne n'a mieux connu que lui l'art de marquer les caractéres : un vers lui suffit quelquefois pour cela, témoins les suivans.

Médicis la (1) reçut avec indifférence,
Sans paraître jouïr du fruit de sa vengeance,
Sans remords, sans plaisirs, &c.

Connaissant les périls & ne redoutant de rien;
Heureux (2) Guerrier, Grand Prince, & mauvais
    Citoïen.

Il (3) se présente aux Seize, & demande des fers
Du front dont il auroit condamné ces pervers.

Il (4) marche en Philosophe où l'honneur le conduit,
Condamne les combats, plaint son Maître, & le suit.

Mais si M. de Voltaire annonce avec tant d'art ses Personnages, il les soutient avec beaucoup de sagesse; & je ne crois pas que dans le cours de son Poëme on trouve un seul vers où quelqu'un d'eux se démente. Lucain au contraire est plein d'inégalités, & s'il atteint quelquefois la véritable grandeur, il donne souvent dans l'enflure. Enfin ce Poëte Latin

qui

(1) La tête de Coligni. *Chant II.*
(2) Guise. *Chant III.*
(3) Harlay. *Chant IV.*
(4) Mornay. *Chant VI.*

Reliure serrée

qui a porté à un si haut point la noblesse des
sentimens, n'est plus le même lorsqu'il faut ou
peindre, ou décrire ; & j'ose assurer qu'en cette partie notre langue n'a jamais été si loin
que dans la Henriade.

Il y auroit donc plus de justesse à comparer la Henriade avec l'Enéide. On pourroit
mettre dans la balance le plan, les mœurs,
le Merveilleux de ces deux Poëmes ; les Personnages, comme Henri IV. & Enée, Achatés
& Mornai, Sinon & Clément, Turnus & d'Aumale, &c. Les Episodes qui se répondent
comme les repas des Troïens sur la côte de
Carthage, & celui de Henri chez le Solitaire
de Gersai, le Massacre de la Saint Barthelemi,
& l'Incendie de Troïe ; le quatriéme Chant
de l'Enéide, & le neuviéme de la Henriade ;
la descente d'Enée aux Enfers, & le songe de
Henri IV. L'Antre de la Sibile, & le Sacrifice
des Seize ; les Guerres qu'ont à soutenir les
deux Héros, & l'intérêt qu'on prend à l'un &
à l'autre ; la mort d'Euriale, & celle du jeune d'Ailli ; les combats singuliers de Turenne
contre d'Aumale, & d'Enée contre Turnus.
Enfin le stile des deux Poëtes ; l'art avec lequel ils ont enchaîné les faits, & leur goût
dans le choix des Episodes, leurs comparai-
sons, leurs descriptions. Et après un tel examen, on pourroit décider d'après le sentiment.

Les bornes que je suis obligé de me pres-
crire

es crire dans cette Préface , ne me permettent
ou pas d'apuïer fur ce parallèle , mais je crois
t qu'il me fuffit de l'indiquer à des Lecteurs
in clairés & fans prévention.

Les raports vagues & généraux dont je viens
de parler, ont fait dire à quelques Critiques
t que la Henriade manquoit du côté de l'inven-
, tion ; que ne fait-on le même reproche à Virgile, au Taffe, &c? Dans l'Enéïde font réu-
nis le plan de l'Odiffée & celui de l'Iliade. Dans
la Jérufalem délivrée, on trouve le plan de l'I-
liade exactement fuivi, & orné de quelques
Epifodes tirées de l'Enéïde.

Avant Homére, Virgile & le Taffe, on avoit
décrit des Siéges, des Incendies, des Tem-
pêtes. On avoit peint toutes les Paffions. On
connaiffoit les Enfers & les Champs Elifées.
On difoit qu'Orphée, Hercule, Pirithous,
Uliffe y étoient defcendus pendant leur vie.
Enfin, ces Poëtes n'ont rien dont l'idée générale ne foit ailleurs. Mais ils ont peint les
objets avec les couleurs les plus belles. Ils les
ont modifiés & embellis, fuivant le caractére
de leur génie & les mœurs de leur tems. Ils
les ont mis dans leur jour & à leur place. Si
ce n'eft pas-là créer, c'eft du moins donner
aux chofes une nouvelle vie, & on ne fauroit
difputer à M. de Voltaire la gloire d'avoir excellé dans ce genre de production. Ce n'eft-là,
dit-on, que de l'invention de détail, & quel-

ques

ques Critiques voudroient de la nouveau
dans le tout. On faisoit un jour remarquer je
un homme de Lettre ce beau vers où M. n
Voltaire exprime le mystére de l'Eucharistie t

Et lui découvre un Dieu sous un pain qui n'est plu a

Oui, dit-il, ce vers est beau ; mais je ne sai f
l'idée n'en est pas neuve. Malheur, dit M
de Fénélon, (1) à qui n'est pas ému en lisan c
ces vers !

(2) *Fortunate senex, hic inter flumina nota*
Et fontes sacros, frigus captabis opacum

N'aurois-je pas raison d'adresser cette e
péce d'anathême au Critique dont je viens de
parler? J'ose prédire à tous ceux qui comme lu
veulent du neuf ; c'est-à-dire, de l'inoui, qu'on
ne les satisfera jamais, qu'aux dépens du bor
sens. Milton lui-même n'a pas inventé les idées
générales de son Poëme ; quelque extraordi
naires qu'elles soient. Il les a puisées dans les
Poëtes, dans l'Ecriture-Sainte, &c. L'idée de
son Pont, toute gigantesque qu'elle est, n'est
pas neuve. Sadi s'en étoit servi avant lui, &
l'avoit tirée de la Théologie des Turcs. Si
donc un Poëte qui a franchi les limites du
monde, & peint des objets hors de la nature,
n'a rien dit dont l'idée générale ne soit ailleurs,
je

(1) Lettre de l'Académie Française.
(2) Virgile, Eglogue I.

je crois qu'on doit ſe contenter d'être original dans les détails & dans l'ordonnance, ſur-
tout quand on a aſſez de génie pour s'élever
au-deſſus de ſes modèles.

Je ne réfuterai pas ici ceux qui ont été aſſez ennemis de la Poëſie, pour avancer qu'il
peut y avoir des Poëmes en proſe. Ce paradoxe paraît téméraire à tous les gens de bon
goût & de bon ſens. M. de Fénelon, qui avoit
beaucoup de l'un & de l'autre, n'a jamais donné ſon Télémaque, que ſous le nom des
Avantures de Télémaque, & jamais ſous celui de
Poëme. C'eſt ſans contredit le premier de tous
les Romans; mais il ne peut pas même être
mis dans la claſſe des derniers Poëmes. Je ne
dis pas ſeulement, parce que les avantures
qu'on y raconte ſont preſque toutes indépendantes les unes des autres, & parce que le ſtile, tout fleuri & tendre qu'il eſt, ſeroit trop
uniforme; je dis parce qu'il n'a pas le nombre,
le rithme, la meſure, la rime, les inverſions;
en un mot, rien de ce qui conſtituë cet art ſi
difficile de la Poëſie, art qui n'a plus de raport avec la proſe, que la Muſique n'en a avec
le ton ordinaire de la parole.

Il ne me reſte plus qu'à dire un mot ſur l'ortographe qu'on a ſuivie dans cette édition,
c'eſt celle de l'Auteur; il l'a juſtifiée lui-même;
& puiſqu'il n'a contre lui qu'un uſage condan-
né par ceux-mêmes qui le ſuivent, il paraît aſſez

inutile

inutile de prouver qu'il a eu raison de s'en écarter; je me contenterai donc, pour faire voir combien cet usage est pernicieux à notre Poësie, de citer quelques endroits de nos meilleurs Poëtes, où ils ne l'ont que trop scrupuleusement suivi.

(1) Attaquons dans leurs murs ces Conquérans si fiers,

Qu'ils tremblent à leur tour pour leurs propres foïers.

Ma colére revient & je me reconnois,
Immolons en partant trois ingrats à la fois.

(2) Je ne fais que recueillir les voix,
Et dirois vos défauts si je vous en savois.

Il est sûr qu'une ortographe conforme à la prononciation eut obvié à ces défauts, & que ces deux Poëtes, si exacts & si heureux dans leurs rimes, ne se sont contentez de celle-ci, que parce qu'elles satisfaisoient les yeux. Ce qui le prouve, c'est qu'on ne s'est jamais avisé de faire rimer *Beauvais*, qu'on prononce comme *savois*, avec *voix*, qu'on a cru cependant pouvoir rimer avec *savois*.

Dans ces deux vers de Boileau,

(3) La Discorde en ces lieux menace de *s'acroître;*
                                                    Demain

(1) Mithridate.
(2) Le Flateur.
(3) Lutrin, Chant II.

Demain avant l'aurore un Lutrin va *paroître*.

L'on prononce *s'acraître* pour la rime, & cela est assez usité. Madame Deshouliéres dit :

(1) Puisse durer, puisse *croître*
    L'ardeur de mon jeune Amant,
    Comme feront sur ce hêtre
    Les marques de mon tourment.

Mais ce qui paraît singulier, c'est que *paroître*, en faveur de qui on prononce *s'acraître*, change lui-même sa prononciation en faveur de *Cloître*.

(2) L'honneur & la vertu n'oférent plus paroître,
    La piété chercha les Déferts & le *Cloître*.

Une bizarrerie si marquée, vient de ce qu'on a changé l'ancienne prononciation, fans changer l'ortographe qui la repréfente. La réformation générale d'un tel abus eut été une affaire d'éclat. Mr. de Voltaire n'a porté que les premiers coups ; il a cru judicieufement qu'on devoit rimer pour l'oreille & non pour les yeux : en conféquence il a fait rimer *François* avec *fuccès*, &c. Et pour fatisfaire en même-tems les oreilles & les yeux, il a écrit *Français*, fubftituant à la diphtongue *oi*, la diphtongue *ai*, qui, accompagnée d'une *s*, exprime à la fin

des

(1) Céliméne, Eglogue.
(2) Epître IV. Boil.

des mots le ſon de l'*è*, comme dans bienfaits, ſouhaits, &c. M. de Voltaire a été d'autant plus autoriſé à ce changement d'ortographe, qu'il lui faloit diſtinguer dans ſon Poëme certains mots, qui écrits par tout ailleurs de la même façon, ont néanmoins une prononciation & une ſignification différente : ſous le froc de *François*, &c. des Courtiſans *François*, &c.

C'eſt-là ce que j'avois à dire ſur cette nouvelle édition de la Henriade. Le grand nombre de vers qu'on y trouve nouvellement ajoutés, & l'attention avec laquelle elle a été faite, font préſumer favorablement du ſuccès.

Quant à ce que j'ai dit ſur le mérite de ce Poëme, je déclare qu'il ne m'a été permis que de laiſſer entrevoir mon ſentiment, & que ſi je n'ai pas heurté de front la prévention de quelques Critiques, ce n'eſt pas que je ne leur fois entiérement oppoſé. Peut-être un jour pourrai-je ſans contrainte parler comme penſera la poſtérité.

VARIANTES
DE LA
HENRIADE,
AVEC
DES REMARQUES

****

CHANT PREMIER.

A premiére édition, donnée *in*-8°. en 1723. commence tout autrement que les autres. En voici les Vers.

Je chante les combats & ce Roi généreux,
Qui força les Français à devenir heureux,
Qui diffipa la Ligue & fit trembler l'Ibére,
Qui fut de fes fujets le vainqueur & le pere.
Dans Paris fubjugué fit adorer fes Loix,
Et fut l'amour du monde & l'exemple des Rois.

Muſe, raconte-moi quelle haine obſtinée
Arma contre Henri la France mutinée,
Et comment nos Ayeux, à leur perte courans,
Au plus juſte des Rois préféroient des Tyrans.

Valois régnoit encor, & ſes mains incertaines,
De l'Etat ébranlé laiſſoient flotter les rênes;
Les Loix étoient ſans force, & les droits confondus,
Ou pour en mieux parler, Valois ne régnoit plus.
    Ce n'étoit plus ce Prince, *&c.*

Ce commencement ne me paraît ni moins beau, ni moins exact; il eſt même plus court & plus nerveux que ce qui a été mis depuis.

N. B. M. l'Abbé Lenglet ſe trompe évidemment, de l'aveu de tous les gens de bon goût, qui ont préféré la noble ſimplicité des derniéres éditions à ce Vers qui paraiſſoit trop recherché.

Qui força les Français à devenir heureux.

Page 3. Vers 6.

Les Peuples à ſes pieds, &c.] Le Duc d'Anjou fut elu Roi de Pologne par les mouvemens que ſe donna Jean de *Montluc*, Evêque de Valence Ambaſſadeur de France en Pologne, & Henri n'alla qu'à regret recevoir cette Couronne: mais aïant appris en 1574. la mort de ſon frére, il ne tarda point à revenir en France.

Page 3. Vers 11.

Quélus & Saint-Maigrin, Joyeuse & d'Espernon.

La Note de l'édition de 1723. est très-étendue, & contient même beaucoup de vérités & de curiosités historiques.

Maugiron, S. Maigrin, Joyeuse & d'Espernon.

C'étoit eux qu'on appelloit les Mignons de Henri III. St. Luc, Livarot, Villequier, Duguast, & sur-tout Quélus, eurent part aussi & à sa faveur & à ses débauches. Il est certain qu'il eut pour ce dernier une passion capable des plus grands excès. Dans sa première jeunesse on lui avoit déja reproché ses goûts ; il avoit eu une amitié fort équivoque pour ce même Duc de Guise qu'il fit depuis tuer à Blois.

Le Docteur Boucher, dans son Livre, *De justa Henrici Tertii abdicatione*, ose avancer, que la haine de Henri III. pour le Cardinal de Guise, n'avoit d'autre fondement que les refus qu'il en avoit essuiés dans sa jeunesse, mais ce conte ressemble à toutes les autres calomnies dont le livre de Boucher est rempli.

Henri III. mêloit avec ces Mignons la Religion à la débauche ; il faisoit avec eux des retraites, des pélerinages, & se donnoit la discipline : il institua la *Confrérie de la Mort*, soit pour la mort d'un de ses Mignons, soit pour

Q 2   celle

celle de la Princeſſe de Condé ſa Maîtreſſe : les Capucins & les Minimes étoient les Directeurs des Confréres, parmi leſquels il admit quelques bourgeois de Paris ; ces Confréres étoient vétus d'une robe d'étamine noire, avec un capuchon. Dans une autre Confrérie, toute contraire, qui étoit celle des *Pénitens Blancs*, il n'admit que ſes Courtiſans. Il étoit perſuadé, auſſi-bien que certains Théologiens de ſon tems, que ces mommeries expioient les péchez d'habitude : on tient que les *Statuts de ces Confréres*, leurs habits, leurs régles, étoient des emblêmes de ſes amours, & que le Poëte Deſportes, Abbé de Tyron, l'un des plus fins Courtiſans de ce tems-là, les avoit expliqués dans un livre qu'il jetta depuis au feu.

Henri III. vivoit d'ailleurs dans la moleſſe & dans l'affeterie d'une femme coquette ; il couchoit avec des gants d'une peau particuliére, pour conſerver la beauté de ſes mains, qu'il avoit éfectivement plus belles que toutes les femmes de ſa Cour ; il mettoit ſur ſon viſage une pâte préparée, & un eſpéce de maſque par-deſſus : c'eſt ainſi qu'en parle le livre des Hermaphrodites, qui circonſtancie les moindres détails ſur ſon coucher, ſur ſon lever, & ſur ſes habillemens. Il avoit une exactitude ſcrupuleuſe ſur la propreté dans la parure : il étoit ſi attaché à ces petiteſſes, qu'il chaſſa un

jour

jour le Duc d'Espernon de sa présence ; parce qu'il s'étoit présenté devant lui sans escarpins blancs & avec un habit mal boutonné.

Louis de Maugiron, Baron d'Ampus, dont il est ici question, étoit l'un des Mignons pour qui Henri III. eut le plus de faiblesse ; c'étoit un jeune homme d'un grand courage & d'une grande espérance ; il avoit fait de fort belles actions au siége d'Issoire, où il avoit eu le malheur de perdre un œil.   Cette disgrace lui laissoit encore assez de charmes pour être infiniment du goût du Roi : on le comparoit à la Princesse d'Eboli, qui étant borgne comme lui, étoit dans le même-tems Maîtresse de Philippe II. Roi d'Espagne.   On dit que ce fut pour cette Princesse, & pour Maugiron, qu'un Italien fit ces quatre beaux Vers, renouvellés depuis.

Lumine Acon dextro, capta est Leonida sinistro,

 Et poterat formâ vincere uterque Deos ;

Parve puer lumen, quod habes concede puella,

 Sic tu cacus Amor, sic erit illa Venus.

Maugiron fut tué le 27. d'Avril 1578. en servant Quélus dans sa quérelle.

Paul Stuart de Caussade de Saint Maigrin, Gentilhomme d'auprès de Bordeaux, fut aimé de Henri III. autant que Quélus & Maugiron, & mourut d'une maniére aussi tragique ; il fut affaffiné le 21. Juillet de la même année, dans la ruë S. Honoré, fur les onze heures du foir, en revenant du Louvre. Il fut porté à ce même Hôtel de Boiffy, où étoient morts fes deux amis, & il y mourut le lendemain de 34. bleffures qu'il avoit reçues la veille. Le Duc de Guife le balafré fut foupçonné de cet affaffinat, parce que Saint Maigrin s'étoit vanté d'avoir couché avec la Ducheffe Guife. Les Mémoires du tems raportent, que le Duc de Mayenne fut reconnu parmi les affaffins à fa barbe large & à fa main faite en épaule de mouton.

Le Duc de Guife ne paffoit pourtant point pour un homme trop févére fur la conduite de fa femme, & il n'y a pas d'aparence que le Duc de Mayenne, qui n'avoit jamais fait aucune action de lâcheté, fe fût avili jufqu'à fe mêler dans une troupe de vingt affaffins pour tuer un feul homme.

Le Roi baifa S. Maigrin, Quélus & Maugiron après leur mort, les fit rafer, & garda leurs blonds cheveux ; il ôta de fa main à Quélus des boucles d'oreilles qu'il lui avoit attachées lui-même. M. de l'Etoile dit que ces trois Mignons moururent fans aucune religion, Maugiron en blafphémant, Quélus en difant à tous momens : Ah ! mon Roi, mon Roi ! *fans dire un feul mot de Jefus-Chrift ni de la Vierge.*

IIs

Ils furent enterrés à S. Paul ; le Roi leur fit élever dans cette Eglife trois tombeaux de marbre, fur lefquels étoient leurs figures à genoux ; leurs tombeaux furent chargés d'Epitaphes en profe & en vers, en latin & en français ; on y comparoit Maugiron à Horatius-Coclés & à Annibal, parce qu'il étoit borgne comme eux. On ne raporte point ici ces Epitaphes, quoiqu'elles ne fe trouvent que dans les *Antiquités de Paris*, imprimées fous le Régne de Henri III. Il n'y a rien de remarquable ni de trop bon dans ces Monumens ; ce qu'il y a de meilleur eft l'Epitaphe de Quélus.

Non injuriam, fed mortem patienter tulit.

Il ne put fouffrir aucun outrage,
Et fouffrit conftament la mort.

(*Tiré de l'édition de* 1723.)

Page 3. *Vers* 15.

Des Guifes cependant.] C'étoient deux fréres ; l'un, Henri Duc de Guife, fils de celui qui fut tué à Orléans par Poltrot ; & lui-même tué à Blois par ordre de Henri III. en 1588. l'autre étoit Louis de Lorraine Cardinal de Guife, tué à Blois auffi-bien que fon frére. Le Duc de Guife fur-tout étoit le Chef de la Ligue, & contraignit Henri III. d'abandon-

Q 4 don-

donner, & le Louvre, & Paris à la journée des Barricades. C'eſt ce qui eſt exprimé par le ſeiziéme Vers de cette page, *du Louvre*, &c.

Page 4. Vers 2.

De ſa faible puiſſance orgueilleuſe rivale.
Les peuples aveuglés, vils eſclaves des Grands,
Perſécutoient leur Prince & ſuivoient des Tyrans.

L'édition de 1723. met.

De ſon faible pouvoir inſolente rivale.
Cent partis opoſés du même orgueil épris,
De ſon Trône à ſes yeux diſputoient les débris.

Ibid. Vers 19.

Et le Peuple & l'Egliſe, &c.] Ce Vers, & les quinze ſuivans, ne ſont pas ainſi dans les éditions, ſoit de 1723. ſoit de 1737. ſoit des ſuivantes. Voici ce qu'on trouve dans la premiére.

Troublant tout dans Paris, & du haut de ſes tours
De Rome & d'Eſpagne apellant les ſecours ;
De l'autre paraiſſoient les ſoutiens de la France,
Diviſés par leur Secte, unis par la vengeance:
Henri de leurs deſſeins étoient l'ame & l'apui,
Leurs cœurs impatiens voloient tous après lui.
On eût dit que l'armée à ſon pouvoir ſoumiſe,
Ne connaiſſoit qu'un Chef & n'avoit qu'une Egliſe.

Vous

Vous le vouliez ainsi, grand Dieu, dont les des-
  seins
Par de secrets ressorts inconnus aux humains,
Confondant des Ligués la superbe espérance,
Destinoient aux Bourbons l'Empire de la France :
Déja les deux Partis, &c.

Page 7. Vers 10.

Des Anglais en secret, gagnez l'illustre Reine.

L'édition de 1723. avoit mis :

Des Anglais en secret, allez fléchir la Reine.

Mais l'édition de Londres a parlé plus exactement ; il s'agissoit de gagner Elisabeth en faveur des deux Rois, & non pas de la *fléchir*,
parce qu'elle n'avoit aucun sujet de mécontentement de la part de ces Princes.

Page 8. Vers 4.

Et quiconque me venge, est Français à mes yeux.

Au lieu que l'édition de 1723. met :

Et qui peut me venger, est Français à mes yeux.

Mais la différence est peu considérable.

Ibid. Vers 9.

Allez dans Albion ; que votre Renommée
Y parle en ma défense, & m'y leve une Armée.

Ces

Ces deux Vers font autrement dans l'édition de 1723. les voici :

L'Angleterre vous aime, & votre renommée
Sur vos pas en ces lieux conduira fon Armée.

On trouve dans l'édition de 1723. ces quatre Vers, fuprimés dans les autres éditions.

Les momens nous font chers, & le vent nous fe-
      conde,
Allez, qu'à mes deffeins votre zèle réponde ;
Partez, je vous attens pour fignaler mes coups ;
Qui veut vaincre & régner, ne combat point fans
      vous.
Il dit, & le Héros, &c.

Mais ces Vers, quoique beaux, faifoient languir l'action, & l'Auteur a bien fait de les fuprimer, même pour d'autres raifons.

Page 9. Vers 11.

Déja des Neuftriens, &c.] Voici de quelle maniére ce Vers, & les fept qui fuivent, font mis dans l'édition de 1723.

Déja des Neuftriens il franchit la campagne,
De tous fes Favoris Sully feul l'accompagne ;
Sully, qui dans la guerre & dans la paix fameux,
Intrépide foldat, courtifan vertueux,
Dans les plus grands Emplois fignalant fa prudence,
Servit également & fon Maître & la France.
                    Heureux

Heureux, fi mieux inftruit de la divine Loi,
Il eût fait pour fon Dieu ce qu'il fit pour fon Roi.
A travers deux rochers, &c.

Comme le nom de M. de Sully fe trouve
dans l'édition de 1723. M. de Voltaire y avoit
joint une Remarque fort curieufe fur ce Seigneur, que je mettrai ici, pour ne rien ob-
mettre de ce qui fe trouve dans les éditions
différentes de ce beau Poëme.

On a choifi, dit M. de Voltaire, le Duc de
Sully, parce qu'il étoit de la Religion-Préten-
duë-Réformée, qu'il fut toujours inféparable-
ment ataché à fa Religion & à fon Maître, &
que depuis même il alla Ambaffadeur en Angleterre. Il nâquit à Rofny en 1559. & mourut à Villebon en 1641. Ainfi il avoit vû
Henri II. & Louïs XIV. Il fut-Grand-Voyer
& Grand-Maître de l'Artillerie, Grand-Maître
des Ports de France, Sur-Intendant des Finances, Duc & Pair & Maréchal de France.
C'eft le feul homme à qui on ait jamais donné le Bâton de Maréchal, comme une marque
de difgrace. Il ne l'eut qu'en échange de la
Charge de Grand-Maître de l'Artillerie, que
la Reine Régente lui ôta en 1634. Il étoit
très-brave homme de guerre, & encor meilleur Miniftre, incapable de tromper le Roi,
& d'être trompé par les Financiers; il fut inflexible pour les Courtifans, dont l'avidité eft

Q 6   infatia-

infatiable, & qui trouvoient en lui une rigueur conforme à l'humeur économe de Henri IV. Ils l'appelloient le *Négatif*, & l'on difoit que le mot de *oui* n'étoit jamais dans fa bouche. Avec cette vertu févére il ne plut jamais qu'à fon Maître, & le moment de la mort d'Henri IV. fut celui de fa difgrace. Le Roi Louïs XIII. le fit revenir à la Cour quelques années après, pour lui demander fes avis. Il y vint, quoi-qu'avec répugnance : les jeunes Courtifans qui gouvernoient Louïs XIII. voulurent, fe-lon l'ufage, donner des ridicules à ce vieux Miniftre, qui reparaiffoit dans une jeune Cour avec des habits & des airs de mode, paffés depuis long-tems. Le Duc de Sully qui s'en apperçut, dit au Roi : » Sire, quand le Roi vo- » tre pere, de glorieufe mémoire, me faifoit » l'honneur de me confulter, nous ne com- » mençions à parler d'affaire, qu'au préalable » on n'eût fait paffer dans l'Antichambre les » Baladins & les Boufons de la Cour.

Il compofa dans la folitude de Sully des Mémoires, dans lefquels régne un air d'hon-nête-homme, avec un ftile naïf, mais trop diffus.

On y trouve quelques Vers de fa façon, qui ne valent pas plus que fa Profe. Voici ceux qu'il compofa en fe retirant de la Cour, fous la Régence de Marie de Médicis.

Adieu Maifons, Châteaux, armes, canons du Roi,
Adieu

Adieu Conseils, Trésors déposés à ma foi,
Adieu munitions, adieu grands équipages,
Adieu tant de rachats, adieu tant de ménages,
Adieu faveurs, grandeurs, adieu le tems qui court,
Adieu les amitiés & les amis de Cour, &c.

Il ne voulut jamais changer de Religion ; cependant il fut des premiers à conseiller à Henri IV. d'aller à la Messe.

Le Cardinal du Perron l'exhortant un jour à quitter le Calvinisme, il lui répondit : » Je » me ferai Catholique, quand vous aurez sup- » primé l'Evangile ; car il est si contraire à » l'Eglise Romaine, que je ne peux pas croi- » re que l'un & l'autre aient été inspirés par » le même Esprit.

Le Pape lui écrivit un jour une Lettre remplie de louange sur la sagesse de son Ministére ; le Pape finissoit sa Lettre comme un bon Pasteur, par prier Dieu qu'il ramenât sa brebis égarée, & conjuroit le Duc de Sully de se servir de ses lumiéres pour entrer dans la bonne voïe. Le Duc lui répondit sur le même ton ; il l'assura qu'il prioit Dieu tous les jours pour la conversion de Sa Sainteté. Cette Lettre est dans ses Mémoires. (*Tiré de l'édition de* 1723.) Mais la substitution du nom de Mornay, que le Poëte a mis en la place de celui de Sully, a obligé l'Auteur d'y mettre une autre Remarque, qu'on trouve dans les Notes au bas des Pages.

Page 10. *Vers* 14.

On leve l'ancre, on part, on fuit loin de la terre, &c.

Voici comme l'édition de 1723. met ces
Vers, & les suivans :

On leve l'ancre, on part, on fuit loin de la terre,
On aborde bien-tôt les Champs de l'Angleterre;
Henri court au rivage, & d'un œil curieux
Contemple ses climats, alors aimés des Cieux;
Sous de rustiques toits les laboureurs tranquiles
Amassent les trésors des campagnes fertiles,
Sans craindre qu'à leurs yeux des Soldats inhu-
  mains
Ravagent ces beaux champs, cultivés par leurs
  mains.
La paix au milieu d'eux comblant leur espérance,
Amene les plaisirs, enfans de l'abondance.
Peuple heureux, dit Bourbon, quand pourront
  les Français
Voir d'un Régne aussi doux fleurir les justes Loix ?
Quel exemple pour vous, Monarques de la terre,
Une femme a fermé les portes de la guerre ;
Et renvoïant chez vous la discorde & l'horreur,
D'un peuple qui l'adore elle fait le bonheur.
En achevant ces mots, il découvre un bocage
Dont un leger zéphir agitoit le feuillage,
Flore étaloit au loin ses plus vives couleurs,

Une

Une onde tranſparente y fuit entre les fleurs;
Une grotte eſt auprès, dont la ſimple ſtructure, &c.

Il y a pluſieurs obſervations à faire ſur cet endroit. La premiére, que le Poëte dans l'édition de 1723. met en Angleterre une ſcène que dans les autres éditions il place dans l'Iſle de Jerſay. La ſeconde, que pour donner lieu de mettre la rencontre du Vieillard, il feint que ſon Héros eſt battu par la tempête, qui eſt ici très-bien décrite. Ce qui, après être parti de Dieppe, le fait relâcher dans l'Iſle de Jerſay. La troiſiéme Remarque eſt qu'il place ci-après ſix beaux Vers au ſujet de l'Angleterre & d'Eliſabeth. Celui-ci:

Peuple heureux, dit Bourbon, quand pourront
    les Français.

Et les cinq qui ſuivent. Il écrit Français par un *a*, & a grande raiſon, parce qu'il écrit comme on parle.

Page 15. *Vers* 8.

Allez, qui lui reſſemble eſt ſûr de ſon appui.

Ce qui donne plus de confiance & de vivacité au diſcours du Vieillard, que ce Vers des anciennes éditions:

Et que qui lui reſſemble eſt ſûr de ſon appui.

Page 15. Vers 15.

Il quitte avec regret.] Il y avoit dans les premiéres éditions :

Il embraſſe en pleurant ce Vieillard vertueux.
Il s'éloigne à regret de ces paiſibles lieux ;
Il avance, il arrive à la Cité fameuſe
Qu'arroſe de ſes eaux la Tamiſe orgueilleuſe.

L'édition de Londres, & celle-ci, ſont ici plus amples de 22. Vers.

Page 16. Vers 4.

En voïant l'Angleterre, en ſecret il admire, &c.

Dans l'édition de 1723. la rencontre du Vieillard ſe fait en Angleterre, au lieu que dans les autres éditions elle ſe fait dans l'Iſle de Jerſay ; & voici la Note de M. de Voltaire ſur cet endroit dans ſon édition de 1723. qui regarde ce prétendu voïage de Henri IV. en Angleterre.

Ceux qui n'approuvent point cette Epiſode, peuvent dire qu'il ne paraît pas permis de mêler ainſi le menſonge à la vérité dans une Hiſtoire ſi récente ; que les Savans dans l'Hiſtoire de France en doivent être choqués, & les ignorans peuvent être induits en erreur : que ſi les fictions ont droit d'entrer dans un Poëme Epique, il faut que le lecteur les reconnaiſſe aiſément pour telles ; que
quand

quand on perſonifie les paſſions, que l'on peint la politique & la diſcorde allant de Rome à Paris, l'amour enchaînant Henri IV. &c. perſonne ne peut être trompé à ces peintures; mais que lorſque l'on voit Henri IV. paſſer la mer pour demander du ſecours à une Princeſſe de ſa Religion, on peut croire facilement que ce Prince a fait éfectivement ce voïage; qu'en un mot, une telle Epiſode doit être moins regardée comme une imagination de Poëte, que comme un menſonge d'Hiſtorien.

Ceux qui ſont du ſentiment contraire, peuvent opoſer à ces raiſons, que non-ſeulement il eſt permis à un Poëte d'altérer l'Hiſtoire dans les faits, qui ne ſont pas des faits principaux; mais qu'il eſt impoſſible de ne le pas faire; qu'il n'y a jamais eu d'événement dans le monde tellement diſpoſé par le hazard, qu'on pût en faire un Poëme Epique ſans y rien changer; qu'il ne faut pas avoir plus de ſcrupule dans le Poëme, que dans la Tragédie, où l'on pouſſe beaucoup plus loin la liberté de ces changemens; car ſi l'on étoit trop ſervilement ataché à l'Hiſtoire, on tomberoit dans le défaut de Lucain, qui a fait une Gazette en Vers, au lieu d'un Poëme Epique. A la vérité, il ſeroit ridicule de tranſporter des événemens principaux & dépendans les uns des autres, de placer la bataille d'Ivry avant la bataille de Coutras, &

la

la S. Barthélemi avec les Barricades. Mais l'on peut bien faire passer secrettement Henri IV. en Angleterre, sans que ce voïage, qu'on supose ignoré des Parisiens même, change en rien la suite des événemens historiques. Les mêmes Lecteurs, qui sont choqués qu'on lui fasse faire un trajet de mer de quelques lieues, ne seroient point étonnés qu'on le fit aller en Guyenne, qui est quatre fois plus éloignée. Que si Virgile a fait venir en Italie Enée, qui n'y alla jamais; s'il l'a rendu amoureux de Didon, qui vivoit trois cens ans après lui, on peut sans scrupule faire rencontrer ensemble Henri IV. & la Reine Elisabeth, qui s'estimoient l'un & l'autre, & eurent toujours un grand désir de se voir. Virgile, dira-t'on, parloit d'un tems très-éloigné, il est vrai; mais ces événemens, tout reculés qu'ils étoient dans l'Antiquité, étoient fort connus. L'Iliade & l'Histoire de Carthage étoient aussi familiéres aux Romains, que nous le sont les Histoires les plus récentes : il est aussi permis à un Poëte Français de tromper le Lecteur de quelques lieues, qu'à Virgile de le tromper de trois cens ans. Enfin ce mélange de l'Histoire & de la Fable est une régle établie & suivie, non-seulement dans tous les Poëtes, mais dans tous les Romans. Ils sont remplis d'avantures, qui à la vérité ne sont pas raportés dans l'Histoire, mais qui ne sont pas démenties par elle. Il suffit,

suffit, pour établir le voïage de Henri en Angleterre, de trouver un tems où l'Histoire ne
donne point à ce Prince d'autres occupations.
Or il est certain qu'après la mort des Guises
Henri a pu faire ce voïage, qui n'est que de
quinze jours au plus, & qui peut aisément être
de huit. D'ailleurs cette Episode est d'autant
plus vrai-semblable, que la Reine Elisabeth
envoïa effectivement six mois après à Henri
le Grand quatre mille Anglais; de plus, il faut
remarquer qu'il n'y a que Henri IV. le Héros
du Poëme, qui puisse conter dignement l'Histoire de la Cour de France, & qu'il n'y a
guéres qu'Elisabeth qui puisse l'entendre. Enfin, il s'agit de savoir si les choses que se disent Henri IV. & la Reine Elisabeth, sont assez bonnes pour excuser cette fiction dans l'esprit de ceux qui la condamnent, & pour autoriser ceux qui l'aprouvent.

Page 16. Vers 10.

Une femme, &c.] Ce Vers, & le suivant, sont
mis ainsi dans l'édition de 1723.

Une femme à ses pieds enchaînant les revers,
De l'éclat de son régne étonnoit l'Univers.

Le nouveau Texte est beaucoup mieux,
parce qu'on a toujours dit *enchaîner les destins*,
& l'on ne dit pas *enchaîner le revers* : on les évite, on les surmonte ; mais on ne les enchaî-
ne pas.

Page 16. Vers 14.

Et fit aimer son joug à l'Anglais indompté.

Ce Vers, dans l'édition de 1723. est précédé de ces quatre ; savoir :

Là, des Rois d'Albion est l'antique séjour :
Elisabeth alors y rassembloit sa Cour.
L'Univers la respecte, & le Ciel l'a formée
Pour rendre un calme heureux à cette Isle allarmée,
Pour faire aimer son joug à ce peuple indompté,
Qui ne peut ni servir, ni vivre en liberté.

Ibid. dernier Vers.

Aux murs de Westminster.] C'étoit anciennement une Abbaïe, & une Ville unie à celle de Londres, & où il y a maintenant un Chapitre de Chanoines. C'est dans cette Ville que s'assemble le Parlement d'Angleterre ; il faut le concours de la Chambre des Communes, de celle des Pairs du Roïaume, ou des Seigneurs, & le consentement du Roi pour former une Loi. (*Tiré en partie de l'édition de* 1737.)

Page 17. Vers 10.

Ah ! s'écria Bourbon, &c.] Nous avons dit ci-dessus dans la Note, que ces six Vers ont été placés très à propos en cet endroit.

Ibid. Vers 16.

Cependant il arrive à cette Ville immense, &c.

Ce

Ce Vers, & les fuivans, font ainfi conçus dans l'édition de 1723.

Il avance, il arrive à la Cité fameufe,
Qu'arrofe de fes eaux la Tamife orgueilleufe.
Là, des Rois d'Albion eft l'antique féjour,
Elifabeth alors y raffembloit fa Cour.
L'Univers la refpecte, & le Ciel l'a formée
Pour rendre un calme heureux à cette Ifle allar-
  mée, &c.

Page 17. Vers 18.

Il apperçoit la Tour.] La Tour de Londres eft un vafte bâtiment, flanqué de plufieurs tours, bâti fur les bords de la Tamife par Guillaume le Conquérant, Duc de Normandie, & depuis Roi d'Angleterre. C'eft dans ce vieux Château qu'eft l'Arfenal, la Garde des Archives de la Couronne, la Monnoïe, & même la Prifon des Criminels - d'Etat. (*Tiré en partie de l'édition de 1737.*)

Page 18. Vers premier.

Suivi de Mornai feul, &c.] L'édition de 1723. met ainfi ce Vers & les fuivans.

Le Héros en fecret eft conduit chez la Reine ;
Il la voit, il lui dit le fujet qui l'améne,
Et jufqu'à la priére humiliant fon cœur,
Dans fes foumiffions découvre fa grandeur.
Quoi ! vous fervez Valois, &c.

Page 18. Vers 21.

Mais il emploïa trop l'artifice & la feinte, &c.

Ce Vers, & les trois qui suivent, se trouvent ainsi dans l'édition de 1723.

Mais n'emploïant jamais que la ruse & la feinte,
Il fut mon ennemi, par faiblesse & par crainte :
Je l'ai vaincu, Madame, & je vais le venger ;
Le bras qui l'a puni, saura le protéger.

Mais ces Vers sont moins bien que dans l'édition de Londres & dans la nôtre ; il ne convient point à un Roi de punir un autre Roi ; c'est le punir que de le vaincre, & l'Auteur a sagement fait d'ôter le mot de *puni*, du premier endroit où il étoit.

Page 19. Vers 3.

La quérelle des Rois] Après ce Vers, on trouve dans l'édition de 1723. les huit Vers suivans, dont les quatre premiers sont assez peu Epiques. Les quatre derniers ont été transportés au troisième Chant.

La Reine accorda tout à sa noble priére,
De Mars à ses Sujets elle ouvre la barriére ;
Mille jeunes Héros vont bien-tôt sur ses pas
Fendre le sein des Mers & chercher les combats.
Essex est à leur tête, Essex dont la vaillance,
Vingt fois de l'Espagnol confondit la prudence,

Et

Et qui ne croïoit pas qu'un indigne deſtin
Dût flétrir les lauriers qu'avoit cueillis ſa main.

Mais l'Auteur a eu raiſon de ſuprimer les
quatre premiers Vers. *Sa noble prière* du premier Vers n'a rien de fort élevé. Le caractére
du Comte d'Eſſex n'y eſt pas fidèlement raporté. Dans les deux ans qu'il fut dans les
Païs-Bas pour ſecourir les Etats-Généraux contre Philippe II. Roi d'Eſpagne, il s'y comporta très-médiocrement ; juſques-là même
que les Hollandais furent obligés de prier
Eliſabeth de rapeller ce Comte, quoique favori de la Reine.

N. B. Dans cette Note, M. l'Abbé Lenglet ſe
trompe ſur le Comte d'Eſſex. Il ne ſe comporta
qu'avec trop de vigueur & non de médiocrité, puiſqu'il voulut s'aſſurer de quelques Villes.

Page 19. Vers 18.

Peignez-moi vos malheurs, &c.] Au lieu de
ces deux Vers, on lit dans l'édition de 1723.
les deux ſuivans :

Et je crois mériter que ſans déguiſemens,
Vous m'inſtruiſiez ici de vos vrais ſentimens.

Ce qui étoit dire à Henri IV. Prenez-garde
de me mentir ; compliment qu'il ne convenoit
pas qu'Eliſabeth fît à un Roi qu'elle eſtimoit.

N. B. M. l'Abbé Lenglet ſe trompe, c'étoit dire : N'écoutez pas trop votre modeſtie & votre
modération.

Page 20. *Vers* 5. changé en celui-ci.

Un autre en vous parlant pourroit avec adresse.

Il y avoit auparavant :

Sur-tout en écoutant ces triftes avantures,
Pardonnez, grande Reine, à des vérités dures, &c.

L'Auteur aparemment a changé ces Vers, parce que ces vérités qui pouvoient être dures pour les Rois de France, ne l'étoient pas pour la Reine Elifabeth.

CHANT SECOND.

Page 22. Vers premier.

J E *ne décide point*, &c.] Quelques lecteurs, peu atentifs, pourront s'éfaroucher de la hardieſſe de ces expreſſions. Il eſt juſte de ménager ſur cela leur ſcrupule, & de leur faire conſidérer que les mêmes paroles, qui ſeroient une impiété dans la bouche d'un Catholique, ſont très-ſéantes dans celles d'un Roi de Navarre. Il étoit alors Calviniſte ; beaucoup de nos Hiſtoriens mêmes nous le peignent flottant entre les deux Religions ; & certainement s'il ne jugeoit de l'une & de l'autre que par la conduite des deux partis, il devoit ſe défier des deux cultes, qui n'étoient ſoutenus alors que par des crimes. On le donne dans tout ce Poëme pour un homme de bien, qui cherche de bonne foi à s'éclaircir ; par-là on ſatisfait à l'obligation de tout Ecrivain, qui doit être moral & inſtructif. (*Tiré de l'édition de* 1723.)

Page 27. dernier Vers.

Mon pere malheureux, à la Cour enchaîné.

Tome I.   R   Antoine

Antoine de Bourbon, Roi de Navarre, pere du plus intrépide & du plus ferme de tous
les hommes, fut le plus faible & le moins dé-
cidé; il étoit Huguenot & fa femme Catholique. Ils changérent tous deux de Religion
prefqu'en même-tems.

Jeanne d'Albret fut depuis Huguenote opi-
niâtre; mais Antoine chancela toujours dans
fa Catholicité, jufques-là même qu'on douta
dans quelle Religion il mourut. Il porta les
armes contre les Proteftans, qu'il aimoit, &
fervit Catherine de Médicis, qu'il déteftoit.

Il fongea à la Régence après la mort de François II. La Reine-Mere l'envoya chercher:
» Je fai, lui dit-elle, que vous prétendez au
» Gouvernement; je veux que vous me le
» cédiez tout-à-l'heure par un écrit de votre
» main, & que vous vous engagiez à me re-
» mettre la Régence fi les Etats vous la dé-
» férent. « Antoine de Bourbon donna l'écrit
que la Reine lui demandoit, & figna ainfi fon
deshonneur. C'eft à cette occafion que l'on
fit ces Vers, que j'ai lûs dans les Manufcrits
de M. le Premier Préfident de Mefmes.

Marc-Antoine, qui pouvoit être
Le plus grand Seigneur & le Maître
De fon Païs, s'oublia tant,
Qu'il fe contenta d'être Antoine,
Servant lâchement une Reine.

Le

Le Navarrois en fait autant.

Après la fameuse conjuration d'Amboise, un nombre infini de Gentilshommes vinrent offrir leurs services & leurs vies à Antoine de Navarre ; il se mit à leur tête ; mais il les congédia bien-tôt, en leur promettant de demander grace pour eux. » Songez seulement à » l'obtenir pour vous, lui répondit un vieux » Capitaine, la nôtre est au bout de nos épées.

Il mourut à l'âge de 44. ans d'un coup d'arquebuse, reçu dans l'épaule gauche au siége de Rouen, où il commandoit. Sa mort arriva le 17. Novembre 1562. le 35e. jour de sa blessure. L'incertitude qu'il avoit eue pendant sa vie le troubla dans ses derniers momens ; & quoiqu'il eût reçu ses Sacremens, selon l'usage de l'Eglise Romaine, on douta s'il ne mourut point Protestant ; il avoit reçu le coup mortel dans la tranchée, dans tems qu'il pissoit. Aussi lui fit-on cette Epitaphe :

Ami, Français, le Prince ici gissant,
Vécut sans gloire, & mourut en pissant.

Il y en a une dans M. le Laboureur qui ressemble à celle-là, & finit par le même hémistiche. M. Jurieu assure, que lorsque Louis, Prince de Condé, étoit en prison à Orléans, le Roi de Navarre son frere alloit solliciter le Cardinal de Lorraine, & que celui-ci recevoit assis & couvert le Roi de Navarre, qui lui parloit debout, & nue tête : je ne fai où M. Jurieu a pu déterrer ce fait. (*Tiré de l'édition de 1723.*)

Page 28. Vers 5.

Condé, qui vit en moi le seul fils de son frere.

La remarque de l'édition de 1723. est trop curieuse pour ne la pas mettre ici. La voici donc.

Louis de Condé, frere d'Antoine, Roi de Navarre, le septiéme & dernier des enfans de Charles de Bourbon, Duc de Vendôme, fut un de ces hommes extraordinaires, nés pour le malheur & pour la gloire de leur Patrie. Il fut long-tems le Chef des Réformés, & mourut, comme l'on fait, à Jarnac. Il avoit un bras en écharpe le jour de la bataille. Comme il marchoit aux ennemis, le cheval du Comte de la Rochefoucault, son beaufrere, lui donna un coup de pied qui lui cassa la jambe. Ce Prince, sans daigner se plaindre, s'adressa aux Gentilshommes qui l'accompagnoient : » Apprenez, leur dit-il, que » les chevaux fougueux nuisent plus qu'ils ne » servent dans une armée. « Un moment après il leur dit, avec un bras en écharpe & une jambe cassée, » Le Prince de Condé ne craint » point de donner la bataille, puisque vous » le suivez, « & chargea dans le moment.

Brantôme dit, qu'après que le Prince se
fut

fut rendu prifonnier à *Dargence* , dans cette bataille , arriva un très-honnête & très-brave Gentilhomme nommé Montefquiou , qui aïant demandé qui c'étoit ? comme on lui dit que c'étoit Monfieur le Prince de Condé : *Tuez* , *tuez ; mordieu* , dit-il , & lui tira un coup de piftolet dans la tête. Ce Prince étoit boffu & petit ; & cependant plein d'agrémens, fpirituel , galant , aimé des femmes. On fit fur lui ce Vaudeville :

Ce petit homme tant joli ,
Toujours caufe & toujours rit ,
Et toujours baife fa mignonne ;
Dieu gard de mal ce petit homme.

La Maréchale de S. André fe ruina pour lui , & lui donna entr'autres préfens la Terre de Vallery , qui depuis eft devenue la fépulture des Princes de la Maifon de Condé.

Jamais Général ne fut plus aimé de fes foldats ; on en vit à Pont-à-Mouffon un exemple étonnant. Il manquoit d'argent pour fes troupes , & fur-tout pour les Reitres , qui étoient venus à fon fecours , & qui menaçoient de l'abandonner. Il ofa propofer à fon armée , qu'il ne païoit point , de païer elle-même l'armée auxiliaire ; & ce qui ne pouvoit jamais arriver que dans une guerre de Religion , & fous un Général tel que lui , toute fon armée fe cotifa , jufqu'au moindre goujat.

R 3　　II

Il fut condamné fous François II. à Orléans à perdre la tête ; mais on ignore fi l'arrêt fut figné. La France fut étonnée de voir un Pair, Prince du Sang, qui ne pouvoit être jugé que par la Cour des Pairs, les Chambres affemblées, obligé de répondre devant des Commiffaires ; mais ce qui parut le plus étrange, fut que ces Commiffaires mêmes fuffent tirés du Corps du Parlement. C'étoit Chriftophe de Thou, depuis premier Préfident, & pere de l'Hiftorien, Barthélemi Faye, Jacques Viole, Confeillers ; Bourdin, Procureur-Général ; & du Tillet, Greffier, qui tous, en acceptant cette Commiffion, dérogeoient à leurs Priviléges, & s'ôtoient par-là la liberté de reclamer leurs droits, fi jamais on leur eût voulu donner à eux - mêmes, dans l'occafion, d'autres Juges que leurs Juges naturels. On prétend que Madame Renée de France, fille de Louis XII. & Ducheffe de Ferrare, qui arriva en France dans ce même-tems, ne contribua pas peu à empêcher l'exécution de l'arrêt.

Il ne faut pas omettre un artifice de Cour, dont on fe fervit pour perdre ce Prince, qui fe nommoit Louis. Ses ennemis firent fraper une Médaille, qui le repréfentoit : il y avoit pour légende *Louis XIII. Roi de France.* On fit tomber cette Médaille entre les mains du Connétable de Montmorency, qui la montra tout en colére au Roi, perfuadé que le Prince de
Condé

Condé l'avoit fait fraper. (*Tiré presque tout de
l'édition de* 1723.) Il est parlé de cette Médaille dans *Brantôme*, & dans *Vigneul de Mar-
ville.*

Page 28. Vers 11.

O Plaines de Jarnac ! ô coup trop inhumain !
Barbare Montesquiou, moins guerrier, qu'affassin,
Condé déja mourant tomba sous ta furie ;
J'ai vû porter le coup, j'ai vû trancher sa vie :
Hélas ! trop jeune encor, mon bras, mon faible bras,
Ne put ni prévenir, ni vanger son trépas.

Ces Vers sont beaux ; mais j'ai deux remarques à faire. La première est un doute, pour
savoir si *Montesquiou* n'est pas de quatre syllabes ; alors il y en auroit une de trop dans le
Vers. On peut néanmoins y supléer, en mettant, *cruel Montesquiou, moins guerrier qu'affassin.*
L'autre remarque est sur le troisiéme Vers,
dit-on, en Français, *tomba sous ta furie ?* Tom-
be-t'on sous la furie de quelqu'un ? Ne diroit-
on pas mieux, *éprouva ta furie ;* parce qu'on dit
bien éprouver la furie & la colére de quelqu'un ?

N. B. L'Auteur des Remarques se trompe,
Montesquiou doit être de trois syllabes ; il faut s'en
raporter à l'Auteur du Poëme, qui a plus d'oreille
que cet Editeur. On tombe aussi *sous la furie,* ou

bien il n'y a point de Poësie. Il y avoit dans l'édition de 1723. ces deux Vers seulement :

» Hélas ! je pleure encore, & pleurerai toûjours,
» L'indigne assassinat qui termina ses jours.

Page 29. Vers 3.

Coligni de Condé le digne successeur , &c.

Gaspard de Coligni , Amiral de France , fils de Gaspard de Coligni , Maréchal de France, & de Louise de Montmorenci , sœur du Connétable , né à Châtillon le 16. Février 1516. Après la mort du Prince de Condé , il fut déclaré Chef du Parti des Réformés en France. Catherine de Médicis & Charles IX. furent l'attirer à la Cour pour le Mariage de Henri IV. & de Marguerite de Valois , sœur de Charles IX. & de Henri III. Il fut massacré le jour de la S. Barthélemi ; c'étoit principalement à ce Seigneur qu'on en vouloit. (*Tiré en partie de l'édition de* 1737.) Mais je ne veux pas omettre ici la Remarque de l'édition de 1723. La voici.

Quelques personnes ont reproché à l'Auteur de la Henriade d'avoir fait son Héros dans ce second Chant, d'un Huguenot révolté contre son Roi, & accusé, par la voix publique, de l'assassinat de François de Guise. Cette critique louable est fondée sur l'obéïssance au Souverain, qui doit faire le principal caractère

re

re d'un Héros Français : mais il faut considé-
rer que c'est ici Henri IV. qui parle ; il avoit
fait ses premiéres campagnes sous l'Amiral,
qui lui avoit tenu lieu de pere. Il avoit été
accoutumé à le respecter, & ne devoit, ni ne
pouvoit le soupçonner d'aucune action indigne d'un grand homme, sur-tout après la justification publique de Coligni, qui ne pouvoit point paraître douteuse au Roi de Navarre.

A l'égard de la Révolte, ce n'étoit pas à
ce Prince à regarder comme un crime dans
l'Amiral, son union avec la Maison de Bourbon contre des Lorrains & une Italienne.
Quant à la Religion, ils étoient tous deux
Protestans ; & les Huguenots, dont Henri IV.
étoit le Chef, regardoient l'Amiral comme
un Martyr.

Page 31. dernier Vers.

Je ne suis point injuste, & je ne prétens pas
A Médecis encore imputer son trépas.

Jeanne d'Albret, atirée à Paris avec les autres Huguenots, mourut après cinq jours d'u-
ne fiévre maligne : le tems de sa mort, les
massacres qui la suivirent, la crainte que son
courage auroit pû donner à la Cour ; enfin,
sa maladie, qui commença après avoir acheté
des gants & des colets parfumés, chez un

R 5   Parfu-

Parfumeur nommé René, venu de Florence avec la Reine, & qui paſſoit pour un empoiſonneur public, tout cela fit croire qu'elle étoit morte de poiſon. On dit même que ce René ſe vanta de ſon crime, & oſa dire publiquement, qu'il en préparoit autant à deux grands Seigneurs qui ne s'en doutoient pas. Mézerai, dans ſa grande Hiſtoire, ſemble favoriſer cette opinion, en diſant que les Chirurgiens, qui ouvrirent le corps de la Reine, ne touchérent point à la tête, où l'on ſoupçonnoit que le poiſon avoit laiſſé des traces trop viſibles. On n'a point voulu mettre ces ſoupçons dans la bouche de Henri IV. parce qu'il eſt juſte de ſe défier de ces idées qui n'atribuent jamais la mort des Grands à des cauſes naturelles. Le Peuple, ſans rien aprofondir, regarde toujours comme coupables de la mort d'un Prince, ceux à qui cette mort eſt utile. On pouſſa la licence de ces ſoupçons juſqu'à accuſer Catherine de Médicis de la mort de ſes propres enfans; cependant il n'y a jamais eu de preuves, ni que ces Princes, ni que Jeanne d'Albret, dont il eſt ici queſtion, ſoient morts empoiſonnés.

Il n'eſt pas vrai (comme le prétend Mézerai) qu'on n'ouvrit point le cerveau de la Reine de Navarre; elle avoit recommandé expreſſément qu'on viſitât avec exactitude cette partie après ſa mort. Elle avoit été tourmentée

mentée toute sa vie de grandes douleurs de
tête, accompagnées de démangeaisons, &
avoit ordonné qu'on cherchât soigneusement
la cause de ce mal, afin qu'on pût le guérir
dans ses enfans, s'ils en étoient ateints. La
Chronologie Novennaire raporte formellement
que Caillard son Médecin, & Desnœuds son
Chirurgien, disséquérent son cerveau, qu'ils
trouvérent très-sain ; qu'ils aperçurent seulement de petites bubes d'eau, logées entre le
crâne & la pellicule, qui envelope le cerveau,
ce qu'ils jugérent être la cause des maux de
tête dont la Reine s'étoit plainte ; ils attesté-
rent d'ailleurs qu'elle étoit morte d'un abcès
formé dans la poitrine. Il est à remarquer que
ceux qui l'ouvrirent étoient Huguenots, &
qu'aparemment ils auroient parlé de poison,
s'ils y avoient trouvé quelque vrai-semblan-
ce. On peut me répondre qu'ils furent gagnés
par la Cour : mais Desnœuds, Chirurgien de
Jeanne d'Albret, Huguenot passionné, écrivit depuis des Libelles contre la Cour : ce
qu'il n'eût pas fait s'il se fût vendu à elle, &
dans ces Libelles il ne dit point que Jeanne
d'Albret ait été empoisonnée. De plus, il n'est
pas croïable qu'une femme aussi habile que
Catherine de Médicis, eût chargé d'une pareille commission un misérable Parfumeur, qui
avoit, dit-on, l'insolence de s'en vanter.

Jeanne d'Albret étoit née en 1530. de Henri

d'Ald'Albret, Roi de Navarre, & de Marguerite de Valois, fœur de François I. A l'âge de douze ans, Jeanne fut mariée à Guillaume, Duc de Cléves; elle n'habita pas avec fon mari. Le mariage fut déclaré nul deux ans après, par le Pape Paul III. & elle époufa Antoine de Bourbon. Ce fecond mariage contracté, du vivant du premier mari, donna lieu depuis aux Prédicateurs de la Ligue, de dire publiquement dans leurs fermons contre Henri IV. qu'il étoit bâtard; mais ce qu'il y eut de plus étrange fut que les Guifes, & entr'autres ce François de Guife, qu'on dit avoir été fi bon Chrétien, abuférent de la faibleffe d'Antoine de Bourbon, au point de lui perfuader de répudier fa femme, dont il avoit des enfans, pour époufer leur niéce & fe donner entiérement à eux. Peu s'en fallut que le Roi de Navarre ne donnât dans ce piége. Jeanne d'Albret mourut à 44. ans, le 9. Juin 1572.

M. Bayle dans fes Réponfes aux Queftions d'un Provincial, dit qu'on avoit vû de fon tems en Hollande le fils d'un Miniftre, nommé Goyon, qui paffoit pour petit-fils de cette Reine. On prétendoit qu'après la mort d'Antoine de Navarre, elle s'étoit mariée en fecret à un Gentilhomme, nommé Goyon, dont elle avoit eu ce Miniftre. (*Tiré de l'édition de 1723.*)

Page

Page 35. dernier Vers.

On l'infulte, on l'outrage encore après fa mort.

II eſt impoſſible de ſavoir s'il eſt vrai que Catherine de Médicis ait envoïé la tête de l'Amiral à Rome, comme l'aſſurent les Proteſtans. Mais il eſt ſûr qu'on porta ſa tête à la Reine avec un coffre plein de papiers, parmi leſquels étoit l'Hiſtoire du tems, écrite de la main de Coligni. La populace traîna ſon corps par les rues, & le pendit par les pieds avec une chaîne de fer au gibet de Montfaucon.

Le Roi eut la cruauté d'aller lui-même avec ſa Cour à Montfaucon, jouir de cet horrible ſpectacle. Quelqu'un lui aiant dit que le corps de l'Amiral ſentoit mauvais, il répondit comme Vitellius : *Le corps mort d'un ennemi ſent toujours bon.*

Le Parlement rendit un Arrêt contre le mort, par lequel il ordonna que ſon corps, après avoir été traîné ſur une claye, ſeroit pendu en Gréve, ſes enfans déclarés roturiers, & incapables de poſſéder aucune Charge, ſa Maiſon de Châtillon ſur Loin raſée, les arbres coupés, &c. & que tous les ans on feroit une Proceſſion le jour de la Saint Barthélemi, pour remercier Dieu de la découverte de la Conſpiration à laquelle l'Amiral n'avoit pas ſongé.

Le

Le Parlement avoit mis quelques années auparavant fa tête à cinquante mille écus ; il eſt aſſez ſingulier que ce ſoit préciſément le même prix qu'il mit depuis à celle du Cardinal Mazarin. Le génie des Français eſt de tourner en plaiſanterie les événemens les plus affreux, on débita un petit écrit intitulé : *Paſſio Domini noſtri Gaſpardi Coligni, ſecundùm Bartholomœum.*

Mézerai raporte dans ſa grande Hiſtoire, un fait dont il eſt très-permis de douter ; il dit que quelques années auparavant le Gardien du Couvent des Cordeliers de Xaintes, nommé Michel Crellet, condamné par l'Amiral à être pendu, lui prédit qu'il mourroit aſſaſſiné, qu'il feroit jetté par les fenêtres, & enſuite pendu lui-même.

De nos jours un Financier aïant acheté une terre qui avoit apartenu aux Colignis, y trouva dans le parc à quelques pieds ſous terre, un coffre de fer rempli de papiers qu'il fit jetter au feu, comme ne produiſant aucun revenu. (*Tiré de l'édition de 1723. & de celle de 1737.*)

Page 39. Vers 13.

Le Roi, le Roi lui-même, &c.] J'ai ouï dire au dernier Maréchal de Theſſé, qu'il avoit connu dans ſa jeuneſſe un vieillard de 90 ans, lequel avoit été Page de Charles IX. & lui

lui avoit dit plusieurs fois qu'il avoit chargé lui-même la carabine avec laquelle le Roi avoit tiré sur ses sujets Protestans la nuit de la S. Barthélemi. C'est ce que Brantôme ne fait pas difficulté d'avouer lui-même dans ses Mémoires. (*Tiré presque toute de l'édition de 1737.*) Voici l'endroit de Brantôme, à la S. Barthélemi. *Quand il fut jour, le Roi mit la tête à la fenêtre de sa chambre, & voyoit aucuns dans le Fauxbourg S. Germain qui se remuoient & se sauvoient ; il prit une grande arquebuse de chasse qu'il avoit, & en tiroit tout plein de coups à eux ; mais en vain, car l'arquebuse ne tiroit si loin : incessament crioit : Tuez, tuez.*

Voici maintenant de quelle maniére est couchée la Note de l'édition de 1723.

Le Roi lui-même au milieu des bourreaux.

Charles IX. avoit eu la barbarie de tirer lui-même avec une arquebuse sur les Huguenots, qu'il voïoit fuir. Plusieurs personnes ont entendu conter à M. le Maréchal de Tessé, que dans son enfance il avoit vû un vieux Gentilhomme âgé de plus cent ans qui avoit été fort jeune dans les Gardes de Charles IX. Il interrogea ce vieillard sur la Saint Barthélemi, & lui demanda s'il étoit vrai que ce Roi eût tiré sur les Huguenots ? *C'étoit moi, Monsieur, répondit le vieillard, qui chargeois son arquebuse.*

Henri IV. dit publiquement plus d'une fois, qu'après

qu'après la S. Barthélemi une Nuée de Corbeaux étoit venue se percher sur le Louvre, & que pendant sept nuits, lui & toute la Cour, entendirent des gémissemens, & des cris épouventables à la même heure. Il racontoit un prodige encore plus étrange. Il disoit que quelques jours avant les massacres, jouant aux dez avec le Duc d'Alençon & le Duc de Guise, il vit des goutes de sang sur la table, que par deux fois il les fit essuïer, que deux fois elles reparurent, & qu'il quitta le jeu saisi d'éfroi.

Page 40. Vers 11.

De Caumont, jeune enfant, l'étonnante avanture, &c.

Le jeune Caumont, dont il est ici question, qui échappa à la S. Barthélemi, est le fameux Maréchal de la Force, qui depuis se fit une si grande réputation, & qui a vécu jusqu'à l'âge de 84. ans. Il a laissé des Mémoires qui n'ont point été imprimés, & qui doivent être encore dans la Maison de la Force. Mézerai dans sa grande Histoire, dit que son pere, son frere & lui couchoient dans un même lit, que son pere & son frere y furent massacrés, & qu'il échapa comme par miracle, &c. C'est sur la foi de cet Historien que j'ai mis en Vers cette avanture.

Les circonstances dont Mézerai apuïe son récit, ne me permettoient pas de douter de la véri-

vérité du fait, tel qu'il le rapporte : mais depuis Monsieur le Duc de la Force m'a fait voir les Mémoires Manuscrits de ce même Maréchal de la Force, écrits de sa propre main : le Maréchal y conte son avanture d'une autre façon ; cela fait voir comme il faut se fier aux Historiens.

Voici l'extrait des particularités curieuses que le Maréchal de la Force raconte de la S. Barthélemi.

Deux jours avant la Saint Barthélemi, le Roi avoit ordonné au Parlement de relâcher un Officier qui étoit prisonnier à la Conciergerie ; le Parlement n'en aïant rien fait, le Roi avoit envoïé quelques-uns de ses Gardes enfoncer les portes de la prison, & tirer de force le prisonnier ; le lendemain le Parlement vint faire ses remontrances au Roi : tous ces Messieurs avoient mis leurs bras en écharpe pour faire voir à Charles IX. qu'il avoit estropié sa Justice. Tout cela avoit fait beaucoup de bruit, & au commencement du massacre on persuada d'abord aux Huguenots, que le tumulte qu'ils entendoient venoit d'une sédition excitée dans le Peuple à l'occasion de l'affaire de ce Seigneur.

Cependant un Maquignon qui avoit vû le Duc de Guise entrer avec des satellites chez l'Amiral de Coligni, & qui se glissant dans la foule avoit été témoin de l'assassinat de ce Seigneur,

gneur, courut auffi-tôt en donner avis au Sieur de *Caumont de la Force*, à qui il avoit vendu dix chevaux huit jours auparavant.

La Force & fes deux fils logeoient au Faux-bourg S. Germain, auffi-bien que plufieurs Calviniftes; il n'y avoit point encore de pont qui joignît ce fauxbourg à la Ville. On s'étoit faifi de tous les bâteaux par ordre de la Cour, pour faire paffer des affaffins dans le fauxbourg. Ce Maquignon fe jette à la nage, paffe à l'autre bord & avertit M. de la For-ce de fon danger. La Force étoit déja forti de fa maifon; il avoit encore eu le tems de fe fauver; mais voïant que fes enfans ne venoient pas, il retourna les chercher. A peine eft-il rentré chez lui que les affaffins arrivent: Un nommé Martin à leur tête entre dans fa cham-bre, le défarme lui & fes deux enfans, & lui dit avec des fermens affreux, qu'il faut mou-rir. La Force lui propofa une rançon de deux mille écus; le Capitaine l'accepte; la Force lui jure de la païer dans deux jours, & auffi-tôt les affaffins, après avoir tout pillé dans la maifon, difent à la Force & à fes enfans de mettre leurs mouchoirs en croix fur leurs cha-peaux, leur font retrouffer leur manche droi-te fur l'épaule; c'étoit la marque des meur-triers. En cet état ils leur font paffer la rivié-re & les amenent dans la Ville. Le Maréchal de la Force affure qu'il vit la riviére couver-te

te de morts; fon pere, fon frere & lui abor-
dérent devant le Louvre : là ils virent égorger plufieurs de leurs amis, & entr'autres le
brave de Piles, pere de celui qui tua en duel
le fils de Malherbe. De-là le Capitaine Martin mena fes prifonniers dans fa maifon, rue
des Petits-Champs, fit jurer à la Force que
ni lui ni fes enfans ne fortiroient point de - là
avant d'avoir païé les deux mille écus, les laiffa en garde à deux foldats Suiffes, & alla chercher quelques autres Calviniftes à maffacrer
dans la Ville.

L'un des deux Suiffes, touché de compaffion, offrit aux prifonniers de les faire fauver. La Force n'en voulut jamais rien faire,
il répondit qu'il avoit donné fa parole, & qu'il
aimoit mieux mourir que d'y manquer; une
tante qu'il avoit lui trouva les deux mille
écus, & l'on alloit les délivrer au Capitaine
Martin, lorfque le Comte de Coconas (ce-
lui-là même à qui depuis on coupa le col)
vint dire à la Force que le Duc d'Anjou demandoit à lui parler. Auffi-tôt il fit defcen-
dre le pere & les enfans nue tête & fans manteau. La Force vit bien qu'on le menoit à la
mort; il fuivit Coconas, en le priant d'épargner fes deux enfans innocens. Le plus jeune
âgé de treize ans, qui s'apelloit Jâques Nom-
par, & qui a écrit ceci, éleva la voix, & re-
procha à ces meurtriers leurs crimes, en leur
difant

difant qu'ils en feroient punis de Dieu. Cependant les deux enfans font menés avec leur pere au bout de la rue des Petits-Champs; on donne d'abord plufieurs coups de poignard à l'aîné, qui s'écrie : *Ah ! mon pere ; ah ! mon Dieu, je fuis mort.* Dans le même moment le pere tombe percé de coups fur le corps de fon fils. Le plus jeune couvert de leur fang, mais qui par un miracle étonnant n'avoit reçu aucun coup, eut la prudence de s'écrier auffi : *Je fuis mort ;* il fe laiffa tomber entre fon pere & fon frere dont il reçut les derniers foupirs. Les meurtriers les croïant tous morts s'en allérent, en difant : *Les voilà bien tous trois.* Quelques malheureux vinrent enfuite dépouiller les corps; il reftoit un bas de toile au jeune de la Force : un Marqueur du jeu de Paulme du Verdelet voulut avoir ce bas de toile; en le tirant, il s'amufa à confidérer le corps de ce jeune enfant : *Hélas ! dit-il, c'eft bien dommage, celui-ci n'eft qu'un enfant, que pouvoit-il avoir fait ?* Ces paroles de compaffion obligérent le petit la Force à lever doucement la tête, & à lui dire tout bas : *Je ne fuis pas encore mort ;* ce pauvre homme lui répondit : *Ne bougez, mon enfant, ayez patience.* Sur le foir il le vint chercher, il lui dit: *Levez-vous, ils n'y font plus,* & lui mit fur les épaules un méchant manteau. Comme il le conduifoit, quelqu'un des bourreaux lui demanda:

manda : *Qui est ce jeune garçon ? C'est mon neveu*, lui dit-il, *qui s'est enyvré : vous voïez comme il s'est accommodé : je m'en vais bien lui donner le fouet.* Enfin le pauvre Marqueur le mena chez lui, & lui demanda 30. écus pour sa récompense. De-là le jeune de la Force se fit conduire déguisé en gueux jusqu'à l'Arsénal, chez le Maréchal de Biron son parent, Grand-Maître de l'Artillerie ; on le cacha quelquetems dans la chambre des filles ; enfin sur le bruit que la Cour le faisoit chercher pour s'en défaire, on le fit sauver en habit de Page sous le nom de Baupuy.

CHANT TROISIÉME.

Page 50. Vers 12.

JE cherchai dans Coutras ce superbe Joyeuse.

Il y avoit dans les anciennes éditions :

L'Arbitre des combats, à mes armes propice,
De ma cause en ce jour protégea la justice :
Je combatis Joyeuse ; il fut vaincu ; mon bras
Lui fit mordre la poudre aux Plaines de Coutras.

Mais ce récit trop court n'avoit rien ni de l'intérêt ni de la majesté que demande un Poëme épique. Aussi faut-il avouer qu'il n'y a aucune comparaison à faire de la première édition aux dernières.

Page 53. Vers 20.

Les cruels monumens de ces affreux succès,
Mon bras n'est encor teint que du sang des Français.

On voit bien que l'Auteur a changé ces Vers, à cause de la prononciation de Français, qui ne se prononce plus comme on faisoit autrefois.

Il y avoit auparavant :

Des fuccès trop heureux déplorés tant de fois,
Mon bras n'eſt encor teint que du fang des Français.

Mais l'Auteur a pris le parti d'écrire toujours Français, pour les raiſons déja alléguées.

Page 54. Vers 4.

Et la gloire de Guiſe aigriſſant ſes douleurs,
Ainſi que ſes affronts, redoubla ſes malheurs.

Il y avoit auparavant :

Il eut même à ſouffrir, pour comble de douleur,
Et la gloire de Guiſe & ſon propre malheur.

Page 56. Vers 6.

Ce ſujet orgueilleux crut ramener ces tems,
Où de nos premiers Rois les lâches deſcendans.

Le Cardinal de Guiſe, l'un des frères du
Duc de Guiſe, avoit dit plus d'une fois, qu'il
ne mourroit jamais content qu'il n'eût tenu
la tête du Roi entre ſes jambes pour lui faire
une couronne de Moine. Madame de Mont-
penſier, ſœur des Guiſes, vouloit qu'on ſe ſer-
vît de ſes ciſeaux pour ce ſaint uſage. Tout
le monde connaît la deviſe de Henri III. c'é-
toient trois Couronnes, avec mots : *Manet*
ultima cœlo, auxquels les Ligueurs ſubſtitué-
rent

rent ceux-ci : *Manet ultima clauftro.* On connait auffi ces deux Vers latins.

Qui dedit ante duas , unam abftulit , altera nutat ,
   Tertia tonforis eft facienda manu.

En voïci une traduction que j'ai lue dans les Manufcrits de feu M. le Premier Préfident de Mefmes.

> Valois, qui les Dames n'aime,
> Deux Couronnes pofféda ;
> Bien-tôt fa prudence extrême,
> Des deux l'une lui ôta :
> L'autre va tomber de même,
> Grace à fes heureux travaux ;
> Une paire de cifeaux
> Lui baillera la troifiéme.

(*Tiré des éditions de* 1723. *&* 1737.)

Page 57. Vers 24.

Le Roi le fit lui-même égorger à fa vue.

Le Duc de Guife fut tué le vendredi vingt-troifiéme Décembre de l'an 1558. à huit heures du matin. Les Hiftoriens difent qu'il lui prit une faibleffe dans l'antichambre du Roi, parce qu'il avoit paffé la nuit avec une femmes de la Cour, (c'étoit Madame de Noir-montier, felon la tradition.) Tous ceux qui
ont

ont écrit la relation de cette mort difent que ce Prince, dès qu'il fut entré dans la chambre du Confeil, commença à foupçonner fon malheur par les mouvemens qu'il apperçut. D'Aubigné raporte, qu'il rencontra d'abord dans cette chambre d'*Efpinac*, Archevêque de Lyon, fon confident. Celui-ci qui en même-tems fe douta de quelque chofe, lui dit en préfence de Larchant, Capitaine des Gardes, à propos d'un habit neuf que le Duc portoit : » Cet habit eft bien léger au tems qui court, » vous en auriez dû prendre un plus fourré. « Ces paroles prononcées avec un air de crainte, confirmérent celle du Duc. Il entra cependant par une petite allée dans la chambre du Roi, qui conduifoit à un cabinet, dont le Roi avoit fait condanner la porte. Le Duc ignorant que la porte fût murée, leve, pour entrer, la tapifferie qui la couvroit; dans le moment plufieurs de ces Gafcons, qu'on nommoit les Quarante-cinq, le percent avec des poignards que le Roi leur avoit diftribués lui-même. Les meurtriers fe nommoient la Baftide, Montfery, S. Malin, S. Godin, S. Capautel, Halfrenas, Herbelade, avec Lognac leur Capitaine.

Montfery, ou Montfivry, fut celui qui donna le premier coup : il fut fuivi de Lognac, de la Baftide, & de S. Malin, qui fe jettérent en même-tems fur le Duc.

On montre encore dans le Château de Blois une pierre de la muraille contre laquelle il s'apuïa en tombant, & qui fut la première teinte de son sang. Quelques Lorrains en passant par Blois, ont baisé cette pierre, & la raclant avec un couteau, en ont emporté précieusement la poussière.

On ne parle point dans le Poëme de la mort du Cardinal de Guise, qui fut aussi tué à Blois ; il est aisé d'en voir la raison ; c'est que le détail de l'Histoire ne convient point à l'unité du Poëme, parce que l'intérêt diminue à mesure qu'il se partage. (*Edition de 1723.*)

Page 58. dernier Vers.

Mayenne dès long-tems nourri dans les allarmes,
Sous le superbe Guise avoit porté les armes :

On trouve quatre Vers dans l'édition de 1723. qui manquent dans les autres : les voici.

Mais Paris occupé d'un nom si glorieux,
Sur un Chef moins connu n'arrêtoit point ses yeux ;
Et ce Guerrier si craint, que tout un Peuple adore,
Si Guise étoit vivant, ne seroit rien encore.
Il succéde, *&c.*

Mais vraisemblablement l'Auteur a vû que ces quatre Vers faisoient languir cet endroit.

Page 59. Vers 4.

Cette grandeur sans borne, à ses désirs si chéres,
Le console aisément de la perte d'un frere.

On lit dans la grande Histoire de Mézerai que le Duc de Mayenne fut soupçonné d'avoir écrit une Lettre au Roi, où il l'avertissoit de se défier de son frere. Ce seul soupçon suffit pour autoriser le caractére qu'on donne ici au Duc de Mayenne ; caractére naturel à un ambitieux, & sur-tout à un Chef de Parti.

Ibid. Vers 12.

Il connaît leurs talens, &c.

Au lieu de ce Vers & des trois suivans, l'édition de 1723. met ceux-ci.

Mais souvent il se trompe à force de prudence,
Il est irrésolu par trop de prévoïance ;
Moins agissant qu'habile, & souvent la lenteur
Dérobe à son Parti les fruits de sa valeur.

Mais les quatre Vers de l'édition de Londres & de celle-ci sont beaucoup meilleurs.

Ibid. Vers 16.

Voilà quel est Mayenne, & quelle est sa puissance, &c.

L'édition de 1723. moins ample que les autres, met ainsi ces Vers.

Voilà

Voilà quel eſt Mayenne, & quelle eſt ſa puiſſance;
Cependant l'ennemi du pouvoir de la France,
L'ennemi de l'Europe, & le vôtre & le mien,
Ce Roi dont l'artifice eſt le plus grand ſoutien,
Philippe avec ardeur embraſſant ſa querelle,
Soutient des Révoltés la cauſe criminelle,
Et Rome qui devoit, &c.

CHANT

CHANT QUATRIÉME.

Page 6. Vers 10.

E farouche S. Paul, la Châtre & Canillac.

Dans l'édition de 1723. ces Vers font ainſi :

Nemours, Aumale, Elbœuf, & Villars, & Briſſac,
La Châtre, Boiſdauphin, &c.

Ces Vers renferment les noms de pluſieurs Seigneurs atachés au parti de la Ligue. Nous parlerons dans un moment du Chevalier d'Aumale.

Boufflers s'apelloit Adrien de Boufflers, qui devint l'aîné de ſa Maiſon par la mort de Louïs ſon frere ; il fut Bailly de Beauvais en 1586. & conduiſit l'arriére-ban de ſa Province à la bataille d'Auneau, où le Duc de Guiſe battit les Reitres. Il ſe jetta dans le parti de la Ligue, & fit depuis ſon accommodement.

Boiſdauphin : Il s'apelloit Urbain de Laval, de la Maiſon de Montmorency-Laval. Il tint le parti de la Ligue, fit enſuite ſon accommodement avec Henri IV. qui le fit Maréchal de France. Il mourut en 1629.

Page 67. Vers 9.

Mais de tant de guerriers, &c.

Les éditions de Londres portoient :

» Mais de tant guerriers, si fiers, si dangereux ,
» Celui qui mérita l'éloge malheureux
» D'avoir plus ébranlé la puissance roïale ,
» Ce fut vous , *&c.*

Mais le texte des éditions postérieures est plus étendu & plus fort.

On trouve dans les premiéres éditions ces Vers-ci.

Soudain pareil aux feux dont l'éclat fend la nue ,
Henri vole à Paris d'une course imprévue ;
Il arrive, il combat, il change les destins ,
La foudre est dans ses yeux, la mort est dans ses
     mains.
Vers son indigne Cloître on voit s'enfuir Joyeuse ,
Au milieu des mourans on voit tomber Saveuse.
Bouflers où courez-vous, trop jeune audacieux ?
Ne cherchez point la mort qui s'avance à vos yeux ,
Respectez de Henri la valeur invincible :
Mais il tombe déja sous cette main terrible ,
Ses beaux yeux sont noïés dans l'ombre du trépas ,
Et son sang qui le couvre efface ses appas, *&c.*

Il y a encore beaucoup de choses corrigées
                     dans

dans ce Chant, & fur-tout la plûpart des comparaifons.

Page 69. Vers 24.

Leur Chef les réunit, &c.] Ces Vers, & les deux fuivans, font mis ainfi dans l'édition de 1723.

La fureur les a joints, la crainte les difperfe,
Et Mayenne avec eux dans leur fuite emporté,
Suit bien-tôt dans Paris ce Peuple épouventé.

Quoique le premier Vers ait plus de force que celui qui a été fubftitué par l'Auteur, cependant il a eu raifon de changer les autres, parce que le Chevalier d'Aumale aïant plus de feu que le Duc de Mayenne, il étoit bon de le mettre à la tête d'une fortie.

Elle s'élance en l'air, &c.] L'édition de 1737. met : *Elle s'élève en l'air.*

Page 71. Vers 11.

Des momens dans la guerre, il connaît tout le prix.

L'édition de 1723. met ainfi ce Vers :

Des momens qu'on diffère, il connaît tout le prix.

Ce qui eft également bien.

Ibid. Vers 23.

Que peut faire Mayenne en ce péril preffant ?

L'édi-

L'édition de 1723. met ainsi ce Vers:

Que feras-tu Mayenne, en ce péril preſſant?

Page 72. Vers 4.

Nul ne veut ſe défendre.] Après ce Vers, l'é-
dition de 1723. met les quatre ſuivans, qui
ſont beaux, & qui méritoient de reſter.

Où ſont ces grands guerriers, ces fiers ſoutiens des
     loix,
Ces Ligueurs redoutés, qui font trembler les Rois?
Paris n'a dans ſon ſein que de lâches complices,
Qu'a déja fait pâlir la crainte des ſuplices,
Tant le faible vulgaire, &c.

Il eſt à croire que l'Auteur les a retranchés,
parce qu'il a craint qu'ils ne ſentiſſent trop la
déclamation.

Page 74. Vers premier.

Et l'encenſoir, &c.] Il y a dans l'édition de
1723. cinq Vers que l'Auteur a ſagement ſu-
primés; les voici cependant:

C'eſt de-là que le Dieu, qui pour nous voulut naître,
S'explique aux Nations, par la voix du Grand-
     Prêtre;
Là ſon premier Diſciple, avec la vérité,
Conduiſit la candeur & la ſimplicité;
Mais Rome avoit perdu ſa trace Apoſtolique.
Rome depuis ce tems, puiſſante & profanée.

II

Il y avoit auparavant :

L'Eglife dès ce jour, puiffante & profanée, &c.

L'Auteur a eu raifon de ne point attribuer à l'Eglife ce qui ne convenoit alors qu'à la Cour de Rome.

Page 74. Vers 22.

On écouta depuis de plus fages maximes.

Voici les Vers curieux, qui étoient dans les éditions de Londres.

Sous des dehors plus doux la Cour cacha fes cri-
        mes;
La décence y régna, le Conclave eut fes loix,
La vertu la plus pure y régna quelquefois,
Des Urfins dans nos jours a mérité des Temples:
Mais d'un tel Souverain la terre a peu d'exemples,
Et l'Eglife a compté depuis plus de mille ans,
Peu de Pafteurs fans tache, & beaucoup de Tirans.

Mais comme la piété de ce Pape des Urfins fût accompagnée de peu de prudence, l'Auteur a retranché avec raifon cet éloge dans un Poëme qui ne refpire que la vérité.

Page 76. Vers dernier.

Cet heureux tems n'eft plus ; le Sénat de la France,
Eteint prefque en mes mains les foudres que je lance.

S 5   On

On fait que pendant les guerres du treiziéme fiécle, entre les Empereurs & les Pontifes de Rome, Grégoire IX. eut la hardiesse, non - feulement d'excommunier l'Empereur Frédéric II. mais encore d'offrir la Couronne Impériale à Robert, frere de S. Louïs. Le Parlement de France affemblé, répondit au nom du Roi, que ce n'étoit pas au Pape à dépofféder un Souverain, ni au frere d'un Roi de France de recevoir de la main d'un Pape une Couronne, fur laquelle, ni lui, ni le S. Pere n'avoient aucun droit. En 1570. le Parlement fédentaire, donna un fameux Arrêt contre la Bulle *In Cœna Domini*. On connaît fes Remontrances célébres fous Louïs XI. au fujet de la Pragmatique - Sanction, qu'on follicitoit ce Prince d'abolir dans fes Etats; celles qu'il fit à Henri III. contre la Bulle fcandaleufe de Sixte-Quint, qui apelloit la Maifon régnante, *génération bâtarde, &c.* & fa fermeté conftante à foutenir nos Libertés contre les prétentions de la Cour de Rome. (*Tiré de l'édition de* 1737.)

» Mais qu'il me foit permis d'ajouter ici quel-
» ques Obfervations fur cette remarque. Pre-
» miérement, il ne s'agit point de Parlement
» du tems de S. Louïs; le Parlement n'aïant
» été fixé que dans le commencement du
» quatorziéme fiécle. L'Hiftoire marque que
» ce furent les Enyoïés de S. Louïs, qui firent
» à

» à ceux du Pape la réponse du Roi, & ils
» firent connaître depuis à l'Empereur Fré-
» déric II. que comme la Couronne de France
» vient par un droit successif, il étoit plus glo-
» rieux d'être Roi de France que d'être Em-
» pereur ; dignité qui ne s'obtient que par
» l'élection, & qu'il suffisoit à Robert d'être
» frere d'un aussi grand Prince que le Roi de
» France. «

N. B. Cette Note avec des guillemets est de M.
l'Abbé Lenglet, & l'Auteur de la Henriade a
avoué que cet Abbé avoit raison, & que l'Auteur
des premiéres Notes avoit atribué au Parlement
de Paris ce qui ne lui apartient pas.

Page 77. Vers 11.

Elle dit, & soudain s'élance dans les airs.
Loin du faste de Rome & des pompes mondaines.

Dans les premiéres éditions de Londres.

Ces Monstres à l'instant pénétrent un azile
Où la Religion, solitaire, tranquile,
Sans pompe, sans éclat, belle de sa beauté,
Passoit dans la priére & dans l'humilité,
Des jours qu'elle dérobe à la foule importune, *&c.*

Les derniéres éditions sont bien supérieures.

Elle leve à son Dieu les yeux mouillés de pleurs ;
Son Dieu pour l'éprouver la livre à leurs fureurs.

Ces

Ces Monſtres dont toujours elle a ſouffert l'injure,
De ſes voiles ſacrés couvrent leur tête impure,
Prennent ſes vétemens, reſpectés des humains,
Et courent dans Paris accomplir leurs deſſeins.

Page 79. Vers premier.

D'un air inſinuant l'adroite politique,
Se gliſſe au vaſte ſein de la Sorbonne antique.
C'eſt-là que s'aſſembloient ces Sages révérés,
Des vérités du Ciel interprétes ſacrés,
Qui des Peuples Chrétiens, &c.

Les premiéres éditions de Londres portent:

Soudain la politique, & la diſcorde impie,
Surprennent en ſecret leur auguſte ennemie,
Sur ſon modeſte front, ſur ſes charmes divins,
Ils portent ſans frémir leurs ſacriléges mains,
Prennent ſes vétemens, & fiers de cette injure,
De ſes voiles ſacrés ornent leur tête impure.
C'en eſt fait, & déja leurs malignes fureurs,
Dans Paris éperdu vont changer tous les cœurs.
D'un air inſinuant l'adroite politique,
Pénétre au vaſte ſein de la Sorbonne antique :
Elle y voit à grands flots acourir ces Docteurs,
De leurs faux-argumens obſtinés défenſeurs, &c.

On briſe les liens de cette obéiſſance,
Qu'aux enfans des Capets avoit juré la France;

La difcorde auffi-tôt de fa cruelle main,
Trace en lettres de fang ce décret inhumain, &c.

Page 82. Vers 7.

Une lourde cuiraffe, &c.] L'édition de 1723.
met ainfi ces deux Vers.

D'une lourde cuiraffe ils couvrent leurs cilices,
Dans les murs de Paris ces indignes Milices,
Suivent parmi les flots, &c.

Mais les Vers de cette édition font mieux
tournés.

Page 82. Vers dernier.

La difcorde choifit feize féditieux, &c.

Ce n'eft point à dire qu'il n'y eût que feize
particuliers féditieux, comme l'a marqué l'Abbé le Gendre dans fa petite Hiftoire de France; mais on les nomma les *Seize*, à caufe des
feize quartiers de Paris, qu'ils gouvernoïent
par leurs intelligences & leurs émiffaires. Ils
avoient mis d'abord à leur tête feize des plus
factieux de leur corps. Les principaux étoient
Buffy-le-Clerc, Gouverneur de la Baftille, ci-
devant Maître - en - fait - d'Armes : la Bruyére,
Lieutenant Particulier : le Commiffaire Lou-
chard : Emmonot, & Morin, Procureurs :
Oudinet, Paffart : & fur-tout Sénaut, Commis
au Greffe du Parlement, homme de beaucoup
d'efprit,

d'efprit, qui le premier développa cette queftion obfcure & dangereufe, du pouvoir qu'une Nation peut avoir fur fon Roi. Je dirai en paffant, que Sénaut étoit pere du Pere Sénaut, cet homme éloquent, qui eft mort Général des Prêtres de l'Oratoire en France. (*Tiré en partie de l'édition de* 1737. & *de* 1740.)

Page 84. dernier Vers.

Des tyrans de la Ligue une infâme cohorte,

Du Temple de Thémis environne la porte,

Buffy les conduifoit, ce vil Gladiateur, &c.

Surquoi la même édition fait cette remarque. Le 16. Janvier 1689. Buffy-le-Clerc, l'un des *Seize*, qui de Maître-d'Armes étoit devenu Gouverneur de la Baftille, & le Chef de cette faction, entra dans la Grand'-Chambre du Parlement, fuivi de cinquante Satellites. Il préfenta au Parlement une Requête, ou plûtôt un ordre, pour forcer cette Compagnie à ne plus reconnaître la Maifon Roïale. Sur le refus de la Compagnie, il mena lui-même à la Baftille tous ceux qui étoient oppofés à fon parti. Il les fit jeûner au pain & à l'eau, pour les obliger à fe racheter plûtôt de fes mains. Voilà pourquoi on l'appelloit le grand Pénitencier du Parlement.

Il y avoit dans l'édition de Londres.

On.

On voïoit à leur tête un vil Gladiateur,
Monté par son audace à ce coupable honneur ;
Il s'avance au milieu de l'augûste Assemblée,
Par qui des Citoïens la fortune est réglée :
Magistrats, leur dit-il, qui tenez au Sénat,
Non la place du Roi, mais celle de l'Etat,
Le Peuple assez long-tems oprimé par vous-mêmes,
Vous instruit par sa voix de ses ordres suprêmes.
Las du joug des Capets qui l'ont tyrannisé,
Il leur ôte un pouvoir dont ils ont abusé :
Je vous défens ici d'oser les reconnaître,
Songez que désormais le Peuple est votre maître.
Obéissez. Ces mots prononcés fiérement,
Portent dans les esprits un juste étonnement.
Le Sénat indigné d'une telle insolence,
Ne pouvant la punir, garde un noble silence.

Page 86. Vers 15.

Le vertueux de Thou, Molé, Scaron, Bayeul,
Pottier, cet homme juste, & vous jeune Longueil,
Vous en qui, pour hâter vos belles destinées,
L'esprit & la vertu devançoient les années.

Surquoi voici les remarques des deux éditions de 1723. & 1737.

Le de Thou, dont il est parlé, se nommoit Augustin de Thou II. du nom, oncle
de

de l'Hiſtorien ; il eut la Charge de Préſident, du fameux Pibrac, en 1585.

Molé ne peut être qu'Edouard Molé, Conſeiller au Parlement, mort en 1634.

Le Scaron, dont il eſt ici parlé, étoit le Biſaïeul du fameux Scaron, ſi connu par ſes Poëſies.

Baïeul étoit oncle du Sur-Intendant des Finances.

On ne connaît d'Amelot, ſinon qu'il étoit Conſeiller en cette année, & de la famille de Robe, qui porte ſon nom.

Nicolas Pottier de Novion de Blancmenil, Préſident à Mortier.] Il ſe nommoit *Blancmenil*, à cauſe de la Terre de ce nom, qui depuis tomba dans la Maiſon de Lamoignon, par le mariage de ſa petite-fille avec le Préſident de Lamoignon.

Nicolas Pottier ne fut pas, à la vérité, conduit à la Baſtille avec les autres Membres du Parlement ; car il n'étoit pas venu ce jour-là à la Grand'-Chambre ; mais il fut depuis empriſonné au Louvre, dans le tems de la mort de Briſſon. On voulut lui faire le même traitement qu'à ce Préſident. On l'accuſoit d'avoir une correſpondance ſecrette avec Henri IV. Les *Seize* lui firent ſon procès dans les formes, afin de mettre de leur côté les aparences de la juſtice, & de ne plus éfaroucher le Peuple par des exécutions précipitées, que l'on regardoit comme des aſſaſſinats.

Enfin

Enfin comme Blancmenil alloit être condamné à être pendu, le Duc de Mayenne re-
vint à Paris. Ce Prince avoit toujours eu pour
Blancmenil une vénération qu'on ne pouvoit
refufer à fa vertu : il alla lui-même le tirer de
prifon ; le prifonnier fe jetta à fes pieds, &
lui dit : » Monfeigneur, je vous ai obligation
» de la vie ; mais j'ôfe vous demander un plus
» grand bienfait, c'eft de me permettre de
» me retirer auprès de Henri IV. mon légiti-
» me Roi : je vous reconnaîtrai toute ma vie
» pour mon bienfaicteur ; mais je ne puis vous
» fervir comme mon Maître. « Le Duc de
Mayenne touché de ce difcours, le releva,
l'embraffa, & le renvoïa à Henri IV. Le récit
de cette avanture, avec l'interrogatoire de
Blancmenil, font encore dans les papiers de
M. le Préfident de Novion d'aujourd'hui.

Buffi-le-Clerc avoit été d'abord Maître-
d'Armes, & enfuite Procureur : quand le hazard & le malheur des tems l'eût mis en quelque crédit, il prit le furnom de *Buffi*, comme
s'il eût été auffi redoutable que le fameux
Buffi-d'Amboife. Il fe faifoit auffi nommer *Buffi-
Grande-Puiffance.*

CHANT

CHANT CINQUIÉME.

Page 87. Vers premier.

Ependant s'avançoient, &c.] Ce Vers dans l'édition de 1723. est précédé des huit Vers suivans, retranchés dans les autres éditions.

De la noblesse Anglaise une nombreuse élite,
Par le vaillant Essex, en nos climats conduite,
Prête à nous secourir pour la premiére fois,
S'étonnoit en marchant, de servir sous nos Rois.
Ils suivoient nos drapeaux dans les champs de
    Neustrie ;
C'est-là qu'ils soutenoient l'honneur de la Patrie,
Orgueilleux de combattre & de vaincre en des
    lieux
Où la Seine autrefois vit régner leurs ayeux.
Cependant s'avançoient, &c.

Page 90. Vers 6.

Sixte, Philippe, Rome éclatoient en menaces.

L'édition de 1723. met ainsi, & moins bien:

Rome & le Roi Philippe éclatoient en menaces.

Page 91. dernier Vers.

Clément, &c.)

La fiction qui régne dans ce cinquiéme Chant, & qui peut-être pourra paraître trop hardie à quelques lecteurs, n'est point nouvelle. La malice des Ligueurs, & le fanatisme des Moines de ce tems, fit passer pour certain dans l'esprit du Peuple, ce qui n'est ici qu'une invention du Poëte.

L'on imprima & l'on débita publiquement une relation du martyre de Frere Jâques Clément, dans laquelle on assuroit qu'un Ange lui avoit aparu, & lui avoit ordonné de tuer le Tyran, en lui montrant une épée nuë. Il est resté depuis un soupçon dans le public, que quelques confréres de Jâques Clément, abusant de la faiblesse de ce misérable, lui avoient eux-mêmes parlé pendant la nuit, & avoient aisément troublé sa tête, échauffée par le jeûne & par la superstition. Quoiqu'il en soit, Clément se prépara au parricide, comme un bon Chrétien feroit au martyre, par les mortifications & par la priére. On ne peut douter qu'il n'y eût de la bonne-foi dans son crime ; c'est pourquoi on a pris le parti de le représenter, plûtôt comme un esprit faible, séduit par sa simplicité, que comme un scélérat déterminé par son mauvais penchant.

Jâques Clément sortit de Paris le dernier Juillet

Juillet 1589. & fut amené à S. Cloud par la Guêle, Procureur - Général. Celui - ci, qui foupçonnoit un mauvais coup de la part de ce Moine, l'envoïa épier pendant la nuit dans l'endroit où il étoit retiré. On le trouva dans un profond fommeil, fon Bréviaire étoit auprès de lui, ouvert & tout gras, au chapitre du meurtre d'Holopherne par Judith. On a eu foin, dans le Poëme, de préfenter l'exemple de Judith à Jâques Clément, à l'imitation des Prédicateurs de la Ligue, qui fe fervoient de l'Ecriture-Sainte pour prêcher le parricide. (*Tiré de l'édition de* 1723.)

Page 93. Vers 7.

Et les porte aux Enfers.] Après ce Vers, on lit dans l'édition de 1723. les dix Vers fuivans :

Les Enfers font émus de ces accens funèbres ;
Un monftre en ce moment fort du fond des ténèbres,
Monftre, qui de l'abïme & de fes noirs démons,
Réunit dans fon fein la rage & les poifons ;
Cet enfant de la nuit, fécond en artifices,
Sait ternir les vertus, fait embellir les vices,
Sait donner par l'éclat de fes pinceaux trompeurs,
Aux forfaits les plus grands, les plus nobles couleurs.
C'eft lui, qui fous la cendre & couvert du cilice
Saintement aux mortels enfeigne l'injuftice.

Il y avoit dans la premiére édition de Londres:

Dans Londres il inspira ce Peuple de Sectaires,
Trembleurs indépendans, Puritains, Unitaires.

Page 98. Vers dernier.

Ils ont même courage, ils ont mêmes desirs;
Le crime a ses Héros, l'erreur a ses Martyrs.

Il y a dans la premiére édition de Londres;

On ne distingue point le vrai zèle & le faux;
Comme la vérité, l'erreur a ses Héros.

Page 100. Vers 9.

C'est-là que des deux Rois on plaça les images, &c.

L'édition de 1723. met ainsi ce Vers, &
les suivans :

Là sont les instrumens de ces sombres mystéres,
Des métaux constellés, d'inconnus caractéres,
Des vases pleins de sang & de serpens affreux;
Le Prêtre de ce Temple est un de ces Hébreux,
Qui proscrits sur la terre, & Citoïens du monde,
Vont porter en tous lieux leur misére profonde,&c.

Mais il est aisé de voir que les Vers de l'é-
dition de Londres, & de celle-ci, sont beaucoup plus parfaits.

Page 104. Vers 2.

Harlay.] C'étoit Achilles de Harlay, qui
étoit

étoit alors gardé à la Bastille par Busſy-le-Clerc. Jâques Clément présenta au Roi une Lettre de la part de ce Magistrat. On n'a point ſu ſi Lettre étoit ſupoſée, ou non ; c'eſt ce qui eſt étonnant dans un fait de cette importance, & c'eſt ce qui me feroit croire que la Lettre étoit véritable, & qu'on l'auroit ſurpriſe au Premier Préſident de Harlay ; autrement on auroit fait ſonner bien haut cette fauſſeté contre la Ligue. (*Tiré en quelque choſe de l'édition de 1737.*

Page 106. Vers 25.

Les autres qu'occupoit leur crainte interreſſée,
Pleuroient, au lieu du Roi, leur fortune paſſée.

L'édition de 1723. avoit mis ces deux Vers de cette maniére ; mais moins heureuſement.

D'autres voïant périr leur fortune paſſée,
Couvroient d'un zèle-faux leur crainte intéreſſée.

Henri ne ſe ſouvient, &c.] Ce Vers & les deux ſuivans, ſont ainſi dans l'édition de 1723. mais moins bien que dans celle de Londres, & dans celle-ci :

Tous les reſſentimens ſont alors éfacés ;
On ne ſe ſouvient plus de ſes chagrins paſſés :
Que dis-je ? Ce Héros ſe cachoit à lui-même,
Que la mort de ſon Roi lui donne un diadême.

CHANT

CHANT SIXIÉME.

L E fixiéme & le feptiéme Chant font ceux où M. de Voltaire a fait le plus de changemens. * Celui qui étoit le fixiéme dans la premiére édition de 1723. eft le feptiéme dans l'édition de Londres *in-4°.* & dans les autres qui l'ont fuivie ; ainfi le commencement de ce Chant eft tiré du Chant neuviéme de l'édition de 1723. Il y aura peu de différences à recueillir entre ces deux éditions ; nous raffemblerons feulement celles de l'édition de 1737. L'Auteur fait d'abord une remarque générale, qui eft, que comme on a plus d'égard dans un Poëme épique à l'ordonnance du deffein, qu'à la chronologie, on a placé immédiatement après la mort de Henri III. Les Etats de Paris, qui ne fe tinrent éfectivement que quatre ans après. C'eft ce que l'Auteur explique plus en détail dans la remar-

* *N. B.* Que quand on imprima la Henriade en 1723. fous le nom de la Ligue, cet Ouvrage n'étoit pas encore achevé. Il fut imprimé même avec beaucoup de lacunes, fur une copie qui fut dérobée à l'Auteur, & qui fut beaucoup altérée à l'impreffion.

remarque fur le neuviéme Chant de l'édition de 1723. La voici.

Il y aura fans doute des lecteurs qui feront étonnés de la fupreffion de plufieurs événemens confidérables dans le neuviéme Chant, & de quelques dérangemens de chronologie qu'ils y trouveront. Cette matiére mérite d'être éclaircie.

Ce Chant contient trois faits principaux. 1°. Les Etats de Paris. 2°. Le fiége de cette Ville. 3°. La converfion de Henri IV. qui occafionna la réduction de cette Ville. (Mais ce dernier article eft réfervé pour le Chant dixiéme dans les éditions ordinaires.

Selon la vérité de l'Hiftoire, Henri le Grand affiégea Paris quelque-tems après la bataille d'Ivry, en 1590. au mois d'Avril. Le Duc de Parme lui en fit lever le fiége au mois de Septembre. La Ligue long-tems après, en 1593. affembla les Etats pour élire un Roi à la place du Cardinal de Bourbon, qu'elle avoit reconnu fous le nom de Charles X. & qui étoit mort depuis deux ans & demi : & fur la fin de la même année 1593. au mois de Juillet, le Roi fit fon abjuration dans S. Denis, & n'entra dans Paris qu'au mois de Mars 1594.

De tous ces événemens, on a fuprimé l'arrivée du Duc de Parme, & le prétendu régne de Charles, Cardinal de Bourbon : il eft aifé de s'apercevoir, que faire paraître le Duc de

de Parme fur la fcène , eût été avilir Henri
IV. le Héros du Poëme , & agir précifément
contre le but de l'ouvrage ; ce qui feroit une
faute impardonnable.

A l'égard du Cardinal de Bourbon , ce n'é-
toit pas la peine de bleffer l'unité , fi effentielle dans tout ouvrage épique , en faveur
d'un Roi en peinture tel que ce Cardinal ;
il feroit auffi inutile dans le Poëme qu'il le
fut dans le parti de la Ligue. En un mot , on
paffe fous filence le Duc de Parme , parce
qu'il étoit trop grand , & le Cardinal de Bourbon , parce qu'il étoit trop petit. On a été obligé de placer les Etats de Paris avant le fiége :
parce que fi on les eût mis dans leur ordre ,
on n'auroit pas eu les mêmes occafions de
mettre dans leur jour les vertus du Héros , on
n'auroit pas pû lui faire donner des vivres aux
affiégés , ni le faire auffi-tôt récompenfer de fa
générofité. D'ailleurs les Etats de Paris ne font
point du nombre des événemens qu'on ne
peut déranger de leur point chronologique ;
la Poëfie permet la tranfpofition de tous les
faits , qui ne font point écartés les uns des
autres d'un grand nombre d'années , & qui
n'ont entr'eux aucune liaifon néceffaire. Par
exemple , je pourrois fans qu'on eût rien à
me reprocher , faire Henri IV. amoureux de
Gabrielle d'Eftrées du vivant de Henri III. parce que la vie & la mort de Henri III. n'ont

rien de commun avec l'amour de Henri IV. pour Gabrielle d'Eftrées.

Les Etats de la Ligue font dans le même cas, par raport au fiége de Paris; ce font deux événemens abfolument indépendants l'un de l'autre. Ces Etats n'eurent aucun éfet, on n'y prit nulle réfolution, ils ne contribuérent en rien aux affaires du parti, le hazard auroit pû les affembler avant le fiége comme après, & ils font bien mieux placés avant le fiége dans le Poëme; de plus, il faut confidérer qu'un Poëme épique n'eft pas une hiftoire; on ne fauroit trop préfenter cette régle aux Lecteurs qui n'en feroient pas inftruits.

Loin ces Rimeurs craintifs, dont l'efprit phlegma-
    tique
Garde dans fes fureurs un ordre didactique;
Qui chantant d'un Héros les exploits éclatans,
Maigres Hiftoriens, fuivront l'ordre des tems;
Ils n'ofent un moment perdre un fujet de vue,
Pour prendre Dole, il faut que l'Ifle foit rendue,
Et que leurs Vers exacts, ainfi que Mezeray,
Ait fait tomber déja les remparts de Courtray, &c.

Page 112. Vers 5.

Que l'Efpagne a reçu, mais qu'elle-même abhorre.

Mais il me femble que l'édition de Londres eft mieux en cet endroit, parce que l'Inqui-
fition

fition n'eft pas feulement odieufe aux Efpa-
gnols, mais encore aux autres Nations. Cependant les Ducs de Guife avoient deffein de
l'établir en France.

N. B. L'Abbé Lenglet entend parler de la premiére édition de Londres, où l'on trouve,

Que l'Efpagne a reçu, que l'Univers abhorre.

Il fe trompe, en donnant la préférence à ce
Vers; il eft bien plus beau de dire, que l'Efpagne même détefte le joug qu'elle s'eft impofé.

Page 119. Vers 16.

D'un œil ferme & Stoïque, il ne voit dans la guerre,
Qu'un châtiment affreux des crimes de la terre.

Il y a dans plufieurs autres éditions;

Avec un œil Stoïque, il regarde la guerre,
Comme un fleau du Ciel, affreux, mais néceffaire.

Ces deux Vers femblent contenir le plus
grand fens, & je crois que c'eft le fentiment
de l'Auteur.

Page 124. Vers 6.

O fatal habitant de l'invifible monde!
Que viens-tu m'annoncer dans ce féjour d'horreur?

Il y a dans l'édition de 1727.

O fatal habitant de l'invincible monde!

T 2　　　Répond

Répond-il, quel deſſein te tranſporte en ces lieux?
Sors-tu du noir abîme, ou deſcends-tu des Cieux?
Faut-il que je t'encenſe, ou bien que je t'abhorre?

Page 124. Vers 6.

Du faîte cependant de ce mur formidable,
Tous les Ligueurs armés, tout un Peuple innombrable.

Il y a dans l'édition de 1727.

Cependant la nuit vient. Le Héros dans la plaine
Suit Louis qui s'envole aux chênes de Vincennes.

Mais dans les éditions ſuivantes, ce morceau eſt fort embelli.

CHANT SEPTIÉME.

TOUT le commencement de ce Chant est entiérement diférent dans l'édition de 1723. Le voici.

Les voiles de la nuit s'étendoient dans les airs,
Un silence profond régnoit dans l'Univers :
Henri prêt d'affronter de nouvelles allarmes,
Endormi dans son Camp, reposoit sur ses armes ;
Un Héros descendu de la voute des Cieux,
Ministre de Dieu même aparut à ses yeux :
C'étoit ce Saint Guerrier, qui loin du bord Celtique,
Alla vaincre & mourir sur les sables d'Afrique ;
Le généreux Louis, le pere des Bourbons,
A qui Dieu prodigua ses plus augustes dons,
Sur sa tête éclatoit un brillant Diadême,
Au front du nouveau Prince, il le posa lui-même :
Recevez-le, dit-il, de la main de Louis,
Acceptez-moi pour pere, & devenez mon fils.
La vertu, qui toujours vous guida sur ma trace,
Du tems qui nous sépare a raproché l'espace :
Je reconnais mon sang, que Dieu vous a transmis,
Tout l'espoir de ma race en vous seul est remis.
Mais ce Sceptre, mon fils, ne doit point vous suffire,

Possë-

Poſſédez ma ſageſſe, ainſi que mon Empire.
C'eſt peu qu'un vain éclat, qui paſſe & qui s'enfuit,
Que le trouble acompagne, & que la mort détruit;
Tous ces honneurs mondains ne ſont qu'un bien ſté-
　　rile,
Des humaines vertus récompenſe fragile.
D'un bien plus précieux oſez être jaloux,
Si Dieu ne vous éclaire, il n'a rien fait pour vous.
Quand verrai-je, ô mon fils, votre vertu guerriére,
Comme ſous ſon apui marcher à ſa lumiére;
Mais qu'ils ſont encor loin ces tems, ces heureux
　　tems,
Où Dieu doit vous compter au rang de ſes enfans!
Que vous éprouverez des faibleſſes honteuſes!
Et que vous marcherez dans des routes trompeuſes!
Oſez ſuivre mes pas par de nouveaux chemins,
Et venez de la France aprendre des Deſtins.
Henri crut à ces mots, dans un char de lumiére,
Des Cieux en un moment pénétrer la carriére;
Comme on voit dans la nuit la foudre & les éclairs,
Courir d'un pôle à l'autre & diviſer les airs.

　　On trouve immédiatement après dans l'é-
dition de Londres de 1727.

Parmi ces tourbillons que d'une main féconde,
Diſpoſa l'Eternel au premier jour du monde,
Eſt un globe élevé dans le faîte des Cieux,
Dont l'éclat ſe dérobe à nos profanes yeux;

　　　　　　　　　　　　　　　　C'eſt

C'eſt-là que le Très-Haut forme à ſa reſſemblance,
Ces eſprits immortels, enfans de ſon eſſence,
Qui ſoudain répandus dans les mondes divers,
Vont animer les corps, & peuplent l'Univers.
Là ſont après la mort nos ames replongées,
De leur priſon groſſiére à jamais dégagées,
Quand le Dieu qui les fit les rapelle en ſon ſein,
D'une courſe rapide elles volent ſoudain,
Comme on voit dans les bois les feuilles incertaines,
Avec un bruit confus tomber du haut des chênes,
Lorſque les Aquilons meſſagers des hyvers,
Ramenent la froideur, & ſifflent dans les airs.

Page 131. Vers 15.

Le Bonze avec des yeux ſombres & pénitens,
T'vient vanter en vain ſes vœux & ſes tourmens.

Il y a dans l'édition de 1727. après ces Vers,

Leurs tourmens & leurs vœux, leur foi, leur igno-
      rance,
Comme ſans châtimens, reſtent ſans récompenſe,
Dieu ne les punit point d'avoir fermé leurs yeux
Aux clartés que lui-même il plaça ſi loin d'eux.
Il ne les juge point tel qu'un injuſte maître,
Sur les chrétiennes Loix qu'ils n'ont point pu con-
      naître,
Sur le zèle emporté de leurs ſaintes fureurs;
Mais ſur la ſimple Loi qui parle à tous les cœurs.

La

La nature ici bas , fa fille & notre mere ,
Nous inſtruit en ſon nom, nous guide, nous éclaire,
De l'inſtinct des vertus elle aime à nous remplir,
Et dans nos premiers ans nous enſeigne à rougir ;
Mais pure en notre enfance , & par l'âge altérée ,
Elle pleure ſes fils dont elle eſt ignorée ,
Elle pleure , & ſes cris que nous n'entendons pas,
S'élévent contre nous dans la nuit du trépas.

Mais ce qui ſe trouve dans les éditions ſuivantes & dans la nôtre , eſt fort ſupérieur à
tous ces morceaux.

Page 134. Vers 2.

Là gît la ſombre envie , à l'œil timide & louche , &c.

Au lieu de ce Vers, & des onze Vers ſuivans,
voici ce qu'on lit dans l'édition de 1723.

D'abord de tous côtés s'offrent ſur leur paſſage,
Le déſeſpoir , la mort , la fureur , le carnage,
Et ces vices affreux, ſuivis par les douleurs,
Formés dans les enfers, ou plutôt dans nos cœurs;
L'orgueil au front d'airain, la lâche perfidie,
Qui d'abord en rampant ſe cache & s'humilie,
Puis tout-à coup levant un homicide bras,
Fait ſiffler les ſerpens , & porte le trépas.
L'avarice au teint pâle , & la haine & l'envie,
Le menſonge , & ſur-tout ſa ſœur l'hypocriſie,
Qui les regards baiſſés , l'encenſoir à la main ,

Diſtille

Diſtille en ſoupirant ſa rage & ſon venin,
Le faux-zèle éclatant, &c.

Et s'il m'eſt permis de le dire, je trouve dans ces derniers Vers plus de force que dans ceux que l'Auteur a mis en leur place, ſoit dans les éditions de Londres, ſoit dans celles de 1737. & 1740.

N. B. Il n'y a qu'à comparer, on verra ſi M. Lenglet ne ſe trompe pas.

Page 135. Vers 6.

Dont le Conſeil des ſeize arma ſa main perfide, &c.

Après ce Vers, voici ceux que met l'édition de 1723.

Dont le Conſeil des ſeize arma ſa main perfide,
Voïez de ces ſerpens tout ſon corps entouré,
Sous leur dent vengereſſe en lambeaux déchiré.
Sa peine, dit Louis, eſt égale à ſon crime,
Tandis que dans Paris, &c.

Ibid. Vers 11.

Mon fils, reprit Louis, de plus ſévéres loix, &c.

L'édition de 1723. met ainſi ce Vers, & les ſuivans, juſqu'au 19e.

Mais aprenez, mon fils, quelles ſévéres loix
Pourſuivent dans ces lieux tous les crimes des Rois;

T 5   Regar-

Regardez ces Tyrans , adorés dans leur vie ;
Plus ils étoient puiſſans , plus Dieu les humilie ,
Et ſe plaît à venger , par des maux infinis ,
Les crimes qu'ils ont faits, & ceux qu'ils ont permis.

Page 136. Vers 3.

La vérité terrible ici fait leur ſuplice.

Ce Vers & les trois autres ſuivans , ſont ainſi mis dans l'édition de 1723.

La vérité terrible augmentant leurs ſuplices ,
De ſon flambeau ſacré vient éclairer leurs vices ,
Près de ces mauvais Rois ſont ces fiers Conquérans ,
Héros aux yeux du Peuple , aux yeux de Dieu Tyrans , *&c.*

Ibid. Vers 17.

Etes-vous en ces lieux , &c.

Au lieu de ce Vers & des ſept qui le ſuivent , en voici huit autres que l'on lit dans celle de 1723.

Le ſujet révolté , le lâche adulateur ,
Le Juge corrompu , l'infâme délateur ;
Ceux mêmes , qui nourris au ſein de la molleſſe ,
N'ont eu pour tous forfaits qu'un cœur plein de faibleſſe ;
Ceux qui livrés ſans crainte à des penchans flâteurs ,
N'ont connu , n'ont aimé que leurs douces erreurs ;

Tous

Tous enfin de la mort, éternelles victimes,
Souffrént des châtimens qui furpaffent leurs crimes.
Le généreux Henri, &c.

Et dans l'édition de 1737. voici comme ces
derniers Vers font tournés :

Il eft, il eft auffi dans ce lieu de douleurs,
Des cœurs qui n'ont aimé que leurs douces erreurs,
Des foules de mortels noïés dans la molleffe,
Qu'entraîna le plaifir, qu'endormit la pareffe, &c.

On voit par tous ces différens changemens,
avec quelle extrême atention, & avec quelle
févérité l'Auteur a revu fon Ouvrage ; c'eft
ainfi que doit en ufer quiconque travaille pour
la poftérité.

Page 139. Vers dernier.

Et vous, brave Amazône.

Voici ce qu'on a écrit de plus raifonnable
fur la Pucelle d'Orléans ; c'eft Monftrelet,
Auteur contemporain, qui parle.

En l'an 1428. vint devers le Roi Charles de
France à Chinon, où il fe tenoit, une Pucel-
le, jeune fille âgée de vingt ans, nommée
Jeanne, laquelle étoit vétue & habillée en
guife d'homme, & étoit née des parties entre
Bourgogne & Lorraine, d'une Ville nommée
Droini, à préfent Dontremi, affez près de

Vaucouleur ; laquelle Pucelle Jeanne fut grand efpace de tems chambriére en une hôtellerie & étoit hardie de chevaucher chevaux, les mener boire, & faire telles autres apertifes & habiletés que jeunes filles n'ont point accoutumé de faire, & fut mife à voye, & envoyée devers le Roi, par un Chevalier nommé Méffire Robert de Baudrencourt, Capitaine, de par le Roi, de Vaucouleur, &c.

On fait comment on fe fervit de cette fille pour ranimer le courage des Français qui avoient befoin d'un miracle ; il fuffit qu'on l'ait crue envoïée de Dieu, pour qu'un Poëte foit en droit de la placer dans le Ciel avec les Héros. Mezerai dit tout bonnement, que *S. Michel, le Prince de la Milice Célefte*, aparut à cette fille, *&c.* Quoiqu'il en foit, fi les Français ont été trop crédules fur la Pucelle d'Orléans, les Anglais ont été trop cruels en la faifant brûler ; car ils n'avoient rien à lui reprocher, que fon courage & leurs défaites. (*Tiré de l'édition de* 1723.)

Je voudrois bien ajouter un mot de remarque à ce fujet, fans faire néanmoins une differtation : Peut-on s'empêcher de louer le courage & la réfolution fi prudente & fi bien concertée d'une fille de vingt ans, élevée & nourrie dans la campagne, uniquement ocupée à la garde des moutons, fille fimple dans les mœurs, toujours fage dans fa conduite

duite & dans ſes réponſes, ſans ſe démentir
en rien, tant qu'elle fut à la tête de nos armées ? Elle avoit paru devant le Roi en 1429.
avec une fermeté & une réſolution extraordinaire ; mais toujours cependant avec une
modeſtie convenable à ſon ſexe & à ſon âge.
Elle lui promit de délivrer la Ville d'Orléans,
& de le condure à Reims pour y être ſacré ;
ce qu'elle exécuta, avec autant de prudence
que de vigueur. N'eſt-ce pas un prodige de
voir que les idées d'une pauvre fille, ſans talens & ſans expérience, renverſent les deſſeins les mieux concertés de ces hommes pru-
dens, & même ſi bien établis dans le Roïaume ; & que par une conduite ſimple, mais
généreuſe, elle énerve les forces les plus re-
doutables que l'on connût alors ? Cependant
bien des Auteurs du tems même, avouent
qu'il y eut quelque choſe de ſurnaturel dans
la conduite de cette fille : c'eſt ce qui eſt
examiné dans le Livre de *l'Hiſtoire juſtifiée con-*
tre les Romans.

Page 140. Vers 2.

Ces Héros, &c.] L'édition de 1723. met
ici une longue ſuite de Vers, que l'Auteur a
ſupprimés dans les autres éditions ; les voici donc.

Antoine de Navarre avec des yeux ſurpris,

Voit

Voit Henri qui s'avance & reconnaît son fils,
Le Héros atendri tombe aux pieds de son pere,
Trois fois il tend les bras à cette ombre si chére,
Trois fois son pere échappe à ses embrassemens,
Tel qu'un léger nuage écarté par les vents :
Cependant il aprend à cette ombre charmée,
Sa grandeur, ses desseins, l'ordre de son armée,
Et ses premiers travaux, & ses derniers exploits;
Tous les Héros en foule accouroient à sa voix,
Les Martels, les Pepins l'écoutoient en silence,
Et respectoient en lui la gloire de la France.
Enfin le saint Guerrier poursuivant ses desseins,
Suivez mes pas, dit-il, au Temple des Destins;
Avançons, il est tems de vous faire connaître
Les Rois & les Héros qui de vous doivent naître.
Dans ce Temple déja vous voïez les remparts,
Et ses portes d'airain, &c.

Page 140. Vers dernier.

Le tems d'une aîle prompte, &c.] Au lieu de
ce Vers, & des trois qui le suivent, on lit dans
l'édition de 1723. ces quatre autres Vers.

De Dieu dans ce lieu saint la volonté réside,
La crainte languissante & l'espérance avide,
Près de ces murs sacrés gémissent nuit & jour,
Les désirs inquiets voltigent à l'entour.

Page 142. Vers 16.

Approchons-nous, &c.] Au lieu de ce Vers
&

& du suivant, voici les deux que l'on lit dans l'édition de 1723.

Aprochez-vous, venez, contemplons l'un & l'autre,
Le sort de vos Etats, & ma race & la vôtre.

Page 146. Vers 6.

Celui-ci, dont la main raffermit nos remparts ;
C'est Vauban, c'est l'apui des Vertus & des Arts.

Il y a dans les éditions de 1723, 1727, 1733, &c.

Vauban sur un rempart, un compas à la main,
Rit du bruit impuissant de cent foudres d'airain.

Page 149. Vers 8.

De l'Etat ébranlé, douce & frêle espérance, &c.

Au lieu de ce Vers, & les dix-huit qui le suivent, voici ce que met l'édition de 1723.

De l'Empire Français douce & frêle espérance :
O vous qui gouvernez les jours de son enfance ;
Vous, Villeroy, Fleury, conservez sous nos yeux,
Du plus pur de mon sang le dépôt précieux,
Conduisez par la main son enfance docile,
Le sentier des vertus à cet âge est facile :
Age heureux, où son cœur exemt de passion,
N'a point du vice encor reçu l'impression ;
Où d'une Cour trompeuse, ardente à nous séduire,

Le

Le souffle empoisonné ne peut encor lui nuire;
Age heureux, où lui-même ignorant son pouvoir,
Vit tranquile & soumis aux régles du devoir,
Qu'au sortir de l'enfance il puisse se connaître,
Qu'il songe qu'il est homme, en voïant qu'il est
    maître;
Qu'atentif aux besoins des Peuples malheureux,
Il ne les charge point de fardeaux rigoureux;
Qu'il aime à pardonner; qu'il donne avec prudence,
Aux services rendus leur juste récompense:
Qu'il ne permette pas qu'un Ministre insolent,
Change son régne aimable en un joug accablant:
Que la simple vertu, de soutiens dépourvûë
Par ses sages bienfaits soit toujours prévenuë;
Que de l'amitié même il chérisse les Loix,
Bien pur présent du Ciel & peu connu des Rois;
Et que digne en éfet de la grandeur suprême,
Il imite, s'il peut, Henri IV. & moi-même.

A l'exception de ce dernier Vers, tout ce que l'Auteur a retranché ici n'est point moins bien que ce qu'il a mis en sa place.

Page 150. Vers 6.

Près de ce jeune Roi, &c.] Au lieu de ce Vers & des dix qui le suivent, l'édition de 1723. ne met que les quatre suivans bien moins beaux & beaucoup moins remplis que ceux qu'on y a substitués.

Près

Près de ce jeune Roi, regardez ce Héros,
Propre à tous les emplois, né pour tous les travaux;
Il unit les talens d'un Sujet & d'un Maître,
Il n'est pas Roi, mon fils, mais il enseigne à l'être.

Page 150. *Vers* 7. changé en celui-ci.

D'Orléans est son nom ; sa politique habile.

Ce Vers, & le suivant, sont ainsi dans l'édition de 1737.

Par des ressorts nouveaux sa politique habile,
Tient l'Europe en suspens, divisée & tranquile.

Ibid. Vers 15.

Ceux d'un chef, d'un soldat, d'un citoïen, d'un maître,
Il n'est pas Roi, mon fils ; mais il enseigne à l'être.

Il y a dans l'édition de 1727.

Malheureux toutefois dans le cours de sa vie,
D'avoir reçu du Ciel un trop vaste génie ;

C'étoit-là une vérité dure.

CHANT HUITIÉME.

Page 153. *Vers premier.*

ES *Etats*, &c.] Voici le commence-
ment de ce Chant dans l'édition de
1723.

Paris toujours injuste, & toujours furieux,
De la mort de son Roi rendoit graces aux Cieux.
Le Peuple, qui jamais n'a connu la prudence,
S'enyvroit follement de sa vaine espérance :
Mais Philippe au récit de la mort de Valois,
Tremble dans ses Etats pour la première fois;
Il voïoit des Bourbons les forces réunies,
Du Trône sous leurs pas les routes aplanies :
Un Chef infatigable & plein de fermeté,
Instruit par le travail & par l'adversité;
Et qui pouvoit bien-tôt, conduit par la vengeance,
Reporter dans Madrid les malheurs de la France ;
Il crut qu'il étoit tems d'envoïer un secours,
Demandé si long-tems, & différé toujours.
Des rives de l'Escaut sur les bords de la Seine ,
Le malheureux Egmont vint se joindre à Mayenne.

Presque

Presque tous ces Vers font retranchés dans les autres éditions.

Page 157. Vers 13.

Après ce Vers,

Où fembloient attachés les deftins de l'Etat.

Il marque ces quatre Vers ici, qui font dans l'édition de 1723. & qu'on doit reftituer.

Henri, loin des remparts de la Ville allarmée,
Aux Campagnes d'Ivry conduifit fon Armée,
Atirant fur fes pas Mayenne & fes Ligueurs,
Que leur aveuglement pouffoit à leurs malheurs.

Ibid. Vers 15.

Eft un champ fortuné, l'amour de la nature.

Après ce Vers, on lit les fuivans, dans l'édition de 1723. dont la plûpart font changés dans les autres éditions.

Là fouvent les Bergers, conduifant leurs troupeaux,
Du fon de leur mufette éveilloient les échos :
Là les Nymphes d'Anet, d'une courfe rapide,
Suivoient le dain léger & le chévreuil timide,
Les tranquiles Zéphirs habitoient fur ces bords,
Cérès y répandoit fes utiles Tréfors.
C'eft-là que le deftin guida les deux Armées,
D'une chaleur égale au combat animées ;
Cérès en un moment vit leurs fiers bataillons

Rava.

Ravager ſes bienfaits, naiſſans dans les ſillons;
De l'Eure & de l'Itton les ondes s'allarmérent,
Dans le fond des forêts les Nymphes ſe cachérent;
Le Berger plein d'éfroi, chaſſé de ces beaux lieux,
Du ſein de ſon foïer fuit les larmes aux yeux.
Habitans malheureux, &c.

Page 160. Vers 5.

Après ce Vers,

Et par Armand, détruite auſſi-tôt qu'élevée.

On voit dans l'édition de 1723 ce qui
ſuit.

Sancy, brave guerrier, Miniſtre, Magiſtrat,
Eſtimé dans l'Armée, à la Cour, au Sénat;
La Trimouille, Clermont, Tournemine, & d'An-
        gennes,
Et ce fier ennemi de la Pourpre Romaine,
Mornay, dont l'éloquence égale la valeur,
Soutien trop vertueux du parti de l'erreur.
Là paroiſſoient Givri, Noailles, & Feuquiéres,
Le malheureux de Neſle, & l'heureux Leſdiguié-
        res, &c.

Surquoi l'Auteur fait une remarque très-
curieuſe au ſujet de M. de Sancy.

Nicolas de Harlay de Sancy fut ſucceſſive-
ment Conſeiller au Parlement, Maître des
Requêtes, Ambaſſadeur en Angleterre, & en
                                        Alle-

Allemagne, Colonel-Général des Suisses, premier Maître-d'Hôtel du Roi, Sur-Intendant des Finances, & réunit ainsi en sa personne le Ministére, la Magistrature & le Commandement des Armées. Il étoit fils de Robert de Harlay, Conseiller au Parlement, & de Jacqueline Morvilliers; il nâquit en 1546. & mourut en 1629.

N'étant encore que Maître des Requêtes, il se trouva dans le Conseil de Henri III. lorsqu'on délibéroit sur les moïens de soutenir la guerre contre la Ligue; il proposa de lever une armée de Suisses. Le Conseil, qui savoit que le Roi n'avoit pas un sol, se moqua de lui : *Messieurs*, dit Sancy, *puisque de tous ceux qui ont reçu du Roi tant de bienfaits, il ne s'en trouve pas un qui veuille le secourir, je vous déclare que ce sera moi qui leverai une armée.* On lui donna sur le champ la Commission, & point d'argent, & il partit pour la Suisse. Jamais négociation ne fut si singuliére; d'abord il persuada aux Génevois & aux Suisses de faire la guerre au Duc de Savoye, conjointement avec la France : il leur promit de la Cavalerie, qu'il ne leur donna point; il leur fit lever dix mille hommes d'Infanterie, & les engagea de plus à donner cent mille écus. Quand il se vit à la tête de cette armée, il prit quelques Places au Duc de Savoye; ensuite il sut tellement gagner les Suisses, qu'il engagea l'Armée

mée à marcher au fecours du Roi. Ainſi on vît
pour la première fois, les Suiſſes donner des
hommes & de l'argent.

Sancy, dans cette Négociation, dépenſa
une partie de ſes biens; il mit en gage ſes
pierreries, & entr'autres ce fameux diamant,
nommé le Sancy, qui eſt à preſent à la Couronne.

Ce diamant, qui paſſoit pour le plus beau
de l'Europe, avoit d'abord apartenu au malheureux Roi de Portugal, Dom Antoine,
chaſſé de ſon païs par Philippe II. Dom Antoine s'étoit réfugié en France, n'aïant pour
tout bien qu'une ſelle garnie de pierreries,
& un petit coffre dans lequel il y avoit quelques diamans. Celui dont il eſt queſtion, eſt
un diamant aſſez large, qu'il mettoit à ſon
chapeau, & qu'il aimoit beaucoup. Ce fut celui dont il ſe défit le dernier; il le mit en gage entre les mains de Sancy, qui lui prêta quarante mille francs ſur cet éfet. Le Roi n'étant
point en état de rendre cette ſomme, le diamant demeura à Sancy, qui fut honteux d'a-
voir, pour une ſomme ſi modique, une pièce
d'un ſi grand prix. Il envoïa dix mille écus
au Roi Dom Antoine, & eût pû même en
donner davantage.

Sancy étant Sur-Intendant des Finances
ſous Henri IV. fut diſgracié, au raport de
Monſieur de Thou, parce qu'il avoit dit à la
Ducheſſe

Duchesse de Beaufort, que ses enfans ne seroient jamais que des fils de P. Il y a plus d'a-
parence que le Roi lui ôta les Finances, parce qu'il s'accommodoit beaucoup mieux de
Rosni. Sancy même ne fut point disgracié,
puisque le Roi, en 1604. le nomma Chevalier de l'Ordre.

Il s'étoit fait Catholique quelque - tems
après Henri IV. disant qu'il falloit être de la
Religion de son Prince. C'est sur cela que
d'Aubigné, qui ne l'aimoit pas, composa l'ingénieuse & mordante Satyre intitulée : *La
Confession Catholique de Sancy*, imprimée avec
le Journal de Henri III. (*Tiré de l'édition de*
1723.)

Page 164. Vers 15.

Le grand Mornay le suit, toujours calme & serain,&c.

Il y a dans l'édition de 1727.

Il veille autour de lui, tel qu'un puissant génie :
Voïez-vous, lui dit-il, cet escadron qui plie ;
Ici près de ce bois Mayenne est arrêté,
D'Aumale vient à nous ; marchons de ce côté ;
Ainsi dans la mêlée, il l'assiste, il l'escorte.

Les Vers de la présente édition sont bien
supérieurs.

Page 167. Vers 23.

Le généreux Bourbon sut bien-tôt le danger,
Où Biron trop ardent, venoit de s'engager, &c.

L'édition

L'édition de 1727. porte ce qui ſuit:

Que vois-je! c'eſt ton Roi qui vole à ton ſecours,
Il ſait l'affreux danger qui menace tes jours:
Il le ſait, il y vole. Il laiſſe la pourſuite
De ceux qui devant lui précipitoient leur fuite.
Il arrive, il paraît comme un Dieu menaçant;
D'Aumale à ſon aſpect recule en frémiſſant;
Tout tremble devant lui, tout s'écarte, tout plie.

Ces Vers ne ſont point à comparer à ceux que l'Auteur y a ſubſtitués.

Cependant l'Auteur, toujours exact, a ſoin de marquer que ce fut à la vérité à Ivry que le jeune Biron fut bleſſé; mais que Henri le Grand lui ſauva ſeulement la vie au combat de Fontaine - Françaiſe. On a tranſporté à la bataille d'Ivry cet événement, qui n'étant point un fait principal, peut être aiſément déplacé. (*C'eſt la remarque de l'édition de 1737. & des ſuivantes.*)

Page 168. Vers 18.

Un bruit affreux s'entend, la diſcorde cruelle, &c.

Les 30. Vers ſuivans ſont encore ajoutés par l'Auteur dans l'édition de 1737. & ſuivantes.

Page 170. Vers premier.

Quand le fougueux Egmont s'offrit à ſon couroux,&c.

Voici

Voíci les Vers qui fe trouvent à la fuite de celui-ci, dans l'édition de 1723.

Egmont, courtifan lâche & foldat téméraire,
Efclave du Tyran, qui fit périr fon pere;
Malheureux, il n'ofoit fur un bord étranger,
Chercher dans les combats la gloire & le danger;
Et de fes fers honteux chériffant l'infamie,
Il n'ofoit point venger fon pere & fa patrie.
Il parut, le Héros le fit tomber foudain,
Le fer étincelant, &c.

Mais l'édition de Londres, celle de 1737. & celle-ci, font beaucoup meilleures en cet endroit.

Page 170. Vers 7.

Combattons, c'eft à nous de fixer la victoire, &c.

Les dix Vers fuivans ne fe trouvent pas dans l'édition de 1727. mais ils font dans celle de 1737. & fuivantes.

Page 171. Vers 4.

Excita fes remords, &c.] Après ce Vers, on trouve dans l'édition de 1727. dix Vers que voici:

Sur fon corps tout fanglant, le Roi fans réfiftance,
Tel qu'un foudre éclatant, vers Mayenne s'avance;
Il l'attaque, il l'étonne, il le preffe, & fon bras

A chaque inftant fur lui fufpendoit le trépas.
Ce bras vaillant, Mayenne, alloit trancher ta vie,
La Ligue pâliffoit, la guerre étoit finie;
Mais d'Aumale & S. Paul accourent à l'inftant,
On l'entoure, on l'arrache à la mort qui l'attend.

Voici encore ce qu'on trouve dans l'édition de 1723.

Mais Nemours & la Châtre accourent à l'inftant,
On l'entoure, on l'arrache à la mort qui l'attend.
Que vois-je! au moment même une main inconnue,
Frape le Grand Henri d'une ateinte imprévue;
C'eft ainfi qu'autrefois dans ce tems fabuleux,
Que l'amour du menfonge a rendu trop fameux;
Aux pieds de ces remparts, qu'Hector ne peut
        défendre,
Dans ces combats fanglans, aux rives du Scaman-
        dre,
On vit plus d'une fois des mortels furieux,
Par un fer facrilége ofer bleffer les Dieux.

Le quatriéme de ces Vers donne lieu à l'Auteur de faire dans l'édition de 1723. une remarque qui n'eft point dans les autres éditions, parce que l'on en a fuprimé les Vers qui
y ont donné lieu. La voici cependant.

Ce ne fut point à Ivry, ce fut au combat
d'Aumale que Henri IV. fut bleffé : il eut la
bonté depuis de mettre le foldat qui l'avoit
bleffé dans fes Gardes.

Le

Le Lecteur s'aperçoit bien sans doute que l'on n'a pu parler de tous les combats de Henri le Grand dans un Poëme où il faut observer l'unité d'action. Ce Prince fut bleffé à Aumale ; il sauva la vie au Maréchal de Biron à Fontaine-Françaife. Ce font-là des événemens qui méritent d'être mis en œuvre par le Poëte ; mais il ne peut les placer dans les tems où ils font arrivés : il faut qu'il raffemble , autant qu'il peut , ces actions féparées, qu'il les raporte à la même époque ; en un mot, qu'il compofe un tout de diverfes parties , fans cela il eft abfolument impoffible de faire un Poëme épique , fondé fur une Hiftoire.

Henri IV. ne fut donc point bleffé à Ivry ; mais il courut un grand rifque de la vie , il fut même envelopé de trois Cornettes Walonnes, & y auroit péri , s'il n'eût été dégagé par le Maréchal d'Aumont & par le Duc de la Trimouille. Les fiens le crurent mort quelquetems, & jettérent de grands cris de joïe, quand ils le virent revenir l'épée à la main tout couvert du fang des ennemis.

Je remarquerai, qu'après la bleffure du Roi à Aumale , Dupleffis-Mornay lui écrivit : SIRE, *Vous avez affez fait l'Alexandre, il eft tems que vous faffiez le Céfar ; c'eft à nous à mourir pour Vôtre Majefté, & ce nous eft gloire ; à vous, SIRE, de vivre pour nous ; & j'ofe vous dire que ce vous eft devoir.*

Page 172. Vers dernier.

Les Ligueurs sans défense, implorant ses bontés, &c.

Après ce vers, voici ceux qu'on trouve
dans l'édition de 1723.

Vivez, s'écria-t-il, Peuple né pour me nuire,
Henri vouloit vous vaincre&non pas vous détruire;
C'est la seule vertu qui doit vous désarmer;
Vivez, c'est trop me craindre, aprenez à m'aimer.
Il dit, & dans l'instant arrêtant le carnage,
Maître de ses soldats, il fléchit leur courage.
Ce n'est plus ce Lion, *&c.*

Page 174. Vers 18.

Plus prompte que le tems, vole au-delà des mers.

Il y avoit dans l'édition de 1723.

Traversant tous les jours, & les monts & les mers,
Des actions des Rois va remplir l'Univers;
La renommée enfin dans la Ville rebelle,
Des exploits de Henri répandoit la nouvelle,
Mayenne dans ces murs abusoit les esprits, *&c.*

CHANT NEUVIÉME

Page 178. Vers 9.

 I les vœux des humains, ni l'ordre des sai-
sons.

Au lieu des huit Vers suivans, on trouve
dans l'édition de 1723. ceux que voici.

Dans ces climats charmans habite l'indolence,
Les Peuples paresseux, séduits par l'abondance,
N'ont jamais exercé par d'utiles travaux,
Leurs corps apésantis qu'énerve le repos.
Dans un loisir profond, aux soins inaccessible,
La mollesse entretient un silence paisible;
Seulement quelquefois on entend dans les airs
Les sons efféminés des plus tendres concerts,
Les voix de mille Amants, &c.

Page 180. Vers 12.

Porte en sa faible main les destins de la terre,
Donne avec un souris, ou la paix ou la guerre.

Voici comme l'édition de 1723. a mis ces
deux Vers.

V 5   Sans

Sans ceſſe armé des traits plus prompts que le tonnerre,
Porte en ſa faible main les deſtins de la terre.

Page 182. Vers 14.

Le faible Ximoïs, & les champs où fut Troye.

L'édition de 1723. met ainſi ce Vers.

La campagne où jadis on vit les murs de Troye.

Page 185. Vers 5.

Telle ne brilloit point, &c.] Ces deux Vers
ſont ainſi dans l'édition de 1723.

Jamais rien de plus beau ne parut ſous les Cieux,
Et ſeule elle ignoroit le pouvoir de ſes yeux.

Page 186. Vers dernier.

Au - devant du Monarque, &c.] Voici ce
que met l'édition de 1723. au lieu de ce Vers,
& de quelques-uns des ſuivans.

Au-devant du Monarque il conduiſit ſes pas,
Armé de tous ſes traits, préſent à l'entrevue,
Il allume en leur ame une crainte inconnue,
Leur inſpire ce trouble & ces émotions
Que forment en naiſſant les grandes paſſions.

Page 188. Vers 21.

N'aime, ne voit, n'entend, ne connaît que d'Eſtrées, &c.] Après ce Vers, voici ce qu'on lit dans l'édition de 1723.

C'eſt alors que l'on vit dans les bras du repos,
Les folâtres plaiſirs déſarmer ce Héros ;
L'un tenoit ſa cuiraſſe encore de ſang trempée ,
L'autre avoit détaché ſa redoutable épée ,
Et rioit en voïant dans ſes débiles mains ,
Ce fer , l'apui du Trône , & l'éfroi des humains.
Tandis que de l'amour Henri goûtoit les charmes,
Son abſence en ſon Camp répandoit les allar-
   mes ,
Et ſes Chefs étonnés , ſes ſoldats abattus , *&c.*

Page 189. Vers 5.

Il deſcendit des Cieux , &c.] Juſqu'au Vers 15. l'édition de 1723. met ainſi en deux Vers :

Il va trouver Sully d'un vol léger & prompt,
Et lui dit de ſon Roi la faibleſſe & l'affront.
Non moins prudent ami , *&c.*

Il eſt à remarquer que l'Auteur a mis ici, & dans la ſuite, *Mornay,* qui paraît dans les éditions de Londres, & autres, au lieu de celui de Sully, qui eſt dans l'édition de 1723.

V 4   *Page*

Page 192. Vers 8.

Cher ami, dit le Roi, &c.] Ces deux Vers font ainſi dans l'édition de 1723.

Tout autre eût d'un Cenſeur haï le front ſévére.
Cher ami, dit le Roi, tu ne peux me déplaire ;
Viens, le cœur de ton Prince, *&c.*

CHANT

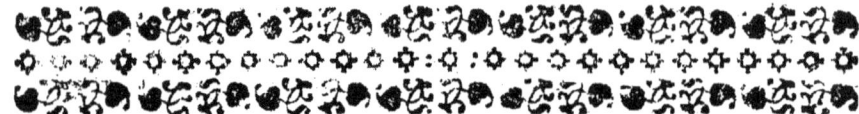

CHANT DIXIÉME.

Page 195. Vers premier.

 E S *momens dangereux*, &c.] Voici de quelle maniére commence l'édition de 1723.

Le tems vole, & sa perte est toujours dangereuse,
En vain du grand Bourbon la main victorieuse,
Fit dans les champs d'Ivry triompher sa vertu ;
Négliger ses lauriers, c'est n'avoir point vaincu ;
Ces jours, ces doux momens perdus dans la mollesse,
Rendoient aux ennemis l'audace & l'allégresse ;
Déja dans leur azile oubliant leurs malheurs,
Vaincus, chargez d'oprobre, ils parloient en vain-
    queurs.

Page 202. Vers 6.

Ils demandoient l'assaut, &c.] Au lieu de ce Vers, & des cinq qui le suivent, voici ce que met l'édition de 1723.

Mais d'un Peuple barbare, ennemi généreux,
Henri retint ses traits déja tournés sur eux :
Il vouloit les sauver de leur propre furie,

V 5   Haï

Haï de ſes ſujets, il aimoit ſa Patrie;
Armé pour les punir, prompt à les épargner, &c.

Page 202. Vers 22.

Mais le faux-zèle, hélas ! &c.] Au lieu de ces deux Vers, voici ceux que met l'édition de 1723.

Mais il ne prévit pas en cette occaſion
Ce que pouvoient les Seize, & la Religion.

Page 212. Vers 12.

Connut qu'enfin les tems alloient être accomplis.

L'édition de 1723. met ainſi ce Vers, & les cinq qui le ſuivent.

Enfin les tems affreux alloient être accomplis,
Qu'aux Plaines d'Albion le Ciel avoit prédits;
Le ſaint Roi, qui du haut de la voûte divine
Veilloit ſur le Héros dont il eſt l'origine,
Touché de ſa vertu, ſaiſi de tant d'horreurs,
Aux pieds de l'Eternel aporte ſes douleurs.

Mais l'Auteur a eu raiſon de les changer.

Page 213. Vers 3.

Devant lui ſont ces Dieux, ces brûlans Séraphins,
A qui de l'Univers il commet les deſtins, &c.

Au lieu de ces Vers, & des treize qui ſuivent, il y avoit dans l'édition de 1727.

Malgré

Malgré tant de clameurs & de cris odieux,
La vertu de Henri pénétra dans les Cieux, &c.
Par des coups éfraïans souvent ce Dieu jaloux,
A sur les Nations étendu son couroux ;
Mais toujours pour le Juste il eut des yeux propices,
Il le soutient lui-même au bord des précipices,
Epure sa vertu dans les adversités,
Combat pour sa défense, & marche à ses côtés.

Page 215. Vers 4.

Il avoue avec foi que la Religion
Est au-dessus de l'homme & confond la raison.
Il reconnaît l'Eglise, &c.

Mais l'édition de 1723. moins parfaite que
les suivantes, met ainsi ces vers :

Ces raïons désirés enflâment ses esprits,
Il avance avec elle aux remparts de Paris :
Il parle, & les remparts tombent en sa présence,
Les Ligueurs éperdus implorent sa clémence.

Il y avoit dans l'édition de 1727.

Il abjure avec foi ses dogmes séducteurs.
Ingénieux enfants de cent nouveaux Docteurs.

AVER-

AVERTISSEMENT.

LEs Variantes précédentes n'étant presque que pour les Editions de 1723. 1727. & 1737. on a cru y devoir joindre aussi celles concernant les autres faites depuis, & conformes à la Henriade de cette nouvelle Edition, dont la variété dans les chiffres, des unes aux autres, n'est pas considérable. Les Vers, qui sont en Lettres Romaines, servent à distinguer ceux des Editions d'après 1737. jusqu'à celle de 1746. *in-douze*, 2. *vol. petit format*, dont les Vers sont en *Lettres Italiques*, & les Notes marquées *.

SUPLÉMENT

AUX

VARIANTES

DE LA

HENRIADE,

AVEC DES NOTES.

CHANT PREMIER.

Page 2. Vers 3.

JE t'implore aujourd'hui, sévére Vérité,
Descends du haut des Cieux auguste Vérité.

Ibid. Vers 18.

Ses esprits languissôient par la crainte abattus.
Les Loix étoient sans force, & les droits confondus.

Page

Page 6. Vers 19. & 20.

Ils favent que les Loix, les nœuds facrés du fang,
Que fur-tout la vertu vous appelle à mon rang.

Ils favent que les Loix, le mérite & le fang,
Tout après mon trépas vous appelle à ce rang.

Page 20. Vers 3. & fuiv.

Sur-tout en écoutant ces triftes avantures,
Pardonnez, grande Reine, à des vérités dures,
Qu'un autre auroit pu taire, ou fauroit mieux voiler,
Mais que jamais Bourbon n'a pu diffimuler.

Un autre, en vous parlant, pourroit avec adreffe,
Déguifer leurs forfaits, excufer leurs faibleffes ;
Mais ce vain artifice eft peu fait pour mon cœur,
Et je parle en Soldat plus qu'en Ambaffadeur.

CHANT SECOND.

Page 26. Vers 3.

CE mot m'eft échappé, je parle avec franchife.
Ce mot m'eft échappé, pardonnez ma franchife.

CHANT

CHANT TROISIE'ME

Page 45. Vers 17. & suiv.

REINE, je parle ici sans détour & sans feinte ;
Vous m'avez commandé de bannir la con-
trainte ;
Et mon cœur qui jamais n'a su se déguiser,
Prêt à servir Valois, ne sauroit l'excuser.

Qu'il ne s'attende point que je le justifie ;
Je lui peux immoler mon repos & ma vie,
Tout, hors la vérité que je préfére à lui,
Je le plains, je le blâme, & je suis son apui.

Page 64. à la Note, ligne 13.

* *Henri IV.* lisez *Henri VIII.* & ajoûtez après
Charles-Quint : Ce n'est pas la seule faute qui soit dans
cet Extrait de Trévoux, dont l'Auteur désavoué &
condamné par la plûpart de ses Confréres, a mis dans
ses Censures peut-être plus d'injures que de raisons.

CHANT QUATRIE'ME.

Page 85. Vers 4. & suiv.

SE presente au milieu de l'Auguste Assemblée,
Par qui des Citoïens la fortune est réglée.
Magistrats, leur dit-il, qui tenez au Sénat,
Non la place du Roi, mais celle de l'Etat :
Le Peuple assez long-tems opprimé par vous-mêmes,
Vous

Vous instruit par ma voix de ses ordres suprêmes,
Las du joug des Capets, qui l'ont tyrannisé,
Il leur ôte un pouvoir dont ils ont abusé,
Imitez la Sorbonne, & délivrez la France.

Entre & parle en ces mots à l'auguste Assemblée,
Par qui des Citoïens la fortune est réglée :
» *Mercenaires, apuis d'un dédale de Loix,*
» *Plébéïens qui pensez être Tuteurs des Rois,*
» *Lâches, qui dans le trouble & parmi les cabales,*
» *Mettez l'honneur honteux de vos grandeurs vé-*
   » *nales,*
» *Timides dans la guerre, & Tirans dans la paix,*
» *Obéïssez au Peuple, écoutez ses Decrets.*
» *Il fut des Citoïens, avant qu'il fut des Maîtres ;*
» *Nous rentrons dans les droits qu'ont perdu nos An-*
   » *cêtres.*
» *Ce Peuple fut long-tems par vous-même abusé,*
» *Il s'est lassé du Sceptre, & le Sceptre est brisé.*
» *Effacez ces grands noms, qui vous génoient sans*
   » *doute,*
» *Ces mots de plein-pouvoir, qu'on hait & qu'on*
   » *redoute.*
» *Jugez au nom du Peuple, & tenez au Sénat,*
» *Non la place du Roi, mais celle de l'Etat ;*
» *Imitez la Sorbonne, ou craignez ma vengeance.*

                     CHANT

CHANT SIXIE'ME.

Page 112. Vers dernier.

CHacun à son aspect garde un profond silence,
Sa rigide vertu faisoit son éloquence.

Page 113. après le Vers 6.

Leur montrer la justice avec impunité.

Les 8. Vers suivans sont ajoûtez dans l'Edition *in-douze 2. vol.* petit format.

Il éleve sa voix, on murmure, on s'empresse,
On l'entoure, on l'écoute, & le tumulte cesse.
Ainsi dans un vaisseau qu'ont agité les flots,
Quand l'air n'est plus frappé des cris des Matelots,
On n'entend que le bruit de la proüe écumante,
Qui fend d'un cours heureux la mer obéïssante.
Tel paroissoit Potier, dictant ses justes loix,
Et la confusion se taisoit à sa voix.

CHANT SEPTIE'ME.

Page 136. Vers 17. & suiv.

IL est, il est aussi dans ce lieu de douleurs,
Des cœurs qui n'ont aimé que leurs douces erreurs.
Des foules de mortels noïés dans la mollesse,

Qu'en

Qu'entraîna le plaisir, qu'endormit la paresse.

Etes-vous en ces lieux, faibles & tendres cœurs,

Qui livrés aux plaisirs, & couchez sur les fleurs,

Sans fiel & sans fierté, couliez dans la paresse

Vos inutiles jours filés par la mollesse ?

Avec les scélérats seriez-vous confondus ;

Vous, mortels bienfaisans ; vous, amis des vertus,

Qui par un seul moment de doute ou de faiblesse,

Avez seché le fruit de trente ans de sagesse ?

Le généreux Henri ne peut cacher ses pleurs.

Ah! s'il est vrai, dit-il, qu'en ce séjour d'horreurs. *

* On compte plus de 950. millions d'hommes sur la terre. Le nombre des Catholiques va à 50. millions. Si la vingtiéme partie est celle des Elûs, c'est beaucoup ; donc il y a actuellement sur terre 947. millions cinq cens milles hommes destinés aux peines éternelles de l'Enfer : & comme le genre-humain se répare environ tous les 20. ans ; mettez l'un portant l'autre, les tems les plus peuplés avec les moins peuplés, il se trouve qu'à ne compter que 6000. ans depuis la Création, il y a déja 120. mille fois 947. millions de damnés. De plus, le peuple Juif aïant été long tems le seul en possession d'être sauvé, & ce peuple aïant été cent fois moins nombreux que le peuple Catholique, cela augmente le nombre des damnés prodigieusement ; ce calcul méritoit bien les larmes d'Henri IV.

La Note ci-dessus, changée en la suivante, a donné lieu à un Carton dans l'Edition de 1746. in-12. 2. vol. petit format.

* Ces

* Ces Vers ont un rapport bien fenfible à la terrible vérité du petit nombre des Elûs ; & fans vouloir ici éfraïer les imaginations faibles par un cacul qui n'eft que trop jufte , il fuffit de renvoïer aux Paraboles des épics laiffés après la moiffon , & des grappes échapées à la diligence du vendangeur. Voïez fur-tout le Sermon de M. de Maffillon, Évêque de Clermont, fur le petit nombre des Elûs, lequel eft un chef-d'œuvre d'éloquence , & le modèle prefque inimitable des Sermons.

Page 137. Vers 16.

Par des tourmens affreux , &c. *

Ajoutez en Note.

* Il eft aifé d'entendre par cet endroit les fautes vénielles , & le Purgatoire. Les Anciens eux-mêmes en admettoient un , & on le trouve expreffément dans Virgile.

Page 144. Vers 12.

N'accoutuma fon peuple , &c. *

Ajoûtez en Note.

* Le Peuple, ce monftre féroce & aveugle, déteftoit le grand Colbert , au point qu'il voulut déterrer fon corps ; mais la voix des gens fenfés, qui prévaut à la longue , a rendu fa mémoire à jamais chére & refpectable.

Page 150. Vers 7. & fuiv.

Un Héros que de loin pourfuit la calomnie ;
Plus facile que faible , ardent , plein de génie ,
Mais ami des plaifirs , ami des nouveautés.

Un Héros que de loin pourfuit la calomnie ; *

* Vrai portrait de Philippe Duc d'Orléans , Régent du Roïaume.

Facile

Facile & non pas faible, ardent, plein de génie,
Trop ami des plaisirs, & trop des nouveautez.

CHANT HUITIE'ME.

Page 164. Vers 5. & 6.

L E defefpoir, la mort, l'ardente foif du fang,
Par-tout, fans s'arrêter, volent de rang en rang.

La honte de céder, l'ardente foif du fang,
Le defefpoir, la mort, volent de rang en rang.

Page 165. Vers 19. & fuiv.

D'Ailli portoit par-tout l'horreur & le trépas;
Les Ligueurs ébranlés fuïoient devant fes pas.
Soudain de mille dards affrontant la tempête,
Un jeune audacieux dans fa courfe l'arrête;
Ils fondent l'un fur l'autre à coups précipités,
La Victoire & la Mort volent à leurs côtés.
Ils s'attaquent cent fois, & cent fois fe repouffent;
Leur courage s'augmente, & leurs glaives s'émouf-
      fent;
Défendus par leur cafque, & par leur bouclier,
Ils parent tous les traits du redoutable acier.
» Chacun d'eux étonné de tant de réfiftance,
» Refpecte fon Rival, admire fa vaillance.
» Enfin le vieux d'Ailli par un coup malheureux,
» Fait tomber à fes pieds ce Guerrier généreux.

» Ses

» Ses yeux font pour jamais fermés à la lumiére

» Son casque auprès de lui roule sur la poussiére:

» D'Ailli voit son visage ; ô desespoir ! ô cris !

» Il le voit, il l'embrasse, hélas ! c'étoit son Fils.

» Le Pere infortuné, les yeux baignés de larmes,

» Tournoit contre son sein ses parricides armes ;

» On l'arrête, on s'oppose à sa juste fureur,

» Il s'arrache en tremblant de ce lieu plein d'hor-
  » reur.

» Il déteste à jamais sa coupable victoire,

» Il renonce à la Cour, aux humains, à la gloire,

» Et se fuïant lui-même, au milieu des deserts,

» Il va cacher sa peine au bout de l'Univers ;

» Là, soit que le Soleil rendit le jour au monde,

» Soit qu'il finit sa course au vaste sein de l'onde,

» Sa voix faisoit redire aux échos attendris,

» Le nom, le triste nom de son malheureux Fils.

  Ciel, quels cris effraïans se font par-tout entendre !

Quels flots de sang Français viennent de se répandre !

Qui précipite ainsi ces Ligueurs dispersés ?

D'Ailli portoit par tout la crainte & le trépas,

D'Ailli tout orgueilleux de trente ans de combats,

Et qui dans les horreurs de la guerre cruelle,

Reprend malgré son âge une force nouvelle.

Un seul guerrier s'oppose à ses coups menaçans ;

C'est

C'eſt un jeune Héros à la fleur de ſes ans,
Qui dans cette journée, illuſtre & meurtriére,
Commençoit des combats la fatale carriére :
D'un tendre hymen à peine il goûtoit les apas,
Favori des amours, il ſortoit de leurs bras ;
Honteux de n'être encore fameux que par ſes charmes,
Avide de la gloire, il voloit aux allarmes :
Ce jour ſa jeune épouſe en accuſant le Ciel,
En déteſtant la Ligue & ce combat mortel,
Arma ſon tendre Amant, & d'une main tremblante,
Attacha triſtement ſa cuiraſſe peſante,
Et couvrit en pleurant d'un caſque précieux,
Ce front ſi plein de grace & ſi cher à ſes yeux.

  Il marche vers d'Ailli dans ſa fureur guerriére,
Parmi des tourbillons de flâme, de pouſſiére,
A travers les bleſſés, les morts & les mourans,
De leurs Courſiers fougueux tous deux preſſent les
      flancs :
Tous deux ſur l'herbe unie & de ſang colorée,
S'élancent loin des rangs d'une courſe aſſurée,
Sanglants, couverts de fer, & la lance à la main,
D'un choc épouventable ils ſe frapent ſoudain ;
La terre en retentit, leurs lances ſont rompues,
Comme en un Ciel brûlant deux éfroïables nues,

Qui

Qui portant le tonnerre & la mort dans leurs flancs,

Se heurtent dans les airs & volent fur les vents ;

De leur mêlange affreux les éclairs rejailliſſent ;

La foudre en eſt formée , & les mortels frémiſſent :

Mais loin de leurs Courſiers, par un ſubit éfort,

Ces Guerriers malheureux cherchent une autre mort.

Déja brille en leurs mains le fatal cimeterre.

La diſcorde accourut , le démon de la guerre ,

La mort pâle & ſanglante étoient à ſes côtés :

Malheureux , ſuſpendez vos coups précipités ;

Mais un deſtin funeſte enflâme leur courage,

Dans le cœur , l'un de l'autre , ils cherchent un paſ-
    ſage ,

Dans ce cœur ennemi qu'ils ne connaiſſent pas ,

Le fer qui les couvroit , brille & vole en éclats ;

Sous les coups redoublés leur cuiraſſe étincelle ,

Leur ſang qui rejaillit rougit leur main cruelle ;

Leur bouclier , leur caſque arrêtant leur éfort,

Pare encor quelques coups , & repouſſe la mort.

» *Chacun d'eux étonné de tant de réſiſtance ,*

» *Reſpectoit ſon Rival, admiroit ſa vaillance.*

» *Enfin le vieux d'Ailli, par un coup malheureux,*

» *Fait tomber à ſes pieds ce guerrier généreux.*

» *Ses yeux ſont pour jamais fermés à la lumiére ,*

» Son

» *Son casque auprès de lui roule sur la poussière :*

» *D'Ailli voit son visage ; ô desespoir ! ô cris !*

» *Il le voit, il l'embrasse, hélas ! c'étoit son Fils.*

» *Le pere infortuné, les yeux baignés de larmes,*

» *Tournoit contre son sein ses parricides armes.*

» *On l'arrête, on s'oppose à sa juste fureur ;*

» *Il s'arrache en tremblant de ce lieu plein d'horreur.*

» *Il déteste à jamais sa coupable victoire,*

» *Il renonce à la Cour, aux humains, à la gloire,*

» *Et se fuïant lui-même au milieu des deserts,*

» *Il va cacher sa peine au bout de l'Univers.*

» *Là, soit que le Soleil rendit le jour au monde,*

» *Soit qu'il finit sa course au vaste sein de l'onde,*

» *Sa voix faisoit redire aux échos attendris,*

» *Le nom, le triste nom de son malheureux Fils.*

Du Héros expirant, la jeune & tendre Amante,

Par la terreur conduite, incertaine, tremblante,

Vient d'un pied chancelant sur ces funestes bords,

Elle cherche, elle voit dans la foule des morts ;

Elle voit son époux, elle tombe éperdue,

Le voile de la mort se répand sur sa vûë.

Est-ce toi, cher Amant ? Ces mots interrompus,

Ces cris demi formez ne sont point entendus ;

Elle r'ouvre les yeux ; sa bouche presse encore

Par

Par fes derniers baifers la bouche qu'elle adore ;
Elle tient dans fes bras ce corps pâle & fanglant,
Le regarde, foupire, & meurt en l'embraffant.

Pere, époux malheureux, famille déplorable,
Des fureurs de ces tems exemple lamentable,
Puiffe de ce combat le fouvenir affreux
Exciter la pitié de nos derniers neveux,
Arracher à leurs yeux des larmes falutaires,
Et qu'ils n'imitent point les crimes de leurs peres.
Mais qui fait fuïr ainfi fes Ligueurs difperfés ?

Page 168. Vers dernier, & le premier de la Page
fuivante.

Vient de fa rage ardente embrafer les Ligueurs.
Elle fond dans leur Camp : là fa bouche fatale.

D'une rage nouvelle embrafe les Ligueurs.
Elle vole à leur tête, & fa bouche fatale.

CHANT NEUVIE'ME.
Page 190. Vers 16.

PAr l'atrait des plaifirs, il croit vaincre fon
cœur.

Il croit charmer fes fens ; il croit bleffer fon cœur.

CHANT DIXIE'ME.

Page 199. Vers 15.

ENfin fur ce combat avoient fixé les yeux.

Sur ce combat illustre avoient fixé les yeux.

Pag. 200. Vers premier, & suivans.

» Mais la Trompette fonne : ils s'élancent tous
    deux ,
» Ils commencent enfin ce combat dangereux.
» Tout ce qu'ont pu jamais la valeur & l'adreſſe ,
» L'ardeur , la fermeté , la force , la foupleſſe ,
» Parut des deux côtés en ce choc éclatant.
» Cent coups étoient portés & parés à l'inſtant.

O Dieu , cria Turenne , arbitre de mon Roi ,
Deſcends , juge ſa cauſe & combats avec moi ;
Le courage n'eſt rien ſans ta main protectrice ;
J'attends peu de moi-même , & tout de ta Juſtice.
D'Aumale répondit : j'attends tout de mon bras ,
C'eſt de nous que dépend le deſtin des combats ;
En vain l'homme timide implore un Dieu ſuprème ,
Tranquile au haut du Ciel il nous laiſſe à nous-mêmes;
Le parti le plus juſte eſt celui du vainqueur ,

Et

Et le Dieu de la Guerre est la seule valeur :
Il dit, & d'un regard enflâmé d'arrogance,
Il voit de son rival la modeste assurance.

   » Mais la Trompette sonne. Ils s'élancent tous
     deux,

» Ils commencent enfin ce combat dangereux :
» Tout ce qu'ont pu jamais la valeur & l'adresse ;
» L'ardeur, la fermeté, la force, la souplesse,
» Parut des deux côtés en ce choc éclatant.
» Cent coups étoient portés & parés à l'instant.
Tantôt avec fureur l'un d'eux se précipite,
L'autre d'un pas léger se détourne & l'évite ;
Tantôt plus raprochés ils semblent se saisir,
Leur péril renaissant donne un affreux plaisir :
On se plaît à les voir s'observer & se craindre,
Avancer, s'arrêter, se mesurer, s'ateindre ;
Le fer étincelant avec art détourné,
Par de feints mouvements trompe l'œil étonné,
Telle on voit du Soleil la lumière éclatante
Briser ses traits de feu dans l'onde transparente,
Et se rompant encor par des chemins divers,
De ce cristal mouvant repasser dans les airs.

Page 200. Vers 12.

Il songe à fatiguer son terrible Adversaire.

Il fatigue à loisir son terrible Adversaire.

Page 202. Vers 4.

Du camp des assiégeans mille cris s'élevérent.

Les cris des assiégeans jusqu'au Ciel s'élevérent.

Page 207. Vers 20.

Dieu punis nos Tyrans de mon crime nouveau !

Et que Paris du moins voïe un crime nouveau !

LETTRE

LETTRE
DE M. DE VOLTAIRE,
A MONSIEUR DE ***.

Sur sa Persécution.

IL y a long-tems, Monsieur, que je suis persécuté par la calomnie & que je le pardonne. Je sais assez que depuis les Socrates jusqu'aux Descartes, tous ceux qui ont eu un peu de succès, ont eu à combattre ces fureurs de l'envie : quand on n'a pu ataquer leurs Ouvrages ni leurs mœurs, on s'en est vengé en ataquant leur Religion ; graces au Ciel, la mienne m'aprend qu'il faut savoir souffrir. Le Dieu qui l'a fondée, fut, dès qu'il daigna être homme, le plus persécuté des hommes. Après un tel exemple, c'est presque un crime que de se plaindre. Corrigeons nos fautes, & soumettons-nous à la tribulation, comme à la mort.

Un honnête-homme peut à la vérité se défendre ; il le doit même, non pour la vaine satisfaction d'imposer silence à l'imposture, mais pour rendre gloire à la vérité.

Je peux donc dire devant Dieu qui m'é-

X 3   coûte,

coute, que je fuis bon Citoïen & vrai Catholique; & je le dis, uniquement parce que je
l'ai toûjours été dans le cœur. Je n'ai pas
écrit une page qui ne refpire l'humanité; &
j'en ai écrit beaucoup qui font fantifiées par la
Religion. Le Poëme de la Henriade n'eft d'un
bout à l'autre que l'éloge de la vertu qui fe
foumet à la Providence. J'efpére qu'en cela
ma vie reffemblera toûjours à mes Ecrits. Je
n'ai jamais, fur-tout, fouillé ces Eloges de la
vertu par aucun efpoir de récompenfe; & je
n'en ai reçû aucune, que celle d'être connu
pour ce que je fuis.

Mes ennemis me reprochent je ne fçai quelles Lettres Philofophiques. J'ai écrit plufieurs
Lettres à mes amis; mais je ne les ai jamais
intitulées de ce titre faftueux. La plûpart de
celles qu'on a imprimées fous mon nom, ne
font point de moi; & j'ai des preuves qui le
démontrent. J'avois lû à M. le Cardinal de
Fleury célles qu'on a fi indignement falfifiées;
il favoit très-bien diftinguer ce qui étoit de
moi d'avec ce qui n'en étoit pas. Les derniers tems de fa vie aïant reconnu une calomnie infame dont on m'avoit noirci au fujet
d'une prétenduë Lettre au Roi de Pruffe, il
m'en aima davantage. Les calomniateurs haïf-
fent à mefure qu'ils perfécutent; mais les gens
de bien fe croïent obligez de chérir ceux dont
ils ont reconnu l'innocence.

APOLOGIE.

APOLOGIE
DE MONSIEUR
DE VOLTAIRE,
Adressée à lui-même.

PERMETTEZ-MOI de vous féliciter, Monsieur, sur la nouvelle édition de votre Poëme de Henri le Grand. Un ouvrage enlevé rapidement, & destiné presque en naissant à une prompte réimpression, doit bien flâter son Auteur; c'est un éloge public & comme unanime, qui désarme la critique. Cette nouvelle édition l'emporte sur la prémiére, par quelques additions qui se trouvent dans le Poëme, mais principalement par le Recueil de vos Poësies dont il est accompagné. Quel avantage pour le Public, si vous lui aviez fait présent de tous vos autres Ecrits en Vers & en Prose! C'est ce que vous ne lui refuserez pas un jour. Il se flâte sur-tout que vous n'omettrez pas dans le Recueil de vos œuvres, la *Lettre* à M. de Breteuil, où l'on trouve l'histoire intéressante de votre petite-Vérole,

X 4 &

& le journal agréable de votre maladie. Vous
fuivrez fans doute l'exemple de l'illuftre Auteur d'*Inés de Caftro*, qui, fans bleffer *le respect
des convenances*, donne volontiers au Public
tout ce qui fort de lui.

Savez-vous, Monfieur, que le Public commence à ne plus murmurer contre les deux
éditions précoces & furtives de votre Poëme, & qu'il aprouve votre procédé à fon
égard, dans l'efpérance que cette petite fu-
percherie pécunieufe tournera un jour à fon
avantage, comme elle tourne à préfent au vôtre. Il y a néanmoins toûjours des perfonnes
mal-intentionnées qui prennent la chofe au
criminel, & vous traitent impitoïablement de
Stellionnataire. Elles difent que vous vendez
plufieurs fois la même chofe. * Ce reproche
eft, ou trop férieux, ou trop badin. C'eft,
pour notre intérêt, bien plus que pour le vôtre, que vous en avez ufé ainfi. Vous mettez
le Public en état d'être un jour fatisfait entiérement, en lui donnant lieu de vous témoi-
gner qu'il ne l'eft pas entiérement aujour-
d'hui; vous ouvrez un champ libre à la critique pour en profiter. Vous n'êtes point de
ces Auteurs vains, qui ne fe produifent au
jour qu'après avoir paffé plufieurs années à
fe parer. Vous vous montrez librement dans
un

* *Calomnie.* Voïez Copies Collationnées des Piéces
concernant la Voltairomanie. *Tom. VI. pag.* 185. *& fuiv.*

un air négligé. C'eſt votre méthode de faire le Public Juge de vos ébauches.

J'entens dire par tout qu'il n'y a point d'intérêt dans votre Poëme, ſi ce n'eſt celui qu'on prend à la matiére, qui y eſt traitée, laquelle dans la forme hiſtorique eſt intéreſſante par elle-même. On voudroit dans votre Ouvrage un intérêt d'art & de génie, & un certain enchaînement de faits & d'événemens qui frape l'eſprit, le ſuſpend, l'atache, & le fait tout enſemble craindre & eſpérer pour le Héros. Le vôtre, ajoûte-t'on, ne fait preſque rien. Il va en Angleterre, & en revient. Il gagne la bataille d'Ivry; il fait des ſonges; il fait l'amour; il preſſe la Ville de Paris; il abjure l'héréſie, & entre enfin triomphant dans cette Capitale. Voilà, dit-on, toutes les actions d'Henri IV. dans le Poëme, où il eſt bien moins grand, qu'il ne l'eſt dans l'hiſtoire de M. de Péréfie. Le Poëte ne lui fait courir aucun danger; on ne craint jamais pour lui; il eſt toujours heureux, toujours triomphant, & on ſait d'avance qu'il le doit toujours être. Rien n'illuſtre davantage un Héros, que les traverſes & les diſgraces de la Fortune, & perſonne n'en a peut-être tant éprouvé que Henri IV. Pourquoi M. de Voltaire a-t'il ſuprimé ce qui fait tant d'honneur à ce Héros?

Ce n'eſt point ainſi, ajoûte-t'on, que Virgile a peint Enée. Sa flote eft batuë par la tempête ; il arrive à Carthage ; il eft obligé de quitter une jeune Princeffe qu'il aime, & dont il eft aimé ; il eft encore traverfé par les Dieux. A fon arrivée en Italie il a mille ennemis à combattre ; il eft dans des périls continuels, & on croit prefque à chaque inftant que lui & les Troïens vont fuccomber. Cependant il triomphe à la fin de tous les dangers. Voilà, s'écrie-t'on, un Poëme intéreffant. Tel eft auffi le Poëme de l'Iliade, où les Grecs font tantôt vainqueurs & tantôt vaincus, & où Achille éprouve les plus triftes revers ; tel eft l'Odiffée, & telles font les avantures de Télémaque (Poëme excellent en profe.) Pourquoi M. de Voltaire n'a-t'il pas répréfenté Henri obligé de lever le fiége de Paris par l'arrivée des troupes du Duc de Parme ? Un Héros ne peut-il pas quelquefois céder glorieufement ? M. de Turenne fe faifoit autant d'honneur de dire ; *je fuïois*, que de dire ; *je vainquis*. Le Duc de Parme n'auroit point alors paru trop grand, ni Henri trop petit, comme M. de Voltaire le dit dans fes Remarques. Car puifque, malgré la grandeur du Duc de Parme, Henri n'auroit pas laiffé de dompter la Ligue ; n'eft-il pas clair que Henri auroit encore paru plus grand que le Général Efpagnol ?

Voilà, Monfieur, comme vous voïez, un raifon-

raifonnement affez frivole. Henri voïage, fe bat, dort, fait l'amour, fe rend Catholique & prend Paris. N'y a-t'il pas-là affez d'action pour un Poëme? Si c'eft peu de chofe que cela; je trouve qu'il a fallu bien de l'efprit pour l'étendre, & pour en compofer un Poëme Epique. N'eft-ce pas la fimplicité du fujet qui fait la beauté d'un ouvrage? Ce qu'il y a d'admirable à mon gré dans votre Poëme, c'eft que votre Héros y dort long-tems, & qu'il fe paffe de très-belles chofes, quand il dort. Jamais on n'a fait de fi beaux rêves. S. Louïs aparoit à Henri; & d'abord Henri voit le lieu d'où fortent les ames qui doivent animer les corps; ce qui eft pour lui une révélation du dogme de la préexiftence des ames. Dogme qui n'avoit pas encore été bien prouvé, & qui ne l'a pas été mieux depuis. Il voit le Paradis & l'Enfer dans le même globe; il trouve dans le Paradis tous ceux qu'il lui eft agréable d'y voir, & plufieurs qu'il ne croïoit peut-être pas-là. Enfuite le Temple des Deftins lui eft ouvert, & il y découvre ce qui doit arriver un jour à fa race; il y aperçoit Condé, Turenne, Villars, & Defcartes. Un autre que Henri n'en auroit pas été plus favant, & n'eût pas manqué à fon réveil de traiter de chiméres toutes ces vifions nocturnes; il n'auroit fait aucun fond fur ce qu'il auroit apris en dormant. Mais Henri eft dans votre Poëme un homme extraordinaire qui ne rêve pas comme les autres hommes.

Je trouve néanmoins certaines chofes peu fenfées dans fon rêve ; & c'eſt en cela que le rêve me paroît plus beau. Ce défordre eſt un éfet de votre jugement. Car enfin il n'eſt pas naturel que les fonges foient fi réguliers. J'admire donc plufieurs endroits du fonge de Henri, par cette raifon feule que c'eſt un pur fonge, & qu'il ne doit pas y avoir dans un fonge une certaine fuite de bon fens. Saint Louïs, par exemple, fait voir à Henri le féjour des ames criminelles ; c'eſt-à-dire, les Enfers où réfident tous les vices, qui font autant de monſtres.

Des Mortels corrompus, ces Tyrans éfrénés,
A l'afpect de Henri paroiffent confternés.
Ils ne l'ont jamais vû. . . . .

Ces monſtres font *confternez* à la vûe de Henri ; ils s'étonnent de ne l'avoir jamais vû. Si vous féparez de cette circonſtance l'idée que c'eſt un fonge, cette circonſtance eſt ridicule. Les monſtres ne devoient - ils pas faire le même honneur à S. Louïs qui étoit le conducteur de Henri, & paroître *confternez à fon afpect* ? Eh quoi ! auroient-ils fait autrefois par hazard connoiſſance avec le Saint ? Henri n'étoit pas affurément plus vertueux
que

que S. Louïs. Mais c'eſt un ſonge ; voilà la réponſe à cette objection auſſi - bien qu'à celle
qui ſuit.

On trouve à redire que S. Louïs entretien-
ne Henri de mille choſes profanes, dont il
n'eſt point du tout édifiant qu'un Saint s'en-
tretienne. Il devoit parler à Henri, dit-on,
de ce qui pouvoit regarder ſon ſalut, & ſur-
tout lui montrer la fauſſeté de la Religion
Proteſtante qu'il avoit embraſſée ; il devoit
lui aprendre à vivre en Chrétien, à dompter
ſes paſſions, à aimer ſon peuple, quand il
ſeroit tranquille poſſeſſeur de ſes Etats, & à
cultiver les vertus qui font les grands Rois.
Au lieu de cela, il lui parle de guerre, de
beaux arts, de Philoſophie, de Poëſie, & ne
lui parle point de Religion. Voilà en vérité
de beaux diſcours pour un Saint. Bien plus,
dans cette ſeconde Edition, S. Louïs, qui
étoit la bonté même, & qui n'a jamais bleſſé
en rien la charité fraternelle, S. Louïs, eſt un
ſatyrique & un médiſant ; il parle mal de
Pradon, de M. de la Motte, & même de
Pérault.

En dépit des Pradons, des Perraults, des Houdarts,
On verra le bon goût fleurir de toutes parts.

D'ailleurs, ajoûte-t'on, S. Louïs eſt le Patron de l'Académie Françoiſe; lui ſied-il de ménager

nager si peu ses chers Académiciens ? Devoit-
il rabaisser un Poëte religieux, qui a fait un
saint usage de son rare talent, & a mis en
Vers les *Heures de Paris*, qu'il donnera bien-
tôt aux Fidèles ? Ce titre seul ne devoit-il pas
porter S. Louïs à lui faire grace ? M. de Voltaire ignore-t'il qu'un des plus beaux Statuts
de l'Académie, pour mettre ses Membres à
couvert de toute censure, est l'exclusion qu'elle donne à ceux qui pourroient y briguer une
place, dès qu'ils ont publié quelque écrit,
ou composé la plus légere Epigramme contre un Académicien ? S. Louïs, Patron de l'A-
cadémie & conservateur de ses Priviléges,
viole ici ouvertement une loi si judicieuse,
& par son exemple nous aprend à nous mo-
quer de la loi & des Législateurs. M. de Voltaire se fait à lui-même un tort réel. C'est à
lui qu'on s'en prendra de la médisance qu'il
met dans la bouche de S. Louïs ; le voilà
donc réduit à être simplement un très-grand
génie, un fort grand Poëte, & à être estimé
de toute l'Europe, sans être Académicien.

A tout cela, Monsieur, je répons encore
une fois que c'est un songe dont il s'agit, &
qu'il est de l'essence du songe d'être déréglé.
Seroit-il possible que l'Académie Françoise,
qui est d'ailleurs si indulgente, donnât pour
si peu de chose l'exclusion à un Poëte illustre ? Je n'en crois rien. Elle est trop attenti-
ve

ve aux moïens de recouvrer fon ancien luftre. Elle fera fans doute pour vous ce qu'elle
a fait autrefois pour M. Defpréaux, qu'elle
reçut dans fon fein, *en dépit des Perraults,
des Cotins, des Quinaults*, contre qui il avoit
écrit, comme vous avez écrit contre M. de la
Motte.

On réplique que le déréglement du fonge
n'a point ici de lieu, que le fonge de votre
Poëme eft un fonge envoïé de Dieu, & que
dans un fonge poëtique tout doit être fenfé;
autrement la fiction d'un fonge pourroit être
un tiffu de bifarreries & d'extravagances, &
il feroit permis au Poëte de rêver lui-même,
en faifant rêver fes perfonnages. Cette raifon
ne m'ébranle point ; & je foutiens toûjours
que vous avez bien fait de mêler dans ce
fonge de Henri plufieurs chofes contraires au
bon fens. Cela fait honneur au vôtre.

Ce n'eft pas feulement le fommeil de Henri
qui fournit des beautez à votre Poëme ; il
ne feroit pas jufte qu'il n'y eût que lui feul
à dormir. Jâques Clément dort auffi, & un
monftre lui aparoît alors, fous la figure du Duc
de Guife.

Un monftre en ce moment fort du fein des ténèbres,
Monftre qui de l'abîme & de fes noirs Démons
Réunit dans fon fein la rage & les poifons.
Cet enfant de la nuit, fécond en artifices,

Sait

Sait ternir les vertus, fait *embellir* les vices,
Sait donner par l'éclat de fes pinceaux trompeurs
Aux forfaits les plus grands les plus *belles* couleurs,
C'eft lui qui fous la cendre, & couvert du cilice,
Saintement aux mortels enfeigne l'injuftice.
Toûjours il revêtoit dans fes déguifemens
Des Miniftres des Cieux les facrez ornemens.

Il eft vrai qu'on ne devine pas aifément
comment s'apelle ce monftre ; mais qu'importe ? Il ne s'agit pas de favoir fon nom ;
c'eft toûjours un monftre, fous la forme du
Duc de Guife, qui exhorte le Moine dormant à affaffiner Henri III. Il lui met en main
le poignard dont il le doit fraper. Que ce
fonge eft merveilleux ! Il faut avoüer qu'il
n'y en eût jamais de femblables. Le Moine
fe réveille, & il trouve dans fes mains le même poignard qu'il avoit vû en fonge.

Il baife avec refpect ce funefte prefent,
Il implore à genoux le bras du Tout-puiffant.

Quelques gens trouvent en cet endroit
deux poignards. Mais ils fe trompent, c'eft
le poignard imaginaire du fommeil de Clément, qui eft devenu poignard réel à fon réveil. J'entens cela fans que vous l'aïez dit.
Voilà ce qui s'apelle une fiction ingénieufe,
que

que peu de perſonnes ſont en état de comprendre.

Je ſuis charmé des Amours de Henri IV. & de Gabrielle d'Etrées. Rien n'y languit. A peine Gabrielle voit - elle Henri, qu'elle lui accorde, ſans beaucoup de façon, les derniéres faveurs. Cet agréable endroit de votre Poëme me dégoûte de tout ce que j'ai lû en ce génre. Je ne puis plus ſouffrir les Amours d'Enée & de Didon, ni celles de Télémaque & d'Eucharis, où tous les replis du cœur, & où tous les combats de la vertu & de la paſſion ſont expoſez avec trop de délicateſſe & d'art. A quoi bon ſur ces choſes tenir l'eſprit en ſuſpens, dans l'atente d'un dénoüement très - ordinaire ? Le mieux eſt d'abréger & d'en venir au fait. D'ailleurs vous avez écrit pour notre ſiécle, où l'amour méthodique n'eſt plus guéres à la mode. Certains Critiques diſent, il eſt vrai, que les Amours de Henri & de Gabrielle ſont ce qu'on apelle vulgairement des amours du Pont - neuf. Je le nie, & je ſoutiens que ce ſont les amours de la Cour, de la Ville & de la Province. D'ailleurs les vers que vous avez ajoutez à cet endroit dans la ſeconde édition, les met à couvert déſormais de toute cenſure.

Je vais encore, Monſieur, vous faire part de quelques autres objections qu'un de mes amis, homme d'ailleurs très - ſenſé, me propoſa

pofa derniérement au fujet de votre Poëme.
Vous jugez bien que je fus répondre à tout
comme il faut. Difpenfez-moi cependant de
vous dire ici ce que je lui répondis. Peut-
être que mes réponfes perdroient leur force fur le papier. Quoiqu'il en foit ; voici à
peu près les objections, autant qu'il m'en
fouvient.

M. de Voltaire, difoit-il, imagine au huitiéme Chant, que la Difcorde va trouver l'A-
mour pour l'engager à foumettre le cœur de
Henri. Le Critique avoüoit que la fiction
étoit très-ingénieufe ; mais il prétendoit qu'il
étoit impertinent que la Difcorde traitât l'A-
mour de frere.

Mon frere, lui dit-elle, où font tes traits terribles?

La Difcorde, ajoûtoit-il, détruit l'Amour :
l'Amour détruit la Difcorde ; ils font donc
effentiellement ennemis. C'eft l'Amour qui
unit les cœurs ; c'eft la Difcorde qui les fé-
pare. Peut-on fupofer raifonnablement qu'ils
ont l'un & l'autre le même principe immé-
diat ? La Difcorde fert quelquefois l'Amour,
& quelquefois l'Amour produit la Difcorde.
Mais cela ne fignifie autre chofe, finon, que
l'un s'éleve fur les ruines de l'autre ; c'eft dans
ce fens-là que la haine produit l'amour, & que
l'amour produit la haine. Ne feroit-il pas plai-
fant que pour cette raifon l'amour & la haine

fe

fe traitaſſent de frere & de ſœur ? J'aimerois autant qu'ils ſe traitaſſent tour à tour de
pere & de mere. Il concluoit de-là qu'il eſt
ridicule d'imaginer que la Diſcorde ait pû s'a-
dreſſer à l'Amour, comme à ſon frere. D'un
autre côté, l'Amour ne ſauroit ſervir la Diſcorde en cette occaſion, ſans ſe préjudicier
à lui-même. C'eſt dans la Paix qu'il fait mieux
ſes affaires. L'oiſiveté & le repos étendent
ſon empire, & il devoit ſouhaiter par cette
raiſon que la Guerre civile finit bien-tôt. O !
que l'amour eſt aveugle !

M. de Voltaire, me diſoit-il encore, eſt
très-louable de n'avoir emploïé dans ſon
Poëme ni les Dieux ni les Déeſſes du Paganiſme, & de s'être renfermé dans le ſyſtême
de la Religion Chrétienne. Il n'a point donné dans les excès monſtrueux des Poëtes Italiens, qui par des fictions indécentes font agir
ſans ceſſe la Vierge, les Apôtres & tous les
Saints, font battre les Anges avec les Diables
& mettent en jeu les trois perſonnes de la
Trinité. M. de Voltaire a reſpecté les vérités
de notre Religion ; c'eſt dommage que dans
la deſcription admirable du Palais de l'A-
mour, il l'ait repreſenté comme une Divinité, & lui ait même donné le nom de
Dieu. Il eſt donc rentré, ſans y penſer, dans
le ſyſtême du Paganiſme, dont il s'étoit
préſervé juſques-là, & par un mélange impur,

pur, il a uni enfemble la vérité & le menfonge.

Il faut avoüer, Monfieur, qu'il eft bien difficile de compofer un beau Poëme, quand un Héros Chrétien en eft le fujet. Le fyftême du Chriftianifme ne fournit point à la Poëfie. Celui du Paganifme eft plus fécond, & fert mieux l'imagination du Poëte. Auffi je crois qu'il eft ridicule d'exiger qu'un Poëme, dont le Héros eft Chrétien, foit du même goût que l'Iliade ou l'Enéïde ; c'eft une autre efpéce de Poëme qu'il eft bon d'établir, comme vous avez fait, & qui dans fon genre peut mériter des éloges, comme les Poëmes des Anciens.

Je trouve, difoit encore mon Ami, une contradiction fenfible dans l'ouvrage de M. de Voltaire au fujet de la Cour de Rome. D'un côté, il la repréfente avec des couleurs affreufes ; c'eft un autre Maimbourg, un autre Mezerai. Mais d'un autre côté, c'eft un vrai Ultramontain, qui nous repréfente le Pape comme infaillible dans fes décifions ; car que fignifient les deux Vers fuivans ?

C'eft de-là que le Dieu qui pour nous voulut naître,
S'explique aux Nations par la voix du Grand-Prêtre.

Si Dieu parle par la bouche du Pape, le Pape rend des Oracles certains. Il eft donc infaillible. Je répondis à mon Ami, que vous
ne

ne parliez ici qu'en général ; & il eſt vrai qu'en
général le Pape ne ſe trompe point, quoiqu'il
puiſſe ſe tromper quelquefois. Je vous raporte cette réponſe, Monſieur, parce qu'elle me
paroît excellente. D'ailleurs vous avez dit aſſez de mal de la Cour de Rome, pour être
comme obligé de lui dire enſuite quelque
douceur. C'eſt ce que vous avez fait dans ces
deux Vers, qui ſeront peut-être un jour cités,
comme une autorité, par les défenſeurs de
l'infaillibilité Papale.

Le même Critique prétendoit que votre
Poëme étoit extrêmement négligé ſur la fin.
La converſion de Henri, diſoit-il, n'eſt point
préparée. C'eſt l'éfet promt & ſubit de l'inter-
ceſſion de S. Louïs. Ce grand événement ne de-
mandoit-il pas d'être plus amené, plus circonſ-
tancié, plus orné ? La réduction de Paris, &
la ſoumiſſion des Ligueurs, devoit être moins
foiblement exprimée.

L'Auteur, par le ſecours de cette belle imagination qu'il a reçû du Ciel en partage, devoit peindre l'entrée triomphante de Henri
le Grand dans ſa Capitale ; le Peuple de cette
Ville rebelle le recevant les larmes aux yeux
& le repentir dans le cœur ; les Seize confondus, conſternés & obligés de prendre la fuite pour éviter le ſuplice ; tous les Seigneurs
de la Ligue venant implorer la clémence du
Roi, & ſur-tout le Duc de Mayenne. Il eſt

vrai,

vrai, que felon l'hiftoire, la Paix générale ne fuivit pas immédiatement la réduction de Paris ; mais le parachronifme eft permis aux Poëtes, & d'ailleurs l'intervalle ne fut pas long.

Je ne puis me fouvenir, Monfieur, de plufieurs objections qu'il me fit encore fur votre Poëme, qu'il trouvoit d'ailleurs excellent en fon genre ; il m'avoüa qu'il vous regardoit comme le premier Poëte de notre fiécle, fans même en excepter le célèbre Rouffeau, & à plus forte raifon M. de la Motte

Nous parcourûmes enfemble tout le Poëme. Il m'y fit remarquer plufieurs expreffions vicieufes que je tâchai de juftifier, & je vous affure que ce ne fut pas toûjours aifément.

Nous commençâmes enfuite à lire enfemble le Recueil de vos Poëfies, qui eft à la fin du Poëme dans la feconde édition. Nous fîmes l'un & l'autre de fort bonnes réflexions fur votre Ode, préfentée à l'Académie pour le prix de 1714. Nous envoïâmes chercher chez Coignard le Recueil des Piéces de cette année, & nous y trouvâmes la Piéce de l'Abbé du Jarry, qui avoit été couronnée au préjudice de la vôtre. Nous rîmes beaucoup des *Pôles brûlans*, & de cent autres impertinences qui font dans cette Piéce, qui avoit été préferée à votre Ode. Nous nous rapellâmes les écrits qui depuis ce tems-là ont

trou-

trouvé grace au même Tribunal. Mon Ami
me dit qu'en 1718. l'Abbé Colin & Gacon
avoient été couronnés enfemble ; le premier
pour un Difcours , & le fecond pour une
Piéce de Vers. Gacon, bon Dieu ! m'écriai-
je alors. Oui, Gacon , me dit-il , & il me
récita alors une Epigramme à ce fujet, tirée
du Vers de Virgile.

Qui Bavium non odit , amet tua carmina , Mœvi.

L'Académie en corps a couronné , dit-on,
Le Poëte fans fard; toute la Ville en glofe.
 Pour moi j'en trouve la raifon ;
 Colin , qui ne hait pas ta Profe,
 Doit aimer les Vers de Gacon.

Rien n'eft donc plus vrai, lui dis-je alors,
que ce que nous lifons ici *(faut-il s'étonner que
ceux qui ont du talent pour les Vers , ne veuillent
plus compofer pour les Prix de l'Académie ?)* Cette note eft hardie , mais elle eft vraïe. Eh quoi,
me repliqua mon Ami en fouriant un peu,
S. Didier, la Vifclede, n'ont-ils pas eu depuis les mêmes honneurs que Gacon ? Le
premier eft un Poëte du premier ordre : il travaille au Poëme de Clovis. Le fecond a fait
inférer dans le Mercure une infinité de Piéces à fa loüange, fur ce qu'il a remporté un
Prix qui ne fe donne qu'à un mérite rare. Je

le

le pris sur le même ton.   Je l'avouë, lui ré-
quai-je, M. de S. Didier est un grand Poëte;
il a fait le voïage du Parnasse, & en a donné
au Public la relation en Prose & en Vers.
Mais on a trouvé que son *Voïage* ressembloit à
celui de *Paul Lucas*, qui a le talent de parler de ce qu'il n'a jamais vû, ou de ce qu'il
n'a vû que de fort loin. Pour M. de la Vis-
clede, c'est un si grand Poëte, qu'à moins que
Gacon ou S. Didier ne s'y oposent, il rem-
portera toûjours les Prix de l'Académie. Je
ne conseillerois pas à de meilleurs Poëtes de
vouloir le lui disputer. Ils succomberoient
infailliblement devant le Tribunal de ces Juges éclairés.

Que dites-vous, interrompit mon ami, de
la Piéce qui suit ? C'est l'*Epître au Maréchal
de Villars*. J'aime fort ce genre de Poësie, lui
répondis-je ; ce sont-là des vers dans le stile
des Epîtres d'Horace *sermoni propiora*. On n'y
sent point la contrainte de la versification. Ces
rimes un peu négligées, & cet air de liberté,
qui régne dans les expressions & dans le tour
du vers, sont la source d'un plaisir naturel,
parce qu'il semble que la nature seule y a mis
la main. Il faut néanmoins beaucoup d'art &
d'esprit pour réussir dans ces Piéces, répliqua-
t-il. Rien n'est plus coulant que les Poësies du
Pere du Cerceau ; mais en même-tems rien de
plus insipide, vous y trouvez cent répétitions,

un verbiage ennuïeux, un ftile rampant, &
aucune élégance : car il faut mettre de la différence entre le ftile lâche & le ftile aifé, entre le naturel & le plat. Le P. D. C. n'a point
de noblelle dans les idées ; c'eft un familier,
prefque toûjours bas. Je ne nie pas cependant que cet Auteur n'ait de l'efprit, & une
imagination quelquefois allez heureufe. Mais
quoiqu'il fe donne pour un imitateur de Marot & de la Fontaine, il eft certain qu'il n'a
point du tout atrapé le ftile de ces deux Poëtes. Je ne fuis pas entiérement de votre avis,
lui répondis-je, au fujet des Poëfies de ce J.
Je conviens que fon ftile n'eft aucunement
Marotique ; mais, fi vous exceptez quelques
Piéces miférables qui lui font échapées, &
qu'il a eu la foibleffe de laiffer imprimer, comme les *Pâtez*, les *Pincettes*, les *Tifons*, le *Meffager du Mans*, je trouve qu'il y a allez de génie, de fertilité & d'agrément dans la plûpart
de fes autres Ouvrages. Mais laiffons-là ce
Poëte, & revenons au nôtre. Remarquez-vous
qu'à la fin de cette Epître il s'engage à faire
un Poëme Epique fur le Maréchal de Villars ?

> Et fans doute qu'un jour Minerve,
> Votre compagne & mon apui,
> Après que ma boüillante verve
> Aura chanté le Grand Henri,
> Me fera vous chanter aulli.

Les promeſſes Poëtiques, me répondit-il, ne ſont pas des billets à ordre. Quoique le ſujet ſoit beau & fécond, je ne crois pas que M. de Voltaire habille jamais le Maréchal de Villars en Poëme épique. Qu'il perfectionne le Poëme de Henri le Grand, c'eſt de quoi l'occuper le reſte de ſa vie.

Nous étions en train de raiſonner ſur toutes les autres Piéces du *Recueil*, & nous avions dit mille choſes au ſujet de l'*Epître à Mademoiſelle du Clos*, du *fragment d'Artémire*, du *Parnaſſe*, &c. lorſque nous fûmes obligés de nous ſéparer. Je réſolus alors de vous faire part de notre converſation, perſuadé que vous aimez qu'on vous raporte tout ce qu'on penſe de vos Ouvrages. Vous trouvez toûjours votre compte à ces raports; car on vous loüe, Monſieur, beaucoup plus qu'on ne vous critique.

Je vais vous dire naturellement ce que l'on penſe de la Piéce intitulée *le Parnaſſe*. On dit que vous, ou votre Editeur, la deviez ſuprimer; elle eſt très-ingénieuſe & très-bien écrite, & cependant on vous la reproche. On ſe ſouvient que M. de la Motte vous a donné autrefois un magnifique éloge dans l'*aprobation* de votre *Oedipe*; il vous y a apellé *le digne ſucceſſeur de Corneille & de Racine*. Quelle reconnoiſſance de votre part! vous placez votre Panégyriſte au milieu de ces petits eſprits,

prits, qui demeurent au bas du Parnaſſe, *non loin du lac.*

>   Adonc Amis, ſi quand ferez voïage,
>   Vous abordez la poëtique plage,
>   Et que la Motte aïez deſir de voir,
>   Retenez bien qu'Illec eſt ſon manoir.*

Vous repréſentez M. D. L. M. comme le cher ami de tous les mauvais Auteurs, & comme l'admirateur de tous les mauvais vers. Vous oubliez donc qu'il fait cas de vos Ouvrages, & qu'il vous regarde après lui comme le meilleur Poëte du ſiécle ? Il eſt vrai qu'après les mauvais ſuccès d'*Artémire* & de *Mariamne*, il s'eſt dédit, & s'eſt réſervé pour lui ſeul un éloge, qu'il avoit bien voulu partager autrefois avec vous ; car vous ne doutez pas, que vû le brillant ſuccès de ſes trois Tragédies, il n'ait lieu de ſe regarder lui-même comme un *digne ſucceſſeur de Corneille & de Racine*, & qu'en éfet il ne ſe regarde ſeul comme tel. Les jugemens du Public ſur ces Tragédies imprimées ne l'ont point ébranlé. Le Public eſt inconſtant ; mais M. D. L. M. ne change point, & il penſe toujours ſur ſes Ouvrages, comme il a toûjours penſé.

Ainſi, Monſieur, ce qui juſtifie votre ſaty-
re

* Le Parnaſſe. *Tome V. pag.* 336.

re contre M. D. L. M. ne peut être aujour-
d'hui que fon dédit. Il ne vous regarde plus
comme *le digne fucceſſeur de Corneille & de Racine.* Il ne retrouve pas même en vous l'Auteur d'Oedipe. Cela ſupoſé, vous ne lui devez plus rien, & vous êtes entiérement quitte de l'éloge qu'il vous a autrefois donné. A
l'égard du portrait que vous faites de lui, il
n'eſt pas à la vérité parfaitement d'après nature ; il a cependant un peu de ſon air.

Celui qui vous adreſſe cette Apologie,
Monſieur, eſt l'Auteur de la Comédie du *Nouveau Monde.* Vous voïez que je ne me dégui-
ſe point pour vous. Je ſais que vous n'ayez pas
fait beaucoup de cas de cet Ouvrage ; mais
les ſentimens ſont libres, & je ne vous en ſai
point mauvais gré, d'ailleurs je ne ſuis point
de ces Auteurs que les ſuffrages précipitez du
Public préviennent extraordinairement en
leur faveur. Si ma Piéce n'a pas été auſſi goû-
tée à l'Impreſſion qu'elle l'avoit été au Théâtre, ce revers eſt aſſez ordinaire aux Auteurs
Dramatiques. J'ai devant les yeux des exemples qui me conſolent. Pour vous, Monſieur,
vous ne devez point redouter l'impreſſion. Votre *Mariamne* qu'on doit imprimer, à ce que
j'aprens, n'éprouvera point de revers ; & pour
me ſervir des termes ingénieux de M. D. L. M.
ci-devant votre aprobateur, * le Public *à la
leſtu-*

_____

* Voïez l'Aprobation d'Oedipe.

lecture de Marianne , *ne rabatra rien des espé-*
rances qu'il a conçuës à la premiére & derniére
repréſentation de cette Piéce. Puiſſiez-vous
nous donner un jour *Artémire* , pour vous
vanger encore mieux du Parterre , & vous
mettre en état de juger s'il a commis à votre
égard une double injuſtice ; car pluſieurs pré-
tendent qu'il n'en a commis qu'une , & que
dans *Mariamne* il n'a condamné qu'*Artémire*.

AVERTISSEMENT.

LA Lettre précédente de l'Auteur fur la Perfé-
cution, dont il fe plaint fi amérement, & avec
tant de juftice, a donné lieu, pour le prouver, du
moins en partie, de mettre ici l'Apologie de Mr.
de Voltaire, adreffée à lui-même par l'Auteur
de la Comédie du Nouveau Monde, dans laquelle on voit le faux & pernicieux jugement qu'il
fait des Ouvrages de ce célèbre Poëte. L'on s'eft cru
obligé, pour le confondre, d'y joindre l'Examen de
Mr. le Marquis d'Argens fur ces mêmes Ouvrages, traitez fi differemment, dans fes Réflexions
Hiftoriques & Critiques fur le Goût, comme
plus que fuffifant, non-feulement pour détruire le
mauvais procédé de l'Auteur de cette infigne Apologie; mais encore celui de tant d'autres gens,
auffi propres à publier des Libelles, également remplis de calomnies, qu'incapables de juger faine-
ment d'Ouvrages au-deffus de leur portée, Ouvrages d'ailleurs fi généralement eftimez, & en particulier par les Savans du premier ordre, comme des
Perfonnes les plus illuftres & les plus refpectables.

EXAMEN

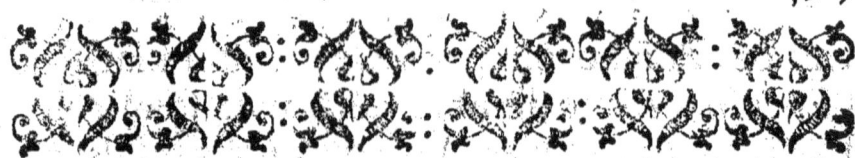

EXAMEN
DES
OUVRAGES
DE MONSIEUR
DE VOLTAIRE,
PAR MONSIEUR
LE MARQUIS
D'ARGENS.*

LA HENRIADE.

L E chef-d'œuvre de Mr. de Voltaire, que j'ose dire être le chef-d'œuvre des Poëtes François ; (on voit d'abord que je veux parler de la H E N-R I A D E †) je ne fais aucune difficulté de mettre

* Tiré de ses Réflexions Historiques & Critiques sur le Goût, & sur les Ouvrages des principaux Auteurs anciens & modernes.

† Œuvres de Mr. de Voltaire. *Tom. I. pag.* 1.

Y 4

tre ce Poëme en paralelle avec l'Iliade &
l'Enéïde. Il me femble déja voir frémir les
Partifans outrez des Anciens ; mais qu'ils me
permettent de m'expliquer, & qu'ils fe donnent le tems de lire les raifons qui m'obli-
gent à mettre la *Henriade* à côté de l'Iliade &
de l'Enéïde.

Homére eft le pere de la Poëfie : il eft,
par fon ancienneté, le Prince des bons Poëtes ; il a inventé l'art du Poëme Epique, &
a pouffé cet art très-loin. Mais il auroit été
un Dieu, fi, inventant une chofe, dont l'e-
xécution eft auffi difficile que celle d'un Poëme Epique, il l'avoit perfectionnée. Il y a
donc plufieurs défauts dans Homére ; fes plus
grands Partifans en conviennent, & les plus
habiles Critiques, anciens & modernes, fe
réuniffent en ce point. Horace, ce juge fi
éclairé, affûre qu'Homére fommeille quelquefois ; Scaliger, chez les modernes, s'eft expliqué d'une maniére encore plus forte ; mais
peut-être a-t-il été trop loin : & l'ardeur de
louer Virgile eft caufe qu'il a plufieurs fois
blâmé Homére mal à propos. Il vaut mieux,
lorfqu'on critique un Auteur auffi refpectable qu'Homére, être plutôt trop retenu dans
fes critiques, que trop hardi. Ce fentiment,
dont je fuis très-perfuadé, ne m'empêche
pourtant pas de condamner dans Homére le
peu d'ordre qu'il y a quelquefois dans fon
Poëme,

Poëme , & les digreffions d'une longueur
étonnante , les harangues inutiles & dépla-
cées que font deux Héros qui vont fe battre ;
qui pis eft , quelquefois en fe battant , me paroiffent très-condamnables. Il y a plufieurs autres défauts , que je crois entrevoir dans l'I-
liade , & dont je parlerai amplement dans le
volume fuivant.

Virgile a eu de grandes obligations à Homére ; mais il me paroit qu'il en a fi bien
profité , qu'il l'a furpaffé. L'Enéïde me femble mieux conduite & d'une façon plus inté-
reffante que l'Iliade. Le Poëte Latin ne s'eft
point permis ni les harangues , ni les digreffions hors de propos du Poëte Grec. Les
portraits de Virgile font auffi parfaits que ceux
d'Homére. Ces deux grands hommes font les
deux plus grands Peintres de l'Univers ; mais
les caractéres de Virgile me paroiffent foibles.
Enée eft un Héros prefque médiocre , Acha-
tes , Sergefte , & tous les Chefs Troïens , font
de fort petits Perfonnages , comparez à Achille , Ajax , Idoménée. Mr. de Voltaire doit
beaucoup à Homére ; & encore plus à Virgile. L'idée de faire prédire par St. Louïs à
Henri IV. tout ce qui doit arriver de plus
grand à fa poftérité , qui a fourni à Mr. de
Voltaire le moïen de faire un des plus beaux
Livres de fon Poëme , eft prife du fixiéme
Livre de l'Enéïde , qui contient la defcente

Y 5   d'E-

d'Enée aux Enfers. Il y a enfin dans la Henriade plufieurs imitations d'Homére & de Virgile ; mais d'où vient Mr. de Voltaire ne pour-
ra-t-il être placé auprès de ces Poëtes , s'il
les a égalés en les imitant ? Les Partifans des
Anciens ne font point étonnés qu'on compare Racine à Sophocle & à Euripide. Defpréaux , ce grand partifan des Anciens , l'a
même placé au-deffus de ce dernier ; tous les
jours on préfére Moliére à Térence & à Plaute ; Defpréaux eft mis au-deffus d'Horace. Par
quelle loi ces Ecrivains auront-ils eu le droit
d'imiter les Anciens ? & ce droit fera-t-il in-
terdit à Mr. de Voltaire ?

Il s'agit de favoir les raifons qui me font
égaler la Henriade à l'Iliade & à l'Enéïde : les
voici. Le Poëme de Mr. de Voltaire me paroit plus exact , mieux conduit que celui d'Homére , que le favant & fpirituel Pope compare à un jardin brute. Ce grand Poëte , dont
la traduction de l'Iliade eft fi eftimée , dit fa-
gement en parlant d'Homére , que *comme la*
magnanimité peut aller jufquà la profufion ou à
l'extravagance , trop d'imagination fait dire fou-
vent des chofes fuperfluës ou même outrées. Mr. de
Voltaire , au contraire , ne dit jamais rien de
puérile ou de languiffant : il n'y a dans fon
Poëme aucune de ces penfées fauffes , qui
n'ont qu'un faux-brillant. Son Poëme fe fou-
tient toujours également : il ne fe permet jamais

mais des digreſſions inutiles & des répétitions ennuïeuſes, aſſez fréquentes dans Homére.

Les caractéres de la Henriade ſont infiniment plus nobles, plus grands & plus intéreſſans que ceux de l'Enéïde : le caractére d'Henri IV. eſt parfaitement ſelon les régles qu'ont établi les Maîtres de l'art.

*» Voulez-vous long-tems plaire, & jamais ne laſſer ?
» Faites choix d'un Héros propre à m'intéreſſer,
» En valeur éclatant, en vertus magnifique.
» Qu'en lui, juſqu'aux défauts, tout paroiſſe héroï-
   » que.
» Que ſes faits ſurprenans ſoient dignes d'être ouïs :
» Qu'il ſoit tel que Céſar, Alexandre, ou Louïs.

Voilà préciſément le caractére d'Henri IV. Ce Prince eſt incomparable par ſa valeur, par ſa prudence militaire, par ſon humanité : l'amour, qui eſt ſon défaut, *ſe montre en lui héroïque* : il combat ſouvent entre la gloire & la tendreſſe ; mais la gloire l'emporte toûjours.

Les autres Héros de la Henriade ſont tous intéreſſans. Mayenne, même dans la révolte, eſt grand & reſpectable. Le caractére de Mornay eſt un des plus beaux qu'on ait jamais inventé, & peut-être des mieux dépeints. Le

por-

* Deſpréaux. *Art Poëtique. Chant III.*

portrait qu'en fait Mr. de Voltaire me paroît toujours plus magnifique.

* Non moins prudent ami, que Philosophe austére,
Mornay sut l'art discret de reprendre & de plaire;
Son exemple instruisoit bien mieux que ses discours;
cours;
Les solides vertus furent ses seuls amours.
Avide de travaux, insensible aux délices,
Il marchoit d'un pas ferme au bord des précipices.
Jamais l'air de la Cour & son soufle infecté
N'altéra de son cœur l'austére pureté.
Belle Aréthuse, ainsi ton onde fortunée
Roule au sein furieux d'Amphitrite étonnée,
Un cristal toujours pur & des flots toûjours clairs,
Que jamais ne corrompt l'amertume des mers.

Voici encore un précepte des Maîtres de
l'art, qui a été parfaitement observé par Mr.
de Voltaire : ce précepte n'est pas moins es-
sentiel que celui du choix d'un Héros véritablement grand, puisqu'il concerne le choix
du sujet.

† » N'offrez point un Sujet d'incidens trop chargé
» Le seul courroux d'Achille, avec art ménagé,
» Remplit abondamment une Iliade entiére.
» Souvent trop d'abondance apauvrit la matiére.
                                     Le

* HENRIADE, CHANT IX, Tom. I, pag. 189.
† Despréaux. *Art Poëtique, Chant III.*

Le sujet de la Henriade est simple par lui-même : il ne s'agit que du Siége de Paris, commencé par Henri III. & achevé par Henri IV. Mais le Poëte fait entrer habilement dans un sujet aussi simple, tout ce qu'il y a de plus capable d'élever l'esprit des Lecteurs. Il lui présente une sédition dangereuse étoufée ; l'Héritier du Trône se maintenant sur ce Trône par le gain d'une grande bataille ; la Journée de la St. Barthélemi ; le meurtre de Henri III. la Bataille d'Yvri ; la famine de Paris : tous ces événemens vrais & terribles sont amenez avec art & semblent naître nécessairement du fond du sujet principal. Voïons encore un précepte de Despréaux.

* » Soïez vif & pressé dans vos narrations :
» Soïez riche & pompeux dans vos descriptions.

La narration de la fameuse journée de la St. Barthélemi, & des horreurs qui s'y commirent, sera parmi un grand nombre d'exemples que je pourrois citer, pour montrer avec quelle précision narre Mr. de Voltaire, le seul que je placerai ici ; la brièveté que je me suis imposée, ne me permettant pas d'ajoûter plusieurs autres belles narrations.

Qui

* Despréaux. *Art Poëtique.* Chant III.

*Qui pourroit cependant exprimer les ravages,
Dont cette nuit cruelle étala les images!
La mort de Coligni, prémice des horreurs,
N'étoit qu'un faible essai de toutes leurs fureurs.
D'un peuple d'assassins les troupes éfrénées,
Par devoir & par zèle au carnage acharnées,
Marchoient le fer en main, les yeux étincelans,
Sur les corps étendus de nos Fréres sanglans.
Guise étoit à leur tête, & bouillant de colére,
Vangeoit sur tous les miens les mânes de son Pere.
Nevers, Gondi, Tavanne, un poignard à la main,
Echauffoient les transports de leur zèle inhumain,
Et portant devant eux la liste de leurs crimes,
Les conduisoient au meurtre & marquoient les vic-
        times.
Je ne vous peindrai point le tumulte & les cris,
Le sang de tous côtez ruisselant dans Paris,
Le Fils assassiné sur le corps de son Pere:
Le Frere avec la Sœur, la Fille avec la Mere;
Les Epoux expirans sous leurs toits embrasez,
Les Enfans au berceau sur la pierre écrasez:
Des fureurs des humains c'est ce qu'on doit atten-
        dre;
Mais ce que l'avenir aura peine à comprendre,
Ce que vous-même encore à peine vous croirez,
                                        Ces

* HENRIADE. CHANT II. Tom. I. pag. 36.
37. & 38.

Ces monſtres furieux de carnage altérez,
Excitez par la voix des Prêtres ſanguinaires,
Invoquoient le Seigneur en égorgeant leurs Fréres;
Et le bras tout ſouillé du ſang des innocens,
Oſoient offrir à Dieu cet exécrable encens.

Si Mr. de Voltaire eſt vif & preſſé dans ſes narrations, il eſt auſſi riche & pompeux dans ſes deſcriptions : & il obſerve également bien les deux préceptes de Deſpréaux.

* Aux Campagnes d'Yvri l'Amour arrive enfin :
Le Roi, prêt d'en partir pour un plus grand deſſein,
Mêlant à ſes plaiſirs l'image de la guerre,
Laiſſoit pour un moment repoſer ſon tonnerre ;
Mille jeunes guerriers, à travers les guérets,
Pourſuivoient avec lui les hôtes des forêts.
L'amour ſent à ſa vûë une joïe inhumaine ;
Il aiguiſe ſes traits, il prépare ſa chaîne ,
Il agite les airs, que lui-même a calmez ;
Il parle, on voit ſoudain les élémens armez,
D'un bout du monde à l'autre apellant les orages,
Sa voix commande aux vents d'aſſembler les nuages,
De verſer ſes torrens ſuſpendus dans les airs,
Et d'aporter la nuit, la foudre & les éclairs.

Déja

* HENRIADE. CHANT IX. Tom. I. pag.
18j. 184. 185. & 186.

Déja les aquilons à ses ordres fidèles,
Dans les Cieux obscurcis ont déploïé leurs aîles,
La plus affreuse nuit succéde au plus beau jour,
La nature en gémit & reconnait l'Amour.

Dans les sillons fangeux de la campagne humide,
Le Roi marche incertain, sans escorte & sans guide,
L'Amour en ce moment, allumant son flambeau,
Fait briller devant lui ce prodige nouveau.
Abandonné des siens, le Roi, dans ces bois sombres,
Suit cet astre ennemi, brillant parmi les ombres ;
Comme on voit quelquefois les voïageurs troublez
Suivre ces feux ardens de la terre exhalez ;
Ces feux, dont la vapeur maligne & passagére,
Conduit au précipice à l'instant qu'elle éclaire.

Depuis peu la fortune en ces tristes climats
D'une illustre mortelle avoit conduit les pas,
Dans le fond d'un Château, tranquile & solitaire,
Loin du bruit des combats, elle atendoit son Pere,
Qui fidèle à ses Rois, vieilli dans les hazards,
Avoit du grand Henri suivi les étendards.
D'Etrée étoit son nom. La main de la nature
De ses aimables dons la combla sans mesure.
Telle ne brilloit point aux bords de l'Eurotas
La coupable beauté qui trahit Ménélas :
Moins touchante & moins belle à Tarse on vit pa-
        raître
Celle qui des Romains avoit domté le Maître.
Lorsque les habitans des rives du Cydnus
                                        L'en-

L'encenſoir à la main la prirent pour Vénus,
Elle entroit dans cet âge, hélas! trop redoutable,
Qui rend des paſſions le joug inévitable.
Son cœur né pour aimer, mais fier & généreux,
D'aucun Amant encor n'avoit reçu les vœux.
Semblable en ſon Printems à la roſe nouvelle,
Qui renferme en naiſſant ſa beauté naturelle,
Cache aux vents amoureux les tréſors de ſon ſein,
Et s'ouvre aux doux raïons d'un jour pur & ſerein.

Pourſuivons l'examen des préceptes des
grands Maîtres, nous n'en trouverons aucun
que Mr. de Voltaire n'ait ſuivi très - ſévére-
ment, & qu'il n'ait fort bien mis en pratique.

» * De figures ſans nombre égaïez vôtre ouvrage ;
» Que tout y faſſe aux yeux une riante image.

On diroit que les graces & les Muſes d'accord ont écrit le Poëme de Mr. de Voltaire:
il eſt rempli de mille & mille images gra-
cieuſes.

† --- A l'Amour tout miracle eſt poſſible,
Il enchante ces lieux par un charme invincible,

Des

---

* Art Poëtique. Chant III.
† HENRIADE. CHANT IX. Tom. I. pag:
187. & 188.

Des Mirthes enlaffez, que d'un prodigue fein,
La terre obéiffante a fait naître foudain,
Dans les lieux d'alentour étendent leur feuillage,
A peine a-t'on-paffé fous leur fatal ombrage,
Par des liens fecrets on fe fent arrêter;
On s'y plaît, on s'y trouble, on ne peut les quitter;
On voit fuir fous cette ombre une onde enchante-
     reffe,
Les Amans fortunez, pleins d'une douce yvreffe,
Y boivent à longs traits l'oubli de leur devoir;
L'Amour dans tous ces lieux fait fentir fon pou-
     voir;
Tout y paraît changé; tous les cœurs y foupirent;
Tous font empoifonnez du charme qu'ils refpirent.
Tout y parle d'amour. Les oifeaux dans les champs
Redoublent leurs baifers, leurs careffes, leurs
    chants.
Le moiffonneur ardent, qui court avant l'aurore
Couper les blonds épis que l'été fait éclore,
S'arrête, s'inquiete & pouffe des foupirs;
Son cœur eft étonné de fes nouveaux defirs;
Il demeure enchanté dans ces belles retraites,
Et laiffe en foupirant fes moiffons imparfaites.
Près de lui la Bergére, oubliant fes troupeaux,
De fa tremblante main fent tomber fes fufeaux.

Il y a dans le Poëme de Mr. de Voltaire
des endroits très-fublimes & qui renferment
les plus grandes idées Métaphyfiques. Son
                   ouvrage

ouvrage contient toutes les beautez des différens genres. On peut dire de sa Henriade
ce que Despréaux a dit de l'Iliade.

» * Son Livre est d'agrémens un fertile trésor :
» Tout ce qu'il a touché s'est converti en or.

Il peint la nature entiére dans son Poëme ;
les mouvemens de l'ame y sont aussi - bien
représentez que les images du corps ; il parle
aussi - bien Philosophie, qu'il parle guerre &
tendresse.

† Il est , il est aussi dans ce lieu de douleurs
Des cœurs qui n'ont aimé que leurs douces erreurs,
Des foules de mortels noïez dans la mollesse ,
Qu'entraîna le plaisir, qu'endormit la paresse.
Le généreux Henri ne put cacher ses pleurs.
Ha ! s'il est vrai, dit-il , qu'en ce séjour d'horreurs,
La race des humains soit en foule engloutie ;
Si les jours passagers d'une si triste vie
D'un éternel tourment sont suivis sans retour,
Ne vaudroit-il pas mieux ne voir jamais le jour ?
Heureux s'ils expiroient dans le sein de leur Mere,
Ou si ce Dieu du moins, ce grand Dieu si sévère
A l'homme, hélas ! trop libre, avoit daigné ravir
Le pouvoir malheureux de lui désobéir.

Voici

* Art Poëtique. Chant III.
† HENRIADE. CHANT VII. Tom. I. pag. 186.

Voici un portrait de l'amitié, qui eſt rempli
de ſentimens véritablement dignes d'un Phi-
loſophe : ce portrait pourroit être d'une grande utilité aux Princes, s'ils vouloient le conſidérer atentivement.

* Il l'aimoit, non en Roi, non en Maître ſévére,
Qui ſouffre qu'on aſpire à l'honneur de lui plaire,
Et de qui le cœur dur & l'inflexible orgueil
Croit le ſang d'un ſujet trop païé d'un coup d'œil.
Amitié, don du Ciel, plaiſir des grandes ames,
Amitié, que les Rois, ces illuſtres ingrats,
Sont aſſez malheureux pour ne connaître pas.

Je ſerois obligé de tranſcrire tout le Poëme
de Mr. de Voltaire, ſi je voulois en extraire
tous les beaux morceaux dont il eſt rempli. Je
finirai par celui de la mort d'Henri III.

† Valois reçoit la Lettre avec empreſſement :
Il béniſſoit les Cieux d'un ſi prompt changement.
» Quand pourrai-je, dit-il, au gré de ma juſtice,
» Récompenſer ton zèle & païer ton ſervice ?
En lui diſant ces mots, il lui tendoit les bras :
Le Monſtre, au même inſtant, tire ſon coutelas,
L'en frape, & dans le flanc l'enfonce avec furie.

Le

Le fang coule, on s'étonne, on s'avance, on s'écrie,
Mille bras font levez pour punir l'affaffin :
Lui, fans baiffer les yeux, le voit avec dédain.
Fier de fon parricide & quitte envers la France,
Il attend à genoux la mort pour récompenfe.
De la France & de Rome il croit être l'apui.
Il penfe voir les Cieux qui s'entr'ouvrent pour lui :
Et demandant à Dieu la palme du Martyre,
Il bénit, en tombant, les coups dont il expire.
Aveuglement terrible, affreufe illufion,
Digne à la fois d'horreur & de compaffion !
Et de la mort du Roi moins coupable, peut-être,
Que ces lâches Docteurs, ennemis de leur Maître,
Dont la voix répandant un funefte poifon
D'un faible folitaire égara la raifon.

J'aurois dû réferver, après l'article de Racine, de dire un mot de fon Fils, qui vit aujourd'hui, & qui nous a donné un Poëme fort beau fur la Grace. Mais comme ce Poëme, après celui de Mr. de Voltaire, eft le meilleur qu'on ait en France, je puis dire ici ce que j'aurois dû avoir déja dit. La verfification de Mr. Racine eft auffi belle que celle de fon Pere, ou peu s'en faut. Il a trouvé le moïen d'embellir un fujet, d'ailleurs affez fec de lui-même, & il y a un grand nombre de belles defcriptions dans fon Poëme, qui eft fort bien conduit & avec beaucoup d'art.

L'OE-

L'OEDIPE.

Monſieur de Voltaire, eſt ſi connu, je ne dis pas dans la République des Lettres, je ne dis point en France, mais dans toute l'Europe, que les ennemis que lui a fait la juſte réputation qu'il a aquiſe, dévroient bien reconnoître que tous les éforts qu'ils emploient pour le décrier, ſont auſſi vains qu'ils ſont injuſtes. Ce qu'il y a de plus ſurprenant, c'eſt qu'il ſe trouve parmi les ennemis de Mr. de Voltaire quelques perſonnes de génie, que la paſſion & la jalouſie emportent juſqu'au point de ſe réünir contre lui, avec des gens auſſi décriez dans le monde que mépriſez dans la République des Lettres. Une pareille conduite eſt bien éloignée de la candeur & de la probité de ces grands génies, qui ont fait tant d'honneur à la France ſur la fin du ſiécle paſſé. Les Corneilles, les Racines, les Deſpréaux, les Moliéres, n'ont point été entiérement exemts des foibleſſes humaines, ils ont éprouvé plus d'une fois celle de ſe brouiller ; mais malgré leur démêlé & leur diviſion, ils ſe rendoient en public la juſtice qu'ils méritoient. Jamais Corneille ne décria les Ouvrages de Racine : Moliére les loua toûjours, même dans un tems où il croïoit avoir raiſon de ſe plaindre de l'Auteur
teur

teur. Il y a dans l'Histoire de l'Académie
Françoise un trait de Moliére à ce sujet,
qui dévroit servir d'exemple à tous les gens
de Lettres. *Lorsqu'on joua les Plaideurs de Racine, Piéce où régne admirablement le goût atti-
que pour la fine Satyre, aux deux prémiéres représentations, les Acteurs furent presque sifflez, &
n'oserent hazarder la troisiéme. Moliére, qui étoit
alors brouillé avec lui, alla à la seconde; mais ne
se laissa pas entraîner au jugement de la Ville, &
dit en sortant, que ceux qui se moquoient de cette
Piéce, méritoient qu'on se moquât d'eux.* Mr. de
Voltaire a trouvé à la représentation de ses
Tragédies plusieurs gens de Lettres beaucoup moins sincéres que Moliére. Quelles
cabales n'a-t'on pas fait pour en diminuer
le prix? Mais le public & le grand nombre
des connoisseurs ne s'est point laissé surprendre. Lors que l'Oedipe parut, elle fut infiniment aplaudie: il en parut cependant plusieurs critiques, & une assez mauvaise paro-
die. Mais ces critiques tombérent presque
aussi-tôt qu'elles parurent: & les gens de
goût comprirent que cette Tragédie promet-
toit un digne successeur de Corneille & de
Racine; ce sont les termes dont s'est servi
Mr. de Fontenelle. Il faut pourtant convenir qu'il y a quelques défauts dans Oedipe:
le caractére de Philoctéte n'est point assez
cousu avec le fond de la Piéce.. Philoctéte
ne

ne paroît, ni dans le quatriéme, * ni dans le cinquiéme Acte ; il pourroit être fuprimé entiérement dans les prémiers, fans que la Piéce en fut altérée : l'Auteur auroit été obligé feulement de changer une Scène ou deux. Mr. de Voltaire, dans la derniére édition de fes Ouvrages, a rétabli le rôle de Philoctéte, tel qu'il fut joué à la prémiére repréfentation : il a, à mon avis, parfaitement bien fait. Le départ de Philoctéte eft moins précipité, & le fpectateur ne s'aperçoit point auffi aifément qu'il n'a paru dans les trois premiers Actes † que pour fournir à l'Auteur le moïen d'atraper le quatriéme. Il y a dans les trois premiers Actes d'Oedipe de très - beaux morceaux ; mais les deux derniers font des chefs - d'œuvre, foit par le pathétique & le fublime qui y dominent, foit par les mouvemens qu'ils excitent : ils caufent la plus forte terreur & la plus fenfible pitié.

LA MARIAMNE.

La Mariamne eft encore une très-belle Piéce : le caractére d'Hérode eft véritablement Théâtral. C'eft celui d'un Roi, également fameux par fes vertus & fes crimes. Il aime
la

---

* Oedipe de Voltaire. Tom. II. pag. 83. & 101.
† Ibid. pag. 27. 43. & 64.

la plus belle femme de l'Univers, reste d'un sang illustre cher à tout son Roïaume. Il est perpétuellement agité, par une jalousie outrée qui le conduit chaque instant malgré lui, de l'amour à la haine & de la haine à l'amour. Le caractére méchant, fourbe, ambitieux de Salomé, sœur d'Hérode, est fort bien oposé à celui de Mariamne, épouse infortunée de ce même Roi, vertueuse, fiére, incapable de vouloir conserver sa vie aux dépens d'un soupçon qui eût blessé sa réputation. Le caractére de Varus est celui d'un honnête homme, dont les vertus font un contraste intéressant avec les crimes de Mazaël, Ministre d'Hérode. Cette Piéce est pleine de beaux morceaux, de situations intéressantes. L'Editeur des Œuvres de Mr. de Voltaire nous aprend quelle a été la premiére cause de cette fameuse & longue dispute qu'il a euë avec Rousseau. *La Mariamne,* * *dit-il, fut jouée en* 1723. *pour la prémiére fois. Baron, qu'on a surnommé l'Esopus des Français, joua le rôle d'Hérode; mais il étoit trop vieux pour soutenir ce caractére violent. Adrienne le Couvreur, la meilleure Comédienne qui ait jamais été, représenta Mariamne. L'Auteur faisoit mourir cette Princesse par le poison, & on le lui donnoit sur le Théâtre. C'é-*

toit

---

* Mariamne. Avertissement. *Tome II.* pag. 123. & 124.

Tome I.   Z

roit vers le tems des Rois que la Piéce fut jouée.
Un Petit-Maître dans le Parterre, voïant donner la coupe empoifonnée à Mariamne, s'avifa de
crier, la Reine boit: *tous les Français fe mirent
à rire*, & la Piéce ne fut point achevée. On la
redonna l'année fuivante : on fit pour Mariamne
un autre genre de mort. La Piéce eut quarante
repréfentations. Le Sieur Roufeau, qui commençoit à être un peu jaloux de l'Auteur, fit alors une
Mariamne d'après l'ancienne Piéce de Triftan. Il
l'envoïa aux Comédiens, qui n'ont jamais pu la
jouer, & au Libraire Didot, qui n'a jamais pu
la vendre. Ce fut-là l'origine de la longue quérelle entre notre Auteur & Roufeau. Outre l'anec-
dote que contient ce paffage, il renferme encore un fait que je releverai. Mr. de Voltaire
a été obligé de changer le genre de mort de
Mariamne, à caufe de la mauvaife faillie d'un
Bouffon. La premiére maniére dont il faifoit
mourir Mariamne m'a toûjours paru beaucoup plus Théâtrale, & elle excitoit bien
plus fortement que l'autre, ★ la pitié & la
terreur. J'ofe même dire que les deux derniéres Scènes de la Mariamne, telles qu'elles
font aujourd'hui, languiffent un peu. Il eft
bien étrange que le fort des plus excellentes
productions de l'efprit humain dépende d'a-
bord du caprice, de la faillie & de l'ignorance

★ *Tome II. pag.* 222.

ce du vulgaire. La Phédre de Racine tomba, de même que la Mariamne, dans les prémiéres représentations. Combien d'excellentes Piéces n'ont pas eu le même fort ? Il eſt vrai que dans la ſuite du tems ces Piéces obtiennent les éloges qu'elles méritent, & que le jugement des cónnoiſſeurs les venge de celui du vulgaire. Mais il n'en eſt pas moins vrai, qu'il eſt bien dur d'être pendant un tems en proïe aux déciſions ridicules d'un nombre de gens qui ont à peine le ſens commun. J'ai vu dans une lettre, écrite par Mr. de Valincourt, que Racine étoit au déſeſpoir lors des prémiéres repréſentations de ſa Phédre.

B R U T U S.

Brutus eſt, ſelon moi, la plus belle Piéce de Mr. de Voltaire, celle où il y a le plus de grandeur, le plus de ſublime & le plus de pathétique. J'ai l'agrément de voir que mon ſentiment ſur cette Tragédie eſt celui de tous les connoiſſeurs. Le caractére de Brutus eſt grand, noble, magnanime, fier ſans brutalité. Ce Romain eſt parfaitement dépeint : il eſt tel que nous aprenons qu'il fut par l'Hiſtoire ; il ſacrifie, ſans héſiter, ſes enfans à ſa Patrie. Mais Mr. de Voltaire, en lui laiſſant toute la grandeur de ſon caractére, lui ôte une certaine férocité, ou plutôt une certaine

bar-

barbarie, qui l'eut rendu moins respectable &
moins admirable. Le caractére de Titus est
un des plus beaux qu'on ait mis sur le Théâtre; il a toute la grandeur Romaine, & il ne
dément cette grandeur que dans un mouvement de fureur, de désespoir, d'amour de
vengeance. Il semble que le sort ait réüni
dans un instant toutes les passions les plus
fortes pour le nécessiter, malgré lui, au crime.
Cependant il s'y abandonne d'une maniére,
qu'on est presque incertain, s'il est coupable, ou s'il est innocent. Ensorte que la pitié
qu'on a lors qu'on le voit périr, cause les
mouvemens les plus tendres & les plus dou-
loureux. Le caractére de Tullie est tendre
sans bassesse, noble sans galimatias. Celui d'A-
rons est un chef-d'œuvre. Je ne saurois mieux
le dépeindre que l'a dépeint Mr. de Voltaire
dans deux vers qu'il met dans la bouche de
Brutus.

* L'Ambassadeur Toscan, témoin de leur faiblesse,
En profite avec joïe autant qu'avec adresse.
Il leur parle, & je crains les discours séduisans
D'un Ministre vieilli dans l'art des Courtisans?

Ce portrait d'Arons est simple; mais il présente

* Brutus. *Tome II. Acte II. Scène IV. pag.* 287.

fente à l'efprit tout ce qu'il faut, pour lui
montrer un Ambaffadeur rufé, rompu dans les
négociations, vieilli dans la politique & la
diffimulation. Il y a un grand nombre d'endroits dans cette Piéce où Mr. de Voltaire a
exprimé dans trois ou quatre vers, ce qu'un
autre Auteur ne diroit pas dans trente. Eft-il
rien de plus beau & de plus précis, que ce
que répond Titus à Tullie fa Maîtreffe, lors
qu'elle lui aprend qu'il peut la poffeder, de
l'aveu de Tarquin, s'il veut trahir Rome.

* - - - - - - - Ce moment a condamné ma vie
Au comble des horreurs, ou de l'ignominie,
A trahir Rome, ou vous; & je n'ai déformais
Que le choix des malheurs, ou celui des forfaits.

Les réflexions de Titus, preffé par fon ami
Meffala de fervir le Pere de fa Maîtreffe, me
paroiffent dignes de la grandeur Romaine,
& cependant très-naturelles.

† Abominables loix! que la cruelle impofe;
Tyrans que j'ai vaincus, je pourrois vous fervir!
Peuples que j'ai fauvez, je pourrois vous trahir!
L'amour, dont j'ai fix mois vaincu la violence,
L'amour auroit fur moi cette affreufe puiffance!

J'ex-

J'expoſerois mon Pere à ſes Tyrans cruels !
Et quel Pere ? Un Héros, l'exemple des mortels,
L'apui de ſon Païs, qui m'inſtruiſit à l'être,
Que j'imitai, qu'un jour j'euſſe égalé peut-être :
Après tant de vertus, quel horrible deſtin !

La maniére, dont Mr. de Voltaire fait dé-
terminer Titus à conſentir de ſervir Tarquin, eſt auſſi fine & ſpirituelle qu'elle eſt
belle. Il y a dans cet endroit un art infini :
j'oſe dire qu'il ſauve preſque la gloire de
Titus, par la triſte ſituation dans laquelle il
le place.

*- - - - - Non, Madame, il faut vous ſatisfaire :
Je le veux, j'en frémis, & j'y cours pour vous
      plaire,
D'autant plus malheureux, que dans ma paſſion,
Mon cœur n'a pour excuſe aucune illuſion ;
Que je ne goûte point, dans mon deſordre extrême,
Le triſte & vain plaiſir de me tromper moi-même ;
Que l'amour aux forfaits me force de voler ;
Que vous m'avez vaincu, ſans pouvoir m'aveu-
      gler :
Et qu'encor indigné de l'ardeur qui m'anime,
Je chéris la vertu, mais j'embraſſe le crime :
Haïſſez-moi, fuïez, quittez un malheureux,

                                   Qui

Qui meurt d'amour pour vous & détefte fes feux,
Qui va s'unir à vous fous ces affreux augures,
Parmi les attentats, le meurtre & les parjures.

Il faut convenir qu'il eft difficile de faire
tomber plus noblement dans le crime un cœur
vertueux.

SUR CAMPISTRON.

Mr. de Voltaire dit quelque part touchant
Campiftron, * *dans notre Alcibiade, Piéce très-*
fuivie, mais foiblement écrite, & ainfi peu eftimée,
on a admiré long-tems ces mauvais vers, que réci-
toit d'un ton féduifant l'Efopus du dernier fiécle.

Ah ! lorfque pénétré d'un amour véritable,
Et gémiffant aux pieds d'un objet adorable,
J'ai connu dans fes yeux, timides ou diftraits,
Que mes foins de fon cœur ont pu troubler la paix;
Que par l'aveu fecret d'une ardeur mutuelle,
La mienne a pris encore une force nouvelle :
Dans ces momens fi doux, j'ai cent fois éprouvé,
Qu'un mortel peut goûter un bonheur affuré.

Je remarquerai trois chofes, dans la Critique

* Préface de la Tragédie de Brutus. *Tome II.* pag.
251. & 252.

que de Mr. de Voltaire. La prémiére , c'eſt
qu'il convient que la Tragédie d'Alcibiade
eſt *très-ſuivie* : & cela confirme ce que je viens
de dire ; la ſeconde, qu'elle eſt *foiblement écrite,*
ainſi peu eſtimée : c'eſt ce que j'examinerai bien-
tôt ; la troiſiéme , que les *vers* qu'il cite ſont
mauvais. Je conviens qu'ils ne ſont point d'une
beauté à être citez pour exemple ; mais ils
marquent parfaitement le caractére d'Alcibiade , qui , quelque mérite qu'il eût d'ailleurs ,
nous eſt dépeint par l'Hiſtoire , comme co-
quet & même Petit - Maître, ſi j'oſe me ſervir de ce terme. D'ailleurs, les vers qui pré-
cédent & qui ſuivent ceux que critique Mr. de
Voltaire, les rendent excuſables.

Hélas ! qu'eſt-il beſoin de m'en entretenir ?
Mon penchant à l'amour, je l'avouerai ſans peine,
Fut de tous mes malheurs la cauſe trop certaine.
Mais bien qu'il m'ait cauſé des chagrins , des ſou-
     pirs ,
Je n'ai pu refuſer mon ame à ces plaiſirs.
Car enfin Amyntas , quoiqu'on en puiſſe dire,
Il n'eſt rien de ſemblable à ce qu'il nous inſpire.
Où trouve-t'on ailleurs cette vive douceur,
Capable d'enlever & de calmer un cœur ?
Ha ! lorſque pénétré d'un amour véritable, &c.

On voit qu'Alcibiade ſe dépeint lui-même
à

à Amyntas son confident : & par l'aveu qu'il
fait de ses foibleffes & de son penchant à l'a-
mour , Campiftron trouve le secret de dé-
veloper habilement aux fpectateurs le caractére de son premier Acteur & du principal
personnage de la Piéce. Cependant comme
cet aveu pourroit prévenir les fpectateurs
contre Alcibiade , Campiftron fauve fage-
ment ce qu'il a de choquant. Amyntas répond à Alcibiade.

Ah! quel indigne aveu, Seigneur, ofez-vous faire?

ALCIBIADE.

Je le fais, Amyntas, fans honte & fans myftére.
Ah! fi j'ai fuccombé dans mes prémiers tranfports,
Toute la Grece a vû les fruits de mes remords.
J'aurois lieu de rougir , fi , fans aucun fcrupule,
J'abandonnois mon cœur aux ardeurs dont il brûle;
Si toûjours aveuglé par l'amour des plaifirs,
Leurs apas euffent feuls atiré mes defirs.
Mais fur moi ma raifon a pris affez d'empire ,
Pour m'arracher cent fois au penchant qui m'a-
      tire.
Toi-même, tu m'as vû, confus de mes erreurs,
Changeant de lâches feux en de nobles fureurs,
Pour éfacer des traits honteux de ma mémoire
D'un pas plus affûré courir après la gloire.

Enfin,

Enfin, ſi de ma vie on obſerve le cours,
On y pourra conter quelques-uns de mes jours,
Paſſez dans le repos, perdus dans la molleſſe.
Mais pour un de ces jours, marquez par ma foi-
    bleſſe,
On y verra des ans l'un à l'autre enchaînez,
Par mille exploits fameux juſtement couronnez.
Tu vois que ſans chercher d'excuſe à mes caprices,
J'avoue également mes vertus & mes vices.

Cet aveu qu'Alcibiade fait de ſes foibleſſes
& de ſon penchant à l'amour, eſt d'autant
plus néceſſaire, qu'il aime Palmis, fille de
l'Empereur des Perſes, & qu'il fait adroitement retomber ſur la force de ſon tempé-
rament l'égarement dans lequel, tout malheureux qu'il eſt, il eſt tombé de nouveau.
Plus j'examine ces vers, & moins je ſuis porté à les blâmer.

  Mr. de Voltaire dit qu'Alcibiade eſt une
Piéce *foiblement écrite* : il n'a pas tort ſur ce
point, & c'eſt aſſez le défaut des Tragédies
de Campiſtron ; mais lorſqu'il dit qu'elle eſt
peu eſtimée, je croi qu'il ſe trompe. Depuis
plus de quarante ans Alcibiade ſe ſoûtient
ſur notre Théâtre, & s'y ſoûtient avec des
aplaudiſſemens toûjours nouveaux. D'ailleurs
en convenant que les Piéces de Campiſtron
ſont *foiblement écrites*, j'entens qu'elles le ſont,
                         eû

eû égard aux Piéces de Racine & à celles de
Mr. de Voltaire : mais elles ne le font point
affez, pour qu'on puiſſe ne pas goûter les autres beautez dont elles font remplies. D'ailleurs il y a de tems en tems des morceaux
fort nobles & remplis de grandeur. Tel eſt,
parmi un nombre infini d'endroits que je
pourrois citer, la fuperbe & fiére réponſe que
fait Alcibiade à Artaxerxès, lorſque ce Prince le conſulte fur le deſſein qu'il a de faire
la guerre aux Grecs. Je ne citerai qu'une petite partie de ce morceau , parce qu'il eſt
fort long , mais toûjours également beau.

Les Grecs fur leur valeur fondant tout leur eſpoir,
De l'affiéte des lieux n'oſent ſe prévaloir.
Tout eſt égal pour eux , quand le péril commence.
Ils volent vers l'endroit où l'ennemi s'avance.
De leur feule vertu jufqu'au bout foûtenus ,
Toûjours fiers , toûjours prêts , & jamais prévenus,
Ce n'eſt pas tout encor : ha ! fi dans ces contrées
Par de fi vaſtes mers des vôtres féparées,
Affoibli de Soldats & privé de fecours ,
Quelque revers troubloit le bonheur de vos jours,
Soûtiendriez - vous des Grecs la valeur triom-
       phante ?
Vous en avez, Seigneur, une preuve éclatante.
Ils ont terni l'éclat de cet Empire heureux :
Darius & Xerxès ont-ils rien pu contr'eux ?

L'un

L'un vit à Marathon éclater sa foiblesse ;

Les seuls Athéniens y vengérent la Gréce ;

Xerxès, qui le suivit, dépeupla ses Etats ;

Il fit gémir les mers du poids de ses soldats ;

Des monts les plus affreux il perça les barriéres ;

Et son immense camp épuisa les riviéres.

Que produisit enfin l'amas prodigieux

D'hommes & de vaisseaux qu'il tira de ces lieux ?

Trois cent Grecs, retranchez au pas des Termo-
      phyles,

Rendirent en un jour ses éforts inutiles ;

Et les Athéniens aimérent mieux cent fois

Abandonner leurs murs, que d'atendre ses Loix.

J'ignore le succès que le Ciel vous destine :

Mais, Seigneur, regardez Platée & Salamine.

Ce portrait des anciens Grecs est très-beau :
& Campistron a parfaitement dépeint dans
cette Piéce leur caractére, leurs mœurs, &
leur esprit. Il a même trouvé le moïen de ramener à son sujet ce qui s'est passé de plus
mémorable entre Darius, Xerxès, Artaxerxès, & les Grecs. La Scène d'Alcibiade &
de Palmis est écrite avec beaucoup de délica-
tesse : & si Campistron a manqué de force
dans sa maniére d'écrire, il a réparé ce défaut par les sentimens nobles & naturels qu'il
a répandus dans toutes ses Piéces, & qu'il a
rendu d'une maniére très-spirituelle. La Tragédie

gédie d'Alcibiade eut un succès prodigieux, & la quarantiéme représentation fut aussi suivie que la premiére.

ZAÏRE.

Zaïre est une Piéce remplie d'une tendresse délicate : elle a plû infiniment, & sur-tout aux femmes. Le caractére de Zaïre est intéressant ; * celui d'Orosmane noble ; celui de Lusignan digne d'admiration ; celui de Nérestan grand & magnanime. La Scène † où Lusignan reconnoît son fils & sa fille, est un des beaux morceaux qu'il y ait au Théâtre. Le cinquiéme ¶ Acte de cette Piéce inspire la plus forte terreur, jointe à la pitié la plus vive.

CÉSAR, ET ALZIRE.

J'ai fait autrefois une petite Dissertation sur la mort de Céfar, & sur Alzire. La mort de Céfar a de fort beaux endroits : j'aime cependant mieux Alzire. ** Les caractéres de cette derniére Piéce sont singuliers & nouveaux:

ceux

* Zaïre. *Tome III. Acte I. Scène I. pag.* 1. & 2.
† *Ibid. Acte II. Scène III. pag.* 36.
¶ *Ibid. Acte V. pag.* 93.
** *Alzire. Ibid. pag.* 133.

ceux de la Mort de Jules-Céfar me paroiſ-
ſent au contraire trop peu variez. * Brutus,
Caſſius, Cimber, & les autres Sénateurs, qui
conjurent contre Céfar, ſont dépeints avec
trop d'uniformité, ſur-tout dans la Scène où
ils parlent à Jules-Céfar : leurs difcours ſe ré-
duiſent tous à ce point : *Nous ne voulons point
de Roi ;* & il eſt un Acteur qui ne dit que cinq
ou ſix vers pour répéter ce refrein.

MAHOMET.

Mahomet me paroît une des meilleures Piéces de Mr. de Voltaire : les caractéres en ſont
beaux. † Celui de Mahomet eſt traité avec
tout le goût & toute l'adreſſe imaginable ;
mais, ſi j'oſe le dire, il me ſemble que cette
Tragédie eſt verſifiée un peu plus foiblement
que les autres. La verſification de Mr. de
Voltaire eſt noble, majeſtueuſe, harmonieu-
ſe, exacte : ainſi ce qui paroîtroit excellent
chez un autre Auteur, paroît moins bon chez
lui, pour peu qu'il ſoit négligé.

* Mort de Céfar. *Tome III. Acte III. Scène I. & II.*
pag. 283 *& * 285.
† Mahomet. *Tome VIII.*

L'ENFANT PRODIGUE.

Je n'ai jamais aimé l'Enfant Prodigue. * Je trouve parmi les chofes qui me bleffent dans cette Comédie, que le caractère de Jafmin, valet d'Euphémon, & devenu fon camarade après fes malheurs, eft abfolument faux : il n'eft point vrai-femblable qu'un domeftique dife à un Maître, qu'il a vû dans la fplendeur, des injures groffiéres, parce qu'il fera dans la mifére. Je n'aprouve point auffi qu'on écrive en vers de cinq pieds des Piéces de Théâtre : ces vers ont quelque chofe qui fe reffent trop du ftile Epiftolaire. Quand je lis une Scène, je penfe toûjours voir une Piéce Marotique.

L'INDISCRET.

La petite Comédie de l'*Indifcret* eft jolie : † la premiére Scène eft un chef-d'œuvre, & peut être comparée aux plus belles de Moliére.

* L'Enfant Prodigue. *Tome VII.*
† L'Indifcret. *Ibid.*

AVERTISSEMENT.

L'Auteur des Réflexions Historiques & Critiques sur le Goût, &c. après avoir parlé contre le jugement de Mr. Baillet sur les Piéces de Moliére, dit, pag. 22. & suivantes : *Je viens à un Auteur bien plus éclairé & bien plus spirituel que Mr. Baillet, j'entends Mr. de Voltaire, dont l'Ouvrage sur le Goût a fait tant de bruit dans la République des Lettres. Il a excité les murmures d'une foule d'Ecrivains ; il a presque soulevé tous les Savans. Cependant je dirai, sans vouloir défendre en tout le Temple du Goût de Mr. de Voltaire, que cet Ouvrage contient d'excellentes choses, & beaucoup ingénieuses. L'amitié & l'atachement que j'ai pour Mr. de Voltaire ne me font point illusion : je n'avance rien qu'il ne me soit aisé de prouver par un court examen de son Ouvrage. Je conviendrai de bonne-foi des fautes que je crois y apercevoir ; mais il me sera permis, par toutes les règles de l'équité, de relever les beaux endroits qui m'ont frapé.*

EXAMEN

EXAMEN
DU
TEMPLE
DU GOÛT
DE
M. DE VOLTAIRE.*

ORSQUE le Temple du Goût de Mr. de Voltaire parut,† il excita un tumulte général dans la République des Lettres. On pouffa la fureur, & j'ofe dire, la vengeance auffi loin que la licence du Paganifme, & la férocité de l'ancien efprit Républicain l'avoient jamais fait. Peu content de vouloir acabler Mr. de Voltaire de mille écrits injurieux, on le donna en fpectacle au public dans une

* Réflexions Hiftoriques & Critiques fur le Goût, par Mr. le Marquis d'Argens.
† Œuvres de Voltaire. *Tome IV. pag.* 3.

une Comédie intitulée *le Temple du Goût*, composée par Romagnesi. Tout Paris courut à cette Piéce, & qui pis est, tout Paris l'aplaudit ; quoi qu'elle n'eût ni invention ni conduite, & que le sens commun ne s'y trouvât pas même. Le plaisir d'entendre calomnier un Auteur illustre répara tous les défauts dont elle étoit remplie, & la soûtint contre les sages mépris d'un nombre d'honnêtes-gens, qui gémissoient de voir la vertu & le mérite en proïe à l'envie & à l'ignorance. Les ennemis & les envieux de la gloire de Mr. de Voltaire, justifièrent pour lors ces beaux Vers de l'Ouvrage qu'ils condamnoient avec tant de passion.

* L'orgueil les engendra dans les flancs de l'envie,
L'intérêt, le soupçon, l'infame calomnie,
Et souvent les dévots, monstres plus dangereux,
Entr'ouvrent en secret, d'un air mistérieux,
Les portes des Palais à leur Cabale impie.
C'est-là que d'un Midas ils fascinent les yeux;
Un fat leur aplaudit, un méchant les apuïe :
Et le mérite en pleurs, persécuté par eux,
Renonce en soupirant aux beaux arts qu'on décrie.

Il est surprenant qu'on ait voulu faire un
crime

* Temple du Goût. *Tome IV. pag.* 15.

crime à Mr. de Voltaire d'avoir dit fon fentiment fur quelques bons Auteurs Modernes,
qu'il a peut-être jugé un peu trop févérement,
tandis qu'on a fouffert que vingt Ecrivains,
bien au-deffous de lui, aïent écrit des Volumes remplis d'invectives & de fauffes-Criti-
ques contre les meilleurs Auteurs Grecs &
Romains. A-t-on joué Perrault fur le Théâtre, pour avoir dit que Platon étoit un Auteur médiocre, que Pindare écrivoit d'une
manière inintelligible, & que fes Odes n'é-
toient que de pompeux galimatias ? Jamais
Riccoboni, ni Romagnefi livrérent-ils aux
rifées des fpectateurs l'Abbé Terraffon, pour
avoir écrit, en termes nets & clairs, qu'Homére étoit un fort mauvais Ecrivain, qui n'a-
voit jamais été admiré que par des Pédans,
ou des gens qui n'avoient aucun goût. Les
Partifans des Anciens fe font juftement ré-
criés contre de pareils fentimens ; ils en ont
même montré l'abfurdité ; mais fans violer la
probité, & fans faire l'afront le plus fanglant
à ceux qui les foûtenoient.

Il faut convenir que les procédés qu'ont
tenus plufieurs gens de lettres, au fujet du
Temple du Goût, eft impardonnable & qu'ils
ne fauroient trop en rougir. Quel fond veu-
lent-ils qu'on faffe dorénavant fur leurs décifions, puifqu'ils ont montré jufqu'à quel excès la haine, la jaloufie & l'envie pouvoient
les

les porter? Pouvoient-ils penser que les gens
sages & sensez croiroient aveuglément sur
leur parole, que l'Ouvrage qu'ils condamnoient étoit aussi mauvais qu'ils le disoient?
Se figuroient-ils donc qu'il n'y auroit que les
ennemis de Mr. de Voltaire qui le liroient?
Il falloit en vérité qu'ils fussent dans une erreur aussi grossiére, pour se persuader que
personne ne seroit frapé de mille beaux traits
remplis de feu qui sont répandus dans le Temple du Goût. Tel est celui où il dépeint si
bien l'ignorance d'un Financier. Ce passage
étant assez long, je me contenterai d'en raporter la fin.

*Crassus s'éveille, il regarde, il rédige
A tort, à droit, règle, aprouve, corrige.
A ses côtez, un petit Curieux,
Lorgnette en main, disoit: tournés les yeux,
Voïez ceci, c'est pour votre Chapelle;
Sur ma parole, achetez ce Tableau;
C'est Dieu le Pére en sa gloire éternelle,
Peint galamment dans le goût de Vatau.
Et cependant un fripon de Libraire,
Des beaux-esprits écumeur mercénaire,
Tout Bellegarde à ses yeux étaloit,
Tout Pittaval, & jusqu'à Desfontaines,

Re-

Recueils nouveaux, & Journaux à centaines,
Et Monseigneur vouloit lire, & bâilloit.

L'endroit sur les Musiciens ignorans, &
sur leurs admirateurs, est encore excellent.
Il peint d'après nature.

*Du grand Lully vingt Rivaux fanatiques,
Plus ennemis de l'art & du bon-sens,
Défiguroient sur des tons glapissans,
Des vers Français en frédons Italiques,
Une Bégueule, en lorgnant se pâmoit,
Et certain fat, yvre de sa parure,
En se mirant, chévrotoit, frédonnoit,
Et de l'Index battant faux la mesure,
Crioit *bravo*, lorsque l'on détonnoit.

Le portrait des Commentateurs est très-
ressemblant; il n'y a qu'un seul vers qui me
paroit susceptible d'une juste critique.

†Là j'aperçus les Daciers, les Saumaises,
Gens hérissez de Savantes fadaises,
Le teint jauni, les yeux rouges & secs,
Le dos courbé sous un tas d'Auteurs Grecs,
Tous noircis d'encre & couverts de poussiére.

Je

* *Tome IV. pag.* 11.
† *Ibid. pag.* 6. & 7.

Je leur criai de loin par la portiére :
N'allez-vous pas dans le Temple du Goût
Vous décraſſer ? Nous, Meſſieurs, point du tout :
Ce n'eſt pas-là, grace au Ciel, nôtre étude ;
Le Goût n'eſt rien ; nous avons habitude
De rédiger au long, de point en point,
Ce qu'on penſa ; mais nous ne penſons point.

Il eſt vrai, au pié de la lettre, qu'il eſt peu de gens qui penſent moins que les Commentateurs. Ils ſont ordinairement occupez à faire des compilations, auſſi indigeſtes qu'ennuïeuſes & nombreuſes ; ils compoſent la moitié d'un gros Volume, ſur un ſeul paſſage qu'ils pourroient expliquer dans trois ou quatre lignes. Mais je n'aprouve point que Mr. de Voltaire nomme, parmi les mauvais Commentateurs, peut-être les deux ſeuls eſtimables. S'il avoit dit ſimplement, que Dacier étoit un mauvais Traducteur, j'aurois été de ſon ſentiment ; mais il le traite d'homme qui n'a écrit que des fadaiſes : ce jugement eſt peu juſte ; & pour en convaincre Mr. de Voltaire, je ne veux que lui-même. Il a mis une Note dans ſon Temple du Goût où il s'exprime en ces termes : * *Quoique Dacier défigure Horace & que ſes Notes ſoient d'un Savant peu ſpirituel, ſon Livre eſt plein de recherches uti-*
les,

* *Tome IV. pag. 7. à la Note.*

les, & on loue son travail en voïant son peu de génie. Si les Ouvrages de Dacier sont pleins de recherches utiles ; si l'on est obligé de louer son travail, comment n'est-il qu'un homme * *hérissé & rempli de savantes fadaises ?* Il y a entre les vers & la prose de Mr. de Voltaire, une contrariété manifeste. Quant à Saumaise, le jugement qu'il en fait est encore fort précipité. Il croit l'excuser, en disant dans une Note, que Saumaise *est un Auteur savant qu'on ne lit plus.* Mais il reste à savoir si *on ne le lit plus.* Pour moi je connois bien des gens qui le lisent. Despréaux étoit un homme d'esprit, & un excellent juge dans les matiéres des belles lettres : lorsqu'il a voulu parler d'un habile Commentateur, il a cité Saumaise.

» Aux Saumaises futurs préparer des tortures.

Ce que Mr. de Voltaire dit de Mr. de la Mothe, me paroit très-vrai : il convient qu'il écrivoit fort bien en Prose, & avec goût ; qu'il y avoit infiniment de l'esprit dans ses vers ; mais qu'ils étoient ordinairement durs, sur-tout ceux qu'il avoit composé en dernier lieu. Tout cela est vrai ; mais j'aurois souhaité qu'il n'eut point tourné en ridicule le caractére doux & affable de feu Mr. de la Mothe.

* *Tome IV. pag. 6.*

the. Pourquoi donner à un galant homme l'hé-
pithéte cauftique de *Papelard* ?

*Parmi les flots de la foule infenfée,
De ce Parvis obftinément chaffée,
Tout doucement venoit la Mothe Houdard,
Lequel difoit, d'un ton de Papelard ;
Ouvrez, Meffieurs, c'eft mon Oedipe en profe,
Mes vers font durs, d'accord ; mais forts de chofe;
De grace, ouvrez, je veux à Defpréaux,
Contre les vers, dire avec goût deux mots.

Ces vers font fort jolis : il eft facheux, en
vérité, qu'ils fervent à tourner en ridicule un
homme qui avoit un efprit infini & un caractére qui dévroit fervir de modéle à tous
les gens de Lettres. Ce que Mr. de Voltaire dit de Roufeau me paroit beaucoup plus
excufable. En l'ataquant perfonnellement, il
étoit autorifé par un Arrêt du Parlement de
Paris ; & en condamnant fes derniers Ouvrages, il avoit pour lui tous les gens de goût.
Il me paroît cependant que parmi les paffages qu'il a cité, pour montrer la dureté des
vers que Roufeau faifoit en dernier lieu, il
en a cité un qui pourroit être excufé à la rigueur, & dans lequel Roufeau, en plaifan-
tant, a voulu imiter un vers d'Ariftophane:
Voici les vers dont il s'agit.

»Pour

* » Pour une grenouille aquatique,
» Qui du fonds d'un petit thorax,
» Va chantant pour toute Muſique,
» Brekeke, κake, κoax, κoax, κoax.

M. de Voltaire ſe récrie ſur cet horrible jargon ; *il croit que les Dieux ont changé la voix de Rouſſeau en ce cri ridicule pour la punition de ſes crimes.* Pour moi, qui ne crois point aux Métamorphoſes, je penſe & je ſuis perſuadé que Rouſſeau a eu en vuë d'imiter les vers que voici d'Ariſtophane. Il auroit pu l'éviter ; mais enfin cela me paroît une faute bien legére, d'autant mieux, que la Comédie des Grenouilles d'Ariſtophane eſt connuë de tous les gens de Lettres, & qu'on comprend d'abord, en liſant les vers de Rouſ-ſeau, qu'ils font alluſion à un chœur de cette Comédie.

Brekekekex, coax, coax,
Brekekekex, coax, coax,
Aquæ paludoſa ſtirps,
Laudum modos conſonos
Dicamus hic concentibus canoris.
Coax, coax, &c.

B ₃ e

Βρεκεκεκὲξ, κοὰξ, κοὰξ

Βρεκεκεκὲξ, κοὰξ, κοὰξ.

Λιμναῖα κρηνῶν τέκνα,

Ξύναυλον ὕμνον Ϭοὰν,

Φθεγξαμῶθ', ἔυγηρυν ἐμὰν ἀοιδὰν.

Κοὰξ, κοὰξ.

Aristoph. Comæd. in Ran. Act. I. Scen. V.

Je viens au jugement d'un grand nombre d'Auteurs, qui me paroît très-équitable en partie; mais non point en tout. * *Je fus fort étonné*, dit Mr. de Voltaire, *de ne pas trouver dans le Sanctuaire bien des gens qui paſſoient, il y a ſoixante ou quatre-vingt ans, pour être les plus chers favoris du Dieu du Goût. Les Pavillons, les Benſerades, les Péliſſons, les St. Evremonts, les Balzacs, les Voitures, ne me parurent pas occuper les premiers rangs. Ils les avoient autrefois, me dit un de mes guides; ils brilloient, avant que les beaux jours des Belles Lettres fuſſent arrivés: mais peu - à - peu ils ont cédé aux véritables grands hommes. Ils ne font plus ici qu'une aſſez médiocre figure. En éfet, la plûpart n'avoient guéres que l'eſprit de leur tems, & non cet eſprit qui paſſe à la derniére poſtérité.*

Déja

* Déja de leurs faïbles écrits
Beaucoup de graces font ternies :
Ils font comptez encor au rang des beaux efprits ;
Mais exclus du rang des génies.

Je conviens d'abord, avec Mr. de Voltaire, que Balzac a un mérite bien inférieur à celui que lui ont atribué fes Contemporains ; je penfe encore qu'on peut dire la même chofe de Pavillon & de Péliffon ; quant à Benférade, fans vouloir difputer avec Mr. de Voltaire, je me contenterai d'opofer le fentiment de Defpréaux au fien. Il ne m'apartient pas de vouloir décider entre deux auffi grands hommes.

Non noftrum inter vos tantas componere lites. †

Voici comment penfoit fur Benférade, *le Poëte de la raifon :* c'eft le furnom que Mr. de Voltaire donne lui-même à Defpréaux.

» Que de fon nom, chanté par la bouche des belles,
» Benférade en tous lieux amufe les ruelles. ¶

Les plus belles paroles fur lefquelles le fameux

* *Tome IV. pag. 29.*
† *Virgil. Eglog. 3.*
¶ Boileau, *Art Poëtiq. dernier Chant.*

meux Lambert a fait des airs, font de Benférade : il y a encore des Ballets faits par le
même Auteur, qui ne font point méprifa-
bles. Il eft vrai que fon Ouvrage des Mé-
tamorphofes d'Ovide eft mauvais : cependant
on y trouve de tems en tems quelques morceaux affez fpirituels, du nombre defquels eft
ce Rondeau.

» Ce garçon chafte, & qui fut réfifter,
» Avoit vingt ans, au moins, à bien conter :
» Il plût aux yeux d'une Reine fort belle,
» Qui déploïa tout ce qui fut en elle
» De plus charmant afin de le tenter.
  » Mais n'aïant pu jamais le furmonter,
  » Elle fe mit à le perfécuter,
  » Et fit périr, par une mort cruelle,
    » Ce garçon chafte.

» Plus d'une fois effaïa Jupiter
» D'en faire un autre, & fi bien l'imiter
» Que fa figure enfin fut toute telle.
» Mais en aïant égaré le modèle,
» Le plus court fut de le reffufciter,
    » Ce garçon chafte.

Voici encore un autre Rondeau du même
Ouvrage, qui me paroît bon.

       » Ocyroé

» Ocyroé changée en Jument.

» Qu'on diroit bien des chofes fortement,
» Sur cette fille, & fur fon changement :
» Tant de fcience à la fois dans la tête,
» Une harangue à faire toûjours prête,
» Et n'avoir plus que le henniffement.
» Si l'on difoit auffi qu'aparemment
» Des juftes Dieux le profond jugement
» Punit l'orgueil arrivé jufqu'au faîte,
　　» Qu'on diroit bien.
» Nous ne faurions parler fort fûrement
» Ni de l'inftinct ni du raifonnement.
» Et que fait-on que penfe une bête,
» Une favante, & qui fe fait de fête,
» N'eft pas toûjours fi loin d'une Jument.

Au refte, en voulant tacher de réhabiliter
un peu Benférade, par l'aprobation de Boileau, je ne faurois déguifer à mes Lecteurs que
dans un autre endroit cet habile juge l'acufe
d'avoir abufé des pointes & des jeux de mots.

» Je ferois mieux, j'entends d'imiter Benférade,
» C'eft par lui qu'autrefois mis en ton plus beau jour,
» Tu fçus, trompant les yeux du Public, de la Cour,
» Leur faire, à la faveur de tes bluettes folles,
» Goûter comme bons mots, tes quolibets frivoles.

Ces derniers vers de Boileau ne détruifent point les louanges qui fe trouvent dans ceux que j'ai déja citéz. Je crois qu'on peut conclure de leur opofition, que Benférade a fait de bons & de mauvais Ouvrages. C'eft ce que Mr. de Voltaire auroit dû dire, du moins dans une Note, s'il jugeoit à propos de le fuprimer dans le texte de fon Ouvrage.

Il me paroit que Ségrais auroit encore plus de raifon de fe plaindre de Mr. de Voltaire. Je conviens qu'il a fait un mauvais Opéra; qu'il y a aparence qu'il n'eft point l'Auteur de Zaïde, que Mr. Huet a donné à Madame de la Faïette; fa Traduction de l'Enéïde de Virgile eft un Ouvrage très-médiocre, quoiqu'il s'en faut bien qu'il foit écrit du ftile de la Pucelle de Chapelain, comme le prétend Mr. de Voltaire. Je choifis de cet Ouvrage, au hazard, quelques vers que ma mémoire me fournit, & je prie les Lecteurs de juger s'ils font du goût de ceux de Chapelain.

» Non, cruel ! tu n'es point le fils d'une Déeffe;
» Tu fuças, en naiffant, le lait d'une Tigreffe:
» Et le Caucace affreux, t'engendrant en courroux,
» Te fit l'ame & le cœur plus durs que fes cailloux.

Je placerai ici les vers originaux de Virgile: Ceux qui entendent le Latin, pourront d'abord juger fi Ségrais eft un Traducteur fi mauvais.

Nec

* *Nec tibi Diva parens generis, nec Dardanus Auctor*
Perfide ? Sed duris genuit te cautibus horrens
Caucasus , Hircanæque admorunt uberat tigres.

Voici encore un passage de la même Traduction.

» D'autres Peuples sauront l'art d'animer le cuivre ;
» Leurs marbres sembleront & respirer & vivre ;
» D'autres de l'Eloquence emporteront le prix,
» Ou décriront l'Olympe , & son riche lambris.
» Ton Art , Peuple Romain, ton illustre Science
» Sera d'asservir tout à ta vaste puissance ,
» De te rendre, en tout lieu, dans la guerre & la paix,
» L'éfroi des ennemis & l'amour des sujets.

Voici les vers Latins : j'ose dire que je les trouve fort bien rendus dans le François.

† *Excudent alii spirantia mollius æra ,*
Credo equidem , vivos ducent de marmore vultus ;
Orabunt causas melius ; cælique meatus
Describent radio , & surgentia sidera dicent.
Tu regere Imperio populos , Romane , memento :

Hæ

* *Virg. Æneid. lib. IV.*
† *Virg. Æneid. lib. VI.*

Ha tibi erunt artes ; pacifque imponere morem
Parcere fubjectis, & debellare fuperbos.

Plus j'examine la Traduction de Ségrais, &
plus je fuis perfuadé que c'eft lui faire une
injuftice que de la comparer à la Pucelle de
Chapelain. Mais enfin, quand Mr. de Voltaire auroit raifon fur cet article, il n'en feroit pas moins vrai que Ségrais auroit fait
d'affez bonnes Eglogues, & qu'en qualité de
Poëte Paftoral, il auroit été loué par Defpréaux.

» Que Ségrais dans l'Eglogue en charme les forêts.

Si cette louange d'un Poëte, juge févére,
ne doit pas être prife à la lettre, elle eft
toûjours de quelque poids, quoiqu'en dife
Mr. de Voltaire. Ségrais a fait un Poëme Paftoral, fous le titre d'*Athis*, dans lequel il a
parfaitement exprimé cette douce & ingénieufe fimplicité, qui fait le principal caractére de l'Eglogue.

Je paffe à un Auteur, qui me paroît encore plus refpectable que ceux que je viens
de tâcher de juftifier en partie ; c'eft St. Evremont. Mr. de Voltaire le place parmi les Auteurs qui *font exclus du rang des génies.* L'Europe entiére dément cette décifion. Jamais
perfonne ne penfa peut-être auffi profondé-
ment,

ment, auffi folidement & en même-tems auffi naturellement que St. Evremont. Lorfque Mr. de Voltaire l'apelle * *l'inégal St. Evremont*, qu'entend-il par cette épithéte ? Veut-il dire fimplement, comme il l'infinue dans une Note, qu'il étoit mauvais Poëte ? En cela, je fuis entiérement de fon opinion. Mais à peine les vers forment-ils le demi-quart de fes ouvrages : & prefque tous ces mêmes vers n'ont paru qu'après fa mort ; il ne les avoit point deftinés à voir le jour. Quant à fes Ouvrages en profe, je ne fais aucune difficulté de dire que je les trouve prefque tous excellens. Mr. le Clerc †, qui avoit certainement de l'efprit & de l'érudition, & que l'Europe regarde encore aujourd'hui comme un des plus grands hommes qu'elle ait eu, dit que Mr. de St. Evremont étoit *plein de bon fens & de pénétration*. Un ami de Mr. de Voltaire, eftimé généralement dans la République des Lettres, s'exprime dans ces termes, en parlant des *Réflexions fur les divers Génies du Peuple Romain, par Mr. de St. Evremont*. » Il a traité ces matiéres en homme confommé dans la fcience du monde, & dans la connoiffance des affaires Civiles & Militaires. Il eft fi bien entré

» dans

» dans le génie de ces anciens Romains, il
» a démêlé avec tant d'art leurs différens in-
» térêts & les vûës particuliéres de leurs
» Chefs, que je ne crois pas hazarder beau-
» coup, en difant qu'il ne s'eft encore rien
» fait de meilleur fur l'Hiftoire Romaine. «
Mr. Bayle * penfoit ainfi que Mr. Defmaizeaux
fur le conte de St. Evremont; & j'oferois
avancer ici hardiment qu'il n'eft pas un feul
Auteur contemporain, ou poftérieur à Mr. de
St. Evremont, qui, lorfqu'il a parlé de lui,
n'ait convenu que c'étoit un génie fupérieur.

Mr. de Voltaire a fort maltraité Voiture :
il paroit qu'il ne l'eftime point du tout. J'o-
fe n'être point dans cette occafion de fon
fentiment. Je crois même en avoir quelques
raifons qui me paroiffent plaufibles. †*Voiture,*
dit-il, *eft celui de tous ces illuftres du tems qui eût
le plus de gloire, & celui dont les Ouvrages le
méritent le moins; fi vous en exceptés quatre ou
cinq petites Piéces de vers, & peut-être autant de
Lettres... Cependant Voiture a été admiré; parce
qu'il eft venu dans un tems où l'on commençoit à
fortir de la barbarie, & où l'on couroit après l'efprit, fans le connoître. Il eft vrai, que Defpréaux
l'a comparé à Horace; mais Defpréaux étoit*
alors

---

* Dans plufieurs endroits de fon Dictionn. Hift. &
Crit. & dans fes Nouvelles de la République des
Lettres, dans les Penfées diverfes fur les Cometes, &c.
† *Tome IV. à la Note. pag. 31. & 32.*

alors fort jeune : il paîoit volontiers ce tribut à la réputation de Voiture, pour ataquer celle de Chapelain, qui paſſoit alors pour le plus grand génie de l'Europe. Cette Critique de Mr. de Voltaire ſe réduit à deux points. Le premier, c'eſt que les Ouvrages de Voiture ne valent rien ; le ſecond, c'eſt que Boileàu ne les à loué, que pour faire de la peine à Chapelain ; & d'ailleurs dans le tems qu'il les a loué, il étoit très-jeune & n'avoit point encore un goût formé. J'examinerai d'abord ce dernier article ; parce que s'il eſt vrai que Boileau ait loué dans tous les tems les Ouvrages de Voiture, cela influëra ſur le prix qu'on en doit faire, & dès-lors l'autorité d'un juge, tel que l'eſt celle de l'Horace moderne, formera un préjugé conſidérable. Il eſt vrai que je trouve dans les premiers Ouvrages de Boileau, l'éloge de Voiture ; mais je le trouve auſſi dans ceux qu'il a fait dans le tems de ſa plus grande gloire : & cet éloge eſt d'autant moins ſuſpect, qu'il eſt en Proſe, & qu'il ne doit rien de ſon prix à la néceſſité de la rime ; il eſt même donné dans l'occaſion qui intéreſſoit le plus Boileau : je veux dire, au ſujet de la diſpute ſur la ſupériorité des Anciens & des Modernes. *Je paſſerois*, dit-il, en écrivant à Mr. Perrault, *condamnation ſur la Satyre & ſur l'Elégie ; quoiqu'il y ait des Satyres de Régnier admirables, &*

des

des Elégies de Voiture, de Sarazin, de la Comteſſe de la Suze, d'un goût infini. Il ne s'agiſſoit point, en parlant ainſi de Voiture, d'établir ſa réputation aux dépens de celle de Chapelain ; ils étoient morts depuis long-tems, l'un & l'autre, lorſque cette lettre a été écrite. Mr. de Voltaire dira peut-être que Boileau, dans un autre endroit, a blâmé Voiture ; j'en conviens : il a condamné le penchant qu'il avoit pour les jeux de mots ; mais ç'a été avec toute la circonſpection poſſible, & en mêlant beaucoup de louanges à une legére critique.

» Le Lecteur ne ſait plus admirer dans Voiture
» De ſon froid jeu de mots l'inſipide figure.
» C'eſt à regret qu'on voit cet Auteur ſi charmant,
» Et pour mille beaux traits vanté ſi juſtement,
» Chez ſoi toûjours cherchant quelque fineſſe ai-
        guë
» Preſenter au Lecteur ſa penſée ambiguë.

Je pourrois encore dire, ſi je voulois rejetter cette déciſion de Boileau, qu'elle ſe trouve dans un Ouvrage qui eſt indigne de lui, & qu'on regarde comme un foible enfant de ſa vieilleſſe. Quelques gens même doutent ſi cette Satyre ſur l'Equivoque eſt de lui, ainſi elle ne peut préjudicier à ce qu'il a dit dans un tems où ſon génie étoit dans ſa plus grande force. Mr. de Voltaire oſeroit-
                                                        il

il dire le contraire, lui qui dans le magnifique
& superbe portrait qu'il fait de Boileau, lui
reproche ce même Ouvrage ?

* Là régnoit Despréaux, leur Maître en l'Art d'é-
　　crire,
Lui qu'arma la raison des traits de la Satire,
Qui, donnant le précepte & l'exemple à la fois,
Etablit d'Apollon les rigoureuses loix.
Il revoit ses enfans avec un œil sévére,
De la triste *équivoque* il rougit d'être pére,
Et rit des traits manqués du pinceau foible & dur,
Dont il défigura le Vainqueur de Namur.
Lui-même il les éface, & semble encor nous dire,
Ou sachez vous connoître, ou gardez - vous d'é-
　　crire.

　　Sans vouloir que toutes les Lettres de Voiture soient charmantes, je me contenterai
de soûtenir qu'il en est plusieurs qui sont très-
bonnes ; & c'est, à mon gré, outrer les choses que de n'en trouver que trois ou quatre de
passables.
　　Mr. de Voltaire cite plusieurs passages de
quelques Lettres de Voiture. Je conviens
que ces passages sont mauvais ; je conviens
même qu'il en auroit pu raporter bien d'autres qui ne valent pas mieux ; mais qu'au-
　　　　　　　　　　　　　　roient

roient-ils prouvé ? Qu'il y avoit plusieurs Lettres de Voiture, & même la moitié, si l'on
veut, qui sont mauvaises ; les autres, qui sont
réellement bonnes, ne le seroient pas moins
cependant. Combien d'Auteurs n'ont pas fait
d'excellens & de pitoïables Ouvrages ? La différence du sentiment de Mr. de Voltaire au
mien, ne consiste qu'en ce que j'admets pour
le moins le tiers des Lettres de Voiture comme bonnes, & que lui ne veut en reconnoître que trois ou quatre comme telles. Au
reste, j'userai du même privilége que Mr. de
Voltaire. Il a voulu détruire Voiture par ses
propres Ouvrages ; & moi je le défendrai par
l'endroit dont il s'est servi pour lui nuire. Je
placerai ici un passage de la Lettre que Voiture écrivit après que la Ville de Corbie eût
été reprise sur les Espagnols en 1636. il y fait
l'éloge du Cardinal de Richelieu. Je soutiens
que depuis que l'Académie Françoise est établie, parmi ce grand nombre d'Eloges qu'on
y a prononcé sur ce Ministre, il n'en est pas
un meilleur : le voici.

» Nos ennemis sont à quinze lieües de
» Paris, & les siens sont en dedans. Il a tous
» les jours avis que l'on fait des pratiques
» pour le perdre. La France & l'Espagne,
» par maniére de dire, sont conjurées contre
» lui seul. Quelle contenance a tenu parmi
» tout cela cet homme, que l'on disoit qui
» s'é-

» s'étonneroit au moindre mauvais succès, &
» qui avoit fait fortifier le Havre pour s'y jet-
» ter à la premiére mauvaise fortune ? Il n'a
» pas fait une démarche en arriére ; il a songé
» aux périls de l'Etat, & non pas aux siens ; &
» tout le changement qu'on a vû en lui du-
» rant ce tems-là, est qu'au lieu qu'il n'avoit
» accoûtumé de sortir qu'accompagné de
» deux cens gardes, il se promena tous les
» jours, suivi seulement de cinq ou six Gen-
» tilshommes. Il faut avouer qu'une adversité
» soûtenue de si bonne grace & avec tant de
» force, vaut mieux que beaucoup de pros-
» péritez & de victoires. Il ne semble pas si
» grand ni si victorieux le jour qu'il entra dans
» la Rochelle, qu'il me le parut alors : & les
» voïages qu'il fit de sa maison à l'Arsenal, me
» semblent plus glorieux pour lui, que ceux
» qu'il a faits de-là les monts, & desquels il
» est revenu avec Pignerol & Suze. Il con-
» noît que les plus nobles & les plus ancien-
» nes conquêtes sont celles des cœurs & des
» affections ; que les lauriers sont des plantes
» infertiles, qui ne donnent au plus que de
» l'ombre, & qui ne valent pas les moissons
» & les fruits dont la paix est couronnée. Il
» voit qu'il n'y a pas tant de louanges à éten-
» dre de cent lieuës les bornes du Roïaume,
» qu'à diminuer un sou de la taille, & qu'il y
» a moins de grandeur & de véritable gloire

» à

» à défaire cent mille hommes, qu'à en met-
» tre vingt millions à leur aife & en fûreté.
» Auffi ce grand efprit, qui n'a été occupé
» jufqu'à préfent qu'à fonger aux moïens de
» fournir aux frais de la guerre, à lever de
» l'argent & des hommes, à prendre des Vil-
» les & à gagner des batailles, ne s'occupera
» déformais qu'à rétablir le repos, la richef-
» fe & l'abondance. «

Il me refte encore à parcourir quelques endroits du *Temple du Goût* de Mr. de Voltaire;
je le ferai le plus fuccintement qu'il me fera
poffible. Il réduit Marot à fept feuillets.* Rouffeau n'auroit-il pas un peu de part dans une
décifion auffi rigoureufe ? & Mr. de Voltaire
ne jugeroit-il pas le Maître auffi févérement,
pour décréditer le Difciple, & pour rendre
méprifable, ce qu'on apelle communément
le Stile Marotique ? Quant à moi, je penfe que
de quatre ou cinq tomes des Oeuvres de
Marot, on en compoferoit un feul, qui pourroit n'être rempli que de très-jolies Piéces.

Je viens à un Auteur bien plus refpectable, & qui mérite une bien plus grande atention que Marot: c'eft Mr. Bayle: Le jugement
que Mr. de Voltaire a porté fur fes Ouvrages a révolté bien des gens: † *Tout l'efprit,*
                                        dit-

---

* *Tom. IV. pag. 39.*
† *Ibidem.*

dit-il, *de Bayle se trouve dans un seul tome, de son propre aveu ; car ce judicieux Philosophe, en juge éclairé de tant d'Auteurs & de tant de Sectes, disoit souvent qu'il n'auroit pas composé plus d'un in-folio, s'il n'avoit écrit que pour lui, & non pour des Libraires.* Il ne s'agit point ici de défendre le génie ni l'érudition de Mr. Bayle. Mr. de Voltaire, *en juge éclairé*, en convient. Il est question seulement de savoir si les Oeuvres de Bayle, réduites à ce qu'il y a de très-bon, ne formeroient qu'un seul Volume *in-folio*. C'est de quoi je ne conviens point. J'ai eu en Hollande, il y a quelques années, une conversation assez longue sur ce sujet avec Mr. de Voltaire ; le résultat de cette conversation fut, que Mr de Voltaire, après avoir défendu son sentiment avec tout l'esprit possible, resta dans son opinion, & moi dans la mienne. Voici, autant que je puis me les rapeller, les principales raisons que je lui alléguai.

Les *Nouvelles de la République des Lettres* sont, au jugement des plus grands génies, le meilleur Ouvrage de Mr. Bayle, celui où il a répandu le plus de sel, & d'enjouement. Ces mêmes *Nouvelles* contiennent seules un volume *in-folio*. Quant au *Dictionnaire Historique & Critique*, je le mettrois volontiers à deux Volumes : mais comme il faut être complaisant pour ses amis, & sur-tout pour ceux qui

ont

ont un génie auffi beau que celui de Mr. de
Voltaire, je veux le réduire à un feul. Je
compofe enfuite un autre Volume des *Penfées
diverfes fur les Cometes*, que j'abrege pourtant
dans plufieurs endroits : de la *Critique de l'Hiftoire du Calvinifme de Maimbourg*, où je n'ôte
rien du tout ; je réduits le *Commentaire Philo-
fophique* à trois cent pages ; je conferve pré-
cieufement le tiers des Lettres, & de tout
cela j'en fais un troifiéme Volume. Je fupri-
me donc cinq Volumes *in-folio* : & pour montrer à Mr. de Voltaire qu'il n'y a rien que je
ne fiffe pour pouvoir être de fon fentiment,
j'ôterai encore un demi volume, fur ces trois,
pourvû qu'il veuille lui en admettre deux &
demi.

Quant à ce que dit Mr. de Voltaire, fur
l'aveu que Mr. Bayle faifoit, que *s'il n'avoit
écrit que pour lui & non pas pour des Libraires, il
n'auroit fait qu'un Volume in-folio*. Je n'ai jamais
trouvé cet aveu dans aucun Ouvrage de Mr.
Bayle, & je défie qu'on puiffe l'y trouver.
J'ai connu beaucoup d'amis de M. Bayle, ils
ne m'ont jamais rien dit d'aprochant : quelques-uns même m'ont affuré le contraire. Je
ne prétends point cependant inférer de-là
que Mr. de Voltaire ait inventé cet aveu pour
fortifier fon opinion ; je lui rends trop de juftice ; je connois même celui de qui il le tient :
mais fans vouloir le nommer ici, j'oferois af-

fûrer

furer que l'envie de plaire à quelqu'un, qui est auffi refpectable que Mr. de Voltaire dans la République des Lettres, lui a fait inventer cet aveu prétendu de Mr. Bayle. C'étoit à peu près par la même raifon que le même homme fouhaitant infiniment de plaire à Mr. Bayle lorfqu'il vivoit, écrivoit que Defpréaux avoit erré groffiérement, dès qu'il avoit voulu défendre les Anciens ; parce qu'il favoit que Mr. Bayle penchoit vers le parti des Modernes. Voici fes propres termes.

On pourroit ajoûter que Mr. Defpréaux n'a pas plûtôt pris le parti de l'Antiquité, qu'il s'eft engagé dans de faux-raifonnemens, tant il eft difficile de foûtenir une mauvaife caufe. Voilà une décifion fûrement bien hazardée, fur-tout pour un homme qui paroît d'ailleurs autant eftimer Defpréaux, que le fait dans plufieurs endroits l'Auteur que je viens de citer. Au refte, il me feroit d'autant plus aifé de prouver qu'il n'a pu favoir ce qu'il a dit de la bouche de Mr. Bayle, que perfonne n'a loué plus que lui dans tous les tems les Ouvrages de ce grand homme, & qu'il n'en eft aucun auquel il n'ait prodigué des éloges plus magnifiques.

Lettre écrite par Mr. D. M. à l'Auteur des Nouvelles de la République des Lettres. Hift. des Ouvrages des Savans, par Mr. Beauval, mois d'Août 1704. pag. 164.

ques. Comment donc a-t'il pu louer si fort
ses ouvrages, puisqu'il savoit que Mr. Bayle
lui-même les trouvoit très-défectueux, &
qu'il n'en aprouvoit, tout au plus, que la huitiéme partie? S'il a dit vrai, en faisant parler
Mr. Bayle, il a donc manqué à la vérité, en
prodiguant tant d'éloges dont il connoissoit
la fausseté. En vérité, de quelque maniére
qu'on prenne les choses, il s'ensuivra toûjours
qu'il restera un grand soupçon sur la bonne-
foi de la personne qui a apris à Mr. de Voltaire ce prétendu aveu de Mr. Bayle.

Je passe aux trois derniers Auteurs, sur lesquels j'ai encore quelque chose à oposer à
Mr. de Voltaire. Le premier est Mr. de Corneille. Je trouve que ce qu'on en dit dans le
Temple du Goût est très-juste; mais je pense
qu'on n'en dit point assez, & que la Critique est trop succinte.

> * Ce grand & sublime Corneille,
> Qui plût bien moins à notre oreille,
> Qu'à notre esprit qu'il étonna;
> Ce Corneille qui craïonna
> L'ame d'Auguste, de Cinna,
> De Pompée & de Cornélie,
> Jettoit au feu sa Pulchérie,
>
> Agésilas,

‡ *Tom. IV. pag.* 40.

Agéfilas, & Suréna,
Et facrifioit, fans foibleffe,
Tous ces enfans infortunés,
Fruits languiffans de la vieilleffe,
Trop indignes de leurs aînés.

Mr. de Voltaire qui a critiqué fi févérement tant d'Auteurs, fe contente de condamner les derniéres Piéces de Corneille; hélas! grand Dieu, les premiéres ont-elles jamais été lûes ou recitées dans le Temple du Goût. Quoi! dans ce Temple, on auroit ouï *Mélite*, *la Galerie du Palais*, *Médée*, *l'Illufion*, &c. en ce cas, il auroit été fort injufte de brûler Pulchérie, Agéfilas, & Suréna; car ces Piéces font infiniment plus paffables que celles que je viens de citer. Perfonne n'a mieux aprétié le véritable prix du grand Corneille, que Mr. Defpréaux, & perfonne n'étoit mieux en état de le faire que lui. On a contrarié pendant un tems fa fage décifion, aujourd'hui un homme de goût n'oferoit penfer autrement que lui. * *Corneille*, dit-il, *eft celui de tous nos Poëtes qui a fait le plus d'éclat en notre tems; & on ne croïoit pas qu'il put jamais y avoir en France un Poëte digne de lui être égalé. Il n'y en a point en éfet qui ait eut plus d'élévation de génie, ni qui ait plus compofé. Tout fon mérite pourtant,*

* Réflexions Critiques fur Longin. *Réflex. VII.*

tant, à l'heure qu'il est, aïant été mis par le tems comme dans un creuset, se réduit à huit ou neuf Piéces de Théâtre, qu'on admire, & qui sont, s'il faut ainsi parler, comme le Midi de sa Poësie, dont l'Orient & l'Occident n'ont rien valu : encore dans ce petit nombre de bonnes Piéces, outre les fautes de langue qui y sont assez fréquentes, on commence à s'apercevoir de beaucoup d'endroits de déclamation, qu'on n'y voïoit point autrefois. Ainsi, non-seulement on ne trouve point mauvais qu'on lui compare aujourd'hui Mr. de Racine ; mais il se trouve même quantité de gens qui le lui préférent.

Mr. de Voltaire convient lui-même de ces endroits de déclamation qui se trouvent dans les plus belles Piéces de Corneille, endroits qui paroissent merveilleux aux gens qui n'ont point de goût, & qui sont condamnés par ceux qui en ont. C'est à propos du Caton de Mr. Addisson, Poëte Anglois, que Mr. de Voltaire remarque très-judicieusement combien Corneille s'est abandonné, même dans ses meilleures Piéces, au génie & au stile de la déclamation. *Le premier Anglois,* ★ dit-il, *qui ait fait une Piéce raisonnable, & écrite d'un bout à l'autre avec élégance, c'est l'illustre Mr. Addisson. Son Caton d'Utique est un chef-d'œuvre pour la beauté des vers. Le rôle de Caton est à*
mon

★ Sur la Tragédie des Anglois. Tom. IV. Chap. XXI. pag. 273.

mon gré fort au-deſſus de celui de Cornélie dans le Pompée de Corneille. Car Caton eſt grand , ſans enflure ; & Cornélie , qui d'ailleurs n'eſt pas un perſonnage néceſſaire , viſe quelquefois au galimathias. Je n'oſerois me ſervir du mot de *galimathias*, en parlant de pluſieurs endroits empoulés & qui ne ſont que pure déclamation dans les plus excellentes Piéces de Corneille : mais je dirai hardiment que ces endroits ſont vicieux, déplacés, & qu'il s'en trouve malheureuſement dans toutes les Piéces de Corneille ; je n'en excepte aucune. Le cinquième Aĉte des Horaces, outre qu'il cauſe une duplicité d'action dans la Piéce, ne contient preſque que les Plaidoïers de deux déclamateurs. La premiére Scène de Cinna eſt une tirade de ſoixante à quatre-vingt vers qui ne ſignifient rien, qui ſont très-inutiles à la Piéce, & qu'on ſuprime entiérement aujourd'hui. Dans Rodogune, il y a deux récits inſuportables & d'une longueur affreuſe.

En relevant les défauts de Corneille, il s'en faut bien que je veuille rabaiſſer la gloire qu'il s'eſt ſi juſtement aquiſe. Je le regarde comme un de ces génies heureux que trente ſiécles produiſent à peine. Je le conſidére comme le Pere du Théâtre François. J'admire la grandeur de ſes ſentimens, la nobleſſe de ſes idées, la variété & la majeſté de ſes caraĉtéres ; mais je ſuis bien éloigné de vouloir,

com-

comme les Journaliftes de Trevoux; faire l'apothéofe non-feulement de fes défauts, mais encore de fes derniéres Piéces. On fera furpris qu'il y ait eu des gens qui aïent entrepris férieufement la défenfe d'Agéfilas, de Suréna, de Pulchérie; que ne fait point faire l'efprit de parti? Il s'agiffoit de critiquer Boileau & d'abaiffer Racine, que les Moliniftes n'aiment point. *L'Agéfilas,* *difent ces Journaliftes, n'eft pas comparable aux chefs-d'œuvre de Corneille, ni même à fon Attila: mais c'eft fe jouer du public, que de traiter de Piéce miférable, une Comédie Héroïque d'un goût nouveau, où parmi les Perfonnages d'un caractére fingulier, Agéfilas & Lyfandre paroiffent tels que l'Hiftoire nous les fait connoître. Une Piéce, dont le dénouement eft un éfort Héroïque d'Agéfilas, qui triomphe en même-tems de l'amour & de la vengeance.* Il n'eft rien d'auffi fingulier que cette prétendue Apologie de l'Agéfilas. Quoi, parce qu'une Piéce eft d'un goût nouveau, elle eft bonne? Il faut favoir auparavant fi ce goût nouveau eft bon. Or il a été trouvé fi mauvais, que depuis pas un feul Auteur de diftinction n'a daigné l'imiter. Agéfilas & Lifandre paroiffans tels que l'Hiftoire nous les fait connoître, rendent-ils excellente la Piéce dans laquelle ils font introduits? Si Pradon avoit

* Mémoires, &c. du Mois de Mai 1717. Art. LVIII.

avoit fait une Piéce où il eut introduit Né-
ron fur la Scène, fans doute, il l'eut dépeint comme un méchant homme ; en con-
clura-t'on de-là qu'il eut fait une bonne Tragédie de Phédre & d'Hyppolite ? Il dépeint
Phédre & Théfée, tels que l'Hiftoire les fait
connoître. Les Journaliftes de Trévoux dévroient tenter de faire l'apologie & l'éloge
de cette Piéce. Un de leurs favans Confréres
a déja voulu prouver ce paradoxe. Je refpecte trop fon mérite pour le nommer, &
pour ne pas lui pardonner ce mauvais jugement, en faveur de tant d'excellens qu'il a
donnez. Quant au dénouement que les Journaliftes vantent fi fort, il eft affez fimple, &
l'Auteur le plus médiocre peut introduire
fur la Scène un perfonnage, qui à la fin de la
Piéce triomphe de l'amour & de la vengeance ; c'eft-à-dire, céde fa Maîtreffe, & pardonne à fon ennemi. Je pourrois citer ici
vingt Piéces très - mauvaifes, qui fe termin-
nent par ce triomphe de l'amour & de la
vengeance.

Tous les éforts des Journaliftes de Trévoux
n'ont pu détruire, & ne détruiront jamais les
juftes & fages critiques que Defpréaux a fait
de certains défauts de Corneille : je vais les
parcourir le plus fuccintement qu'il me fera
poffible.

*» Que dès les premiers vers l'action préparée,

» Sans peine, du sujet aplanisse l'entrée.

» Je me ris d'un Acteur, qui lent à s'exprimer,

» De ce qu'il veut d'abord ne sait pas m'informer,

» Et qui, débrouillant mal une pénible intrigue,

» D'un divertissement me fait une fatigue.

Il est certain que Mr. Despréaux avoit en vûë dans ces vers le commencement de quelques Piéces de Corneille, & sur - tout celle de *Cinna*. Avoit-il tort ? Pour le justifier entiérement, je placerai ici les prémiers vers de la prémiére Scène de cette Tragédie : on verra d'abord un tas de confuses merveilles qui n'offrent, comme dit Horace, que † *d'harmonieuses paroles à l'oreille.*

» Impatiens désirs d'une illustre vengeance,

» Dont la mort de mon Pere a formé la naissance,

» Enfans impétueux de mon ressentiment,

» Que ma douleur séduite embrasse aveuglément,

» Vous prenez sur mon ame un trop puissant em-
  » pire, &c.

Tout

---

* Despréaux, *Art. Poëtiq. Chant III.*
† *Interdum speciosa locis morataque rectè*
Fabula, nullius Veneris, sine pondere & arte
Validius oblectat populum, meliusque moratur,
Quàm versus inopes rerum, nugæque canoræ.

Horat. de Art. Poët. vers 322.

Tout le reste de la Scène est écrit dans le même goût & ne sert de rien à l'explication du sujet. Voici encore une critique de Despréaux, qui me paroît très-juste.

*» Tous ces pompeux amas d'expressions frivoles,
» Sont d'un déclamateur, amoureux des paroles.
» Il faut dans la douleur que vous vous abaissiez.
» Pour me tirer des pleurs, il faut que vous pleu-
    » riez :
» Ces grands mots, dont alors l'Acteur emplit sa
    » bouche ;
» Ne partent point d'un cœur que sa misére touche.

Il est certain que Despréaux (& son Commentateur en convient) avoit en vûë dans ces vers la prémiére Scène de la *Mort de Pompée,* où d'abord, après les quatre prémiers vers, Ptolomée traduit une longue tirade de Lucain, belle, si l'on veut, dans un Poëme Epique ; mais déplacée entiérement dans le commencement d'une Tragédie, où l'on ne sauroit expliquer trop simplement & trop clairement le sujet qu'on va traiter. Despréaux a sagement remarqué, à l'occasion de cette faute, qu'elle est même contraire à la raison. *Ce font-là,* dit-il, dans la Préface de sa Traduction du *Traité du Sublime, des choses que Longin apelle*

_____
* Despréaux, *Art. Poët. Chant III.*

apelle *fublimes*, & *qu'il auroit beaucoup plus ad-*
mirées dans Corneille, s'il avoit vécu du tems de
Corneille, que ces grands mots dont Ptolomée rem-
plit fa bouche, au commencement de la mort de
Pompée, pour exagérer les vaines circonftances
d'une déroute qu'il n'a point vûë. Il n'y a rien
en éfet de plus ridicule qu'un Roi qui fait
une defcription pompeufe d'une bataille à
laquelle il ne s'eft point trouvé, & qui la fait
dans fon Confeil, qui fait auffi-bien que lui,
qu'il parle d'une chofe qu'il ne connoit que
très-médiocrement, & fur une relation dont
une partie peut être trompeufe.

On prétend que Defpréaux, peu content
de critiquer les Ouvrages de Corneille, a
encore affecté de décrier fon goût. Les partifans du Poëte Tragique veulent en faire un
crime à Defpréaux : ils ne peuvent lui pardonner ces vers.

*» Mais ce parfait Cenfeur fe trouve rarement.
» Tel excelle à rimer, qui juge fottement.
» Tel s'eft fait par fes vers diftinguer dans la Ville,
» Qui jamais de Lucain n'a diftingué Virgile.

Mais pourquoi faire un crime à Defpréaux
d'une chofe jufte & véritable ? Il eft certain que
Corneille eftimoit infiniment Lucain, & qu'il
l'éga-

l'égaloit à Virgile. N'étoit-ce pas-là manquer de goût? Despréaux n'est pas le seul homme illustre dans la République des Lettres qui ait fait ce reproche à Corneille. Le sage la Bruyére prétend que son goût étoit si peu sûr, * *qu'il ne jugeoit de la bonté de ses Piéces, que par l'argent qui lui en revenoit.* Les Journalistes de Trévoux, pour défendre Corneille & blamer Despréaux leur ennemi, font à ce sujet un grand éloge de Lucain, & l'élevent le plus haut qu'il leur est possible. *On reproche, disent-ils, à Corneille d'avoir estimé Lucain, & sur cela on l'accuse d'avoir le goût peu sûr & de juger sottement. Une décision si magistrale & si noblement exprimée, soutenuë même de tant de traits lancez contre la belle Traduction de la Pharsale en vers François, où Brébeuf est aussi Lucain, que Lucain même, n'empêcheront pas un grand nombre d'excellens connoisseurs de trouver dans Lucain, & dans son Traducteur, des pensées brillantes, sans être fausses; des sentimens généreux, une expression pleine de force, des peintures qui frapent, un vrai sublime.* A quoi sert tout ce verbiage? Despréaux n'a point reproché à Corneille d'avoir estimé Lucain; mais de l'avoir autant estimé que Virgile. Il ne s'agit pas de savoir s'il y a de beaux endroits dans la Pharsale: il est question de prononcer

* Caractéres, &c. Chap. *des Jugemens.*

noncer entre le mérite de Virgile & de Lucain ; comme aïant tous les deux fait un Poëme Epique. Or tous les gens qui auront le
goût fûr & éclairé, conviendront qu'il faut
n'en point avoir, pour mettre en paralelle
l'Enéïde & la Pharfale. Quant à ce que dit
Mr. de la Bruyére, fur la maniére dont Corneille jugeoit de la bonté de fes Piéces ; il eft
fûr qu'il n'a prefque fait que répéter ce que
dans une occafion Corneille avoit dit lui-
même. Defpréaux le félicitant fur le fuccès
de fes Tragédies & fur la gloire qui lui en
revenoit : *Oüi*, dit-il, *je fuis fou de gloire & af-
famé d'argent.* C'eft à ces paroles que Defpréaux fait allufion dans les fix vers fuivans :

» * Je fai qu'un noble efprit peut, fans honte &
    » fans crime,
» Tirer de fon travail un tribut légitime ;
» Mais je ne puis fouffrir ces Auteurs renommez,
» Qui, dégoûtez de gloire & d'argent affamez,
» Mettent leur Apollon aux gages d'un Libraire,
» Et font, d'un art divin, un métier mercenaire.

Voilà toutes les différentes Critiques que
Defpréaux a faites fur les Ouvrages & fur le
caractére de Corneille. Je les crois juftes,
fages

* Art. Poët. Chant IV.

fages & équitables : & je ne penfe point qu'il ait fongé à diminuer le mérite & la réputation de ce grand Poëte ; mais il s'eft cru obligé de dire ce qu'il penfoit. Ne lui a-t'il pas rendu juftice dans plufieurs endroits ? J'en placerai ici quelques-uns, que ma mémoire me fournit au hazard.

» * En vain contre le Cid un Miniftre fe ligue ;
» Tout Paris pour Chimène a les yeux de Rodrigue ;
» L'Académie en corps a beau le cenfurer,
» Le public révolté s'obftine à l'admirer.

» † Et parmi tant d'Auteurs, je veux bien l'avouer,
» Apollon en connoît qui te peuvent louer.
» Oui, je fai qu'entre ceux qui t'adreffent leurs
»   veilles,
» Parmi les Pelletiers on compte des Corneilles.

» § Mufes, dictez fa gloire à tous vos Nourriffons :
» Son nom vaut mieux pour eux que toutes vos
»   leçons.
» Que Corneille pour lui rallumant fon audace,
» Soit encor le Corneille & du Cid & d'Horace.

II

* Satyre IX. v. 230. & fuiv.
† III. Epit. au Roi.
§ Art. Poët. Chant. IV.

Il eſt tems de venir au portrait que Mr. de Voltaire a fait de l'illuſtre Racine.

> * Plus pur, plus élégant, plus tendre,
> Et parlant au cœur de plus près,
> Nous attachant, ſans nous ſurprendre,
> Et ne ſe démentant jamais,
> Racine obſerve les Portraits
> De Bajazet, de Xipharès,
> De Britannicus, d'Hyppolite ;
> A peine il diſtingue leurs traits,
> Ils ont tous le même mérite ;
> Tendres, galants, doux & diſcrets,
> L'amour qui marche à leur ſuite,
> Les croit des Courtiſans Français.

Mr. de Voltaire convient d'abord que Racine eſt *plus pur*, *plus élégant*, *plus tendre* que Corneille : dès qu'on ſait la Langue Françoiſe & que l'on a un cœur, il eſt impoſſible de n'être pas de ſon ſentiment. Mais il ſemble blâmer les caractéres de pluſieurs Héros que Racine a faits amoureux : ce vers,

> Tendres, galans, doux & diſcrets,

paroît même dire, qu'il en a fait d'aimables
Petits-

‡ *Tome IV. pag.* 40. *&* 41.

Petits - Maîtres : & les deux qui le suivent
confirment mon doute.

> L'amour qui marche à leur suite,
> Les croit des Courtisans Français.

Je suis forcé de convenir, avec Mr. de Voltaire, de cette uniformité, ou plutôt de cette
ressemblance de quelques Personnages de
Racine. Mais cette ressemblance n'est point
un défaut ; parce qu'elle ne se trouve jamais
dans la même Piéce : & quant à l'amour de
Bajazet, de Britannicus, de Xipharès, &c. il
a dû être dépeint tel qu'il est, pour relever
un amour d'une autre espéce, si j'ose me servir de ce terme, auquel il est oposé. Il y a
dans toutes les Tragédies de Racine un
amour simple & ordinaire, peint d'après celui que tous les cœurs tendres ressentent, &
un amour Théâtral, fait pour exciter la terreur, la pitié & toutes les grandes passions,
qui font l'ame de la Tragédie. Ainsi dans Phèdre, l'amour d'Hyppolite & d'Aricie est un
amour ordinaire, qui plaît, parce qu'il est dépeint tel que celui que nous sentons tous les
jours dans nos cœurs : & celui de Phèdre est
un amour Théâtral, qui produit les plus
grands mouvemens & qui excite tour-à-tour
la pitié & la terreur. Dans Bajazet, l'amour
de Roxane produit les mêmes éfets, & celui

d'Atad'Atalide ne fait qu'atendrir. Dans Mithridate, la paffion de ce Prince pour Monime eft véritablement Théâtrale ; au contraire, celle de Xipharès pour la même Princeffe eft conforme à nos mœurs. Racine a retiré un grand avantage, en donnant à quelques-uns de fes Héros des foibleffes qui nous font chéres ; il nous les a rendus par-là plus aimables : les femmes, fur-tout, font beaucoup plus touchées d'un amour tendre & naturel, que d'une paffion violente, qui produit toûjours de funeftes éfets. J'ai confulté fouvent des femmes d'efprit, fur ce qu'elles penfoient des caractéres d'Atalide & de Roxane : je n'en ai trouvé aucune qui ne m'ait dit que celui d'Atalide lui plaifoit beaucoup plus que celui de Roxane : cependant ce dernier produit tous les événemens de la Piéce.

Ceux qui condamnent Racine d'avoir mis trop d'amour dans fes Piéces, n'ont aucune idée du Théâtre. La terreur & la pitié étant les paffions principales que doit exciter la Tragédie, rien n'eft plus propre à les produire, que les éfets que caufe ordinairement un amour malheureux : c'eft le fentiment du plus habile Critique moderne, qui femble en avoir fait une règle dans fon Art Poëtique, &c.

Les Poëfies de Mr. de Fontenelle ont été fort goûtées. Son Opéra de Thétis & de Pelée

lée me paroît charmant : la Ville & la Cour
le revoïent toûjours avec un nouveau plaifir.
Ses Eglogues ont beaucoup de partifans. J'a-
vouë que je fuis de ce nombre : & je fou-
haite d'en être long-tems, parce que je fuis
perfuadé, que tandis qu'on peut encore aimer & efpérer de l'être, il eft impoffible de
n'être pas touché des fentimens délicats qui
font dans fes Eglogues. Je conviens que ces
mêmes Eglogues doivent perdre beaucoup
de leur prix ; auprès des gens qui ne font ni
tendres ni galans , & qui veulent des penfées qui les flâtent , qui les amufent & qui
foient indépendantes de l'amour. Tout refpire la tendreffe dans cet ouvrage ; mais c'eft
une tendreffe délicate , exprimée fpirituel-
lement, & même trop quelquefois. Les Bergers de Fontenelle me paroîtroient encore
plus aimables, s'ils étoient plus naturels dans
certains endroits. Mr. de Voltaire a penfé
ainfi que moi : il donne dans fon Temple du
Goût cet avis à Mr. de Fontenelle.

* Vôtre Mufe , fage & riante ,
Dévroit aimer un peu moins l'art ;
Ne la gâtez point par le fard ,
Sa couleur eft affez brillante.

Il y a pourtant des endroits dans les Eglogues

* *Tome IV. pag.* 23.

Bb 6

gues d'une naïveté charmante ; voici un morceau de la sixiéme.

A R C A S.

Dans le criftal des eaux fouvent Philis fe mire,
Et là contre mon cœur elle aprête des traits,
Ruiffeaux, peignez-lui bien la beauté qui m'atire,
Philis en croira mieux les fermens que j'ai faits.

P A L E M O N.

Daphné ne cherche point le criftal des fontaines :
Ces foins trop affectez ne lui conviennent pas ;
Soupirs que j'ai pouffez, doux tourmens, tendres
          peines,
Vous feuls vous inftruirez Daphné de fes apas.

Voici un Portrait aimable & galant de la cinquiéme Eglogue : il fourniroit à un bon Peintre le fujet d'un tableau fort gracieux. C'eft le rendez-vous de deux Amans, dont les amours veulent être témoins.

Elle vient, mille amours arrivent avec elle,
Qui de ce rendez-vous aprenant la nouvelle,
D'un défir curieux avoient été touchez.
Les uns, près des Amans, fous un buiffon cachez,
Prêtent à leurs difcours une oreille atentive ;
D'autres, à qui de loin la voix à peine arrive,
Sur des arbres touffus, montez de toutes parts,

Pour

Pour ſavoir ce qu'on dit , obſervent leurs regards.
Dans le bôcage alors Eraſte & la Bergére
Reſpirérent cet air qu'on reſpire à Cythére :
Et par les doux tranſports dont ils furent ateints,
Sentirent les amours dont ces lieux étoient pleins.
Combien , en ſe voïant , Dieux ! combien ils s'ai-
      mérent !
Ils ne s'aimoient pas moins quand ils ſe ſéparérent.
Mais , Iris , apliquée à déguiſer ſon feu ,
Croïoit avoir trop dit , & le Berger trop peu.

On ne ſauroit faire une Critique plus juſte
& plus ſenſée des Ouvrages de la Fontaine,
que l'eſt celle qu'en a fait Mr. de Voltaire,
dans ſon Temple du Goût. * *La Fontaine,
dit-il, qui avoit conſervé la naïveté de ſon caractére, & qui dans le* Temple du Goût, *joignoit
un ſentiment éclairé à cet heureux & ſingulier
inſtinct , qui l'inſpiroit pendant ſa vie, retranchoit
quelques-unes des ſes Fables , mais en très - petite
quantité ; il acourciſſoit preſque tous ſes Contes, &
déchiroit les trois-quarts d'un gros Recueil d'Œuvres poſthumes , imprimé par ces Editeurs , qui
vivent des ſottiſes des morts.*
Les connoiſſeurs conviennent tous que
les Fables de la Fontaine ſont au - deſſus de
ſes Contes, autant que l'eſprit qui s'allie à la
bonne morale, eſt au-deſſus de l'eſprit, qui

ſe livre entiérement à des ſaillies ingénieuſes, mais nuiſibles aux bonnes mœurs. Il y a dans les Fables de la Fontaine un fond de Philoſophie, qu'on trouve rarement dans les meilleurs ouvrages : il avoit puiſé les ſentimens Philoſophiques, qu'il a répandus dans preſque toutes ſes Fables, chez les Auteurs anciens les plus diſtinguez, dont la lecture faiſoit ſa principale occupation. C'eſt un fait que nous aprend Mr. l'Abbé d'Olivet : & les preuves qu'il nous en donne ſont convainquantes. *On ne s'imagineroit pas,* * dit-il, *que la Fontaine faiſoit ſes délices de Platon & de Plutarque. J'ai tenu les exemplaires qu'il en avoit ; ils ſont notez de ſa main à chaque page : & j'ai pris garde que la plûpart de ſes Notes étoient des maximes de morale ou de politique, qu'il a ſemées dans ſes Fables.* Ces maximes ſont ſi parfaitement placées, & ſi bien ajuſtées au ſujet, à propos duquel elles ſont citées, qu'il eſt preſque impoſſible de reconnoître qu'elles aïent été priſes dans un autre ouvrage, pour être placées dans celui de la Fontaine. Les réflexions les plus ſérieuſes & les plus ſenſées ſont ménagées avec tant d'art, qu'elles ſemblent naître néceſſairement de la Fable dans laquelle elles ſont emploïées.

La

---

* Hiſt. de l'Académie Françoiſe. *Tom. II. pag.* 340.

La Fontaine a pris beaucoup de ses Fables dans Esope, dans Phédre, & dans quelques autres Auteurs anciens ; mais il ne s'est pas si fort ataché à ses Originaux, qu'il ait voulu en être le traducteur : il a imité, il est vrai, les Ecrivains Grecs & Latins, mais il les a égalé.

Aux Fables ordinaires, dans lesquelles les Animaux, & même les choses inanimées, ont l'usage de la parole, la Fontaine en a joint un grand nombre d'une autre espéce, qui sont de petites histoires morales, gracieusement contées, & qui pourroient être véritables. C'est ordinairement dans ses Contes qu'il a mis ses plus beaux préceptes de morale. Je me contenterai de citer ici un exemple, qui ne peut manquer de plaire à tous les gens de génie ; puisque c'est peut-être le plus court, mais le meilleur Panégyrique qu'on y fait de l'esprit, la plus naïve & la plus vive Satyre de l'impertinence des riches ignorans.

* Entre deux Bourgeois d'une Ville
S'émût jadis un différend ;
L'un étoit pauvre, mais habile ;
L'autre étoit riche, mais ignorant.
Celui-ci sur son concurent.

Vou-

* Fable 160.

Vouloit emporter l'avantage,
Prétendoit que tout homme fage
Etoit tenu de l'honorer.
C'étoit tout homme fot : car pourquoi révérer
Des biens dépourvûs de mérite ?
La raifon me femble petite,
Mon ami, difoit-il fouvent,

Au Savant :
Vous vous croïez confidérable ;
Mais, dites-moi, tenez-vous table ?
Que fert à vos pareils de lire inceffamment ?
Ils font toûjours logez à la troifiéme chambre,
Vétus au mois de Juin comme au mois de Décem-
bre,
Aïans pour tout laquais, leur ombre feulement.
La République à bien affaire
De gens qui ne dépenfent rien :
Je ne fais d'homme néceffaire,
Que celui dont le luxe épand beaucoup de bien.
Nous en ufons, Dieu fait : nôtre plaifir occupe
L'Artifan, le Vendeur, celui qui fait la jupe,
Et celle qui la porte, & vous qui dédiez
A Meffieurs les gens de Finance
De méchans Livres bien païez.
Ces mots, remplis d'impertinence,
Eurent le fort qu'ils méritoient.
L'homme lettré fe tut : il avoit trop à dire.

La

La guerre le vengea bien mieux qu'une fatire ; *
Mars détruifit le lieu que nos gens habitoient :
 L'un & l'autre quitta fa Ville.
 L'ignorant refta fans azile ;
 Il reçut par-tout des mépris :
L'autre reçut par-tout quelque faveur nouvelle ,
 Cela décida leur quérelle.
Laiffez dire les fots ; le favoir a fon prix.

Il y a encore dans plufieurs Fables de la Fontaine des traits de Phyfique , qu'il y a placez d'une manière très-ingénieufe. † Ce n'eft pas qu'il s'apliquât beaucoup à la Phyfique ; mais les converfations & les entretiens journaliers qu'il avoit eus avec Bernier, le Traducteur & l'Abréviateur des Ouvrages de Gaffendi , l'avoient rendu Phyficien , pour ainfi dire , fans qu'il s'en aperçût. Ce Bernier logeoit avec lui chez Madame de la Sablière, qui avoit un génie fupérieur , & qui aimoit les fciences & les favans. La Fontaine difoit, en parlant de fon efprit, *qu'il avoit beauté d'homme, avec grace de femme.* Cette Dame pourvut pendant vingt ans aux befoins de la Fontaine , qui , peut-être , fans elle , après avoir mangé le peu de bien qui lui reftoit,
          fe

* La guerre ruïna cette Ville.
† Voïez la Fable 188. *Sur l'Ame des Bêtes : La 38.*
Sur l'Aftrologie Judiciaire , &c.

se seroit trouvé dans de grands embarras.

Le premier Maître de la Fontaine fut Mal-herbe : ce fut dans les écrits de ce Poëte qu'il puisa le goût de ses prémiers Ouvrages. Mais ensuite il prit Horace , Virgile & Térence pour guides. Il crut entrevoir dans les Au-teurs Latins une certaine naïveté noble & ingénieuse , qu'il ne trouvoit point dans Mal-herbe , qui lui paroissoit pécher par être trop beau, ou plûtôt trop embelli. Il s'expli-que assez clairement sur ce sujet dans l'Epi-tre à l'illustre Mr. Huet , en lui envoïant un Quintilien.

Je pris certain Auteur autrefois pour mon Maître :
Il pensa me gâter. A la fin , grace aux Dieux,
Horace par bonheur me dessilla les yeux.
L'Auteur avoit du bon , du meilleur : & la France
Estimoit dans ses vers le tour & la cadence.
Qui ne les eût prisez ! j'en demeurois ravi :
Mais ces traits ont perdu quiconque l'a suivi.

Parmi les Auteurs modernes , Rabelais est celui qu'il estimoit le plus : cette préférence pour Rabelais est bien flateuse pour lui , quoi-que disent aujourd'hui quelques Critiques sé-véres. Despréaux n'estimoit guéres moins Ra-belais, que le faisoit la Fontaine : Il apelloit cet Auteur , *la Raison habillée en masque.* Un
Ecri-

Ecrivain , qui a pour lui les fuffrages de la Fontaine & de Defpréaux , qui n'avoient aucun intérêt particulier de le louer , & qui n'étoient point leur Contemporain, ne fauroit être un génie médiocre , ou bien il n'y a plus rien de certain dans la République des Lettres. A qui s'en raporter , fi les jugemens des deux plus grands hommes doivent n'être d'aucun poids ? Enfin , quoiqu'il en foit , il eft certain que la Fontaine , non-feulement eftimoit , mais même admiroit Rabelais. Mr. l'Abbé d'Olivet raporte à ce fujet une avanture finguliére , & qui marque bien le caractére ingénu , naturel & diftrait de la Fontaine. * *Tout le monde , dit cet Abbé , a entendu raconter là-deffus une faillie , dont Mr. de Valincourt fut témoin. Etant chez Mr. Defpréaux , avec Meffieurs Racine , Boileau le Docteur , & quelques autres perfonnes, on y parloit fort de St. Auguftin : la Fontaine écoutoit , avec cette ftupidité qui étoit ordinairement peinte fur fon vifage. Enfin il fe réveilla comme d'un profond fommeil, & demanda d'un grand férieux au Docteur , s'il croïoit que St. Auguftin eût plus d'efprit que Rabelais ? Ce Docteur l'aïant regardé , depuis la tête jufqu'aux piés , lui dit pour toute réponfe :* Prenez-garde, Mr. de la Fontaine , vous avez

avez mis un de vos bas à l'envers : *& cela
étoit vrai en éfet.*

Un autre Auteur, que la Fontaine eftimoit
beaucoup, c'étoit Marot, dont il a imité le
ftile, propre au génie du Conte & de la Fable, à caufe de fa charmante naïveté. Le Roman de l'Aftrée de Mr. d'Urfé étoit encore un des Livres favoris de la Fontaine : il
en tiroit fes images champêtres, dont il a
enrichi fes Ouvrages & embelli fa Poëfie. Le
portrait, par exemple, qu'il fait de la Solitude dans une de fes Fables, eft auffi gracieux que touchant.

* Elle offre à fes Amans des biens fans embarras;
Biens purs, préfens du Ciel, qui naiffent fous les pas;
Solitude, où je trouve une douceur fecréte;
Lieux que j'aimai toûjours, ne pourrai-je jamais,
Loin du monde & du bruit, goûter l'ombre & le
     frais?
O qui m'arrêtera fous vos fombres aziles?
Quand pourront les neufs Sœurs, † loin des Cours
     & des Villes,
M'occuper tout entier, & m'aprendre des Cieux ¶
Les divers mouvemens inconnus à nos yeux.

Les

* Fable 208. *Le Songe d'un habitant du Mogol.*
† Les neuf Mufes.
¶ L'Aftrologie.

Les noms & les vertus de ces clartez errantes, *
Par qui font nos deftins & nos mœurs différentes?
Que fi je ne fuis né pour de fi grands projets, †
Du moins que les ruiffeaux m'offrent de doux ob-
     jets !
Que je peigne en mes vers quelque rive fleurie !
‡ La Parque à filets d'or n'ourdira point ma vie ; ¶
Je ne dormirai point fous de riches lambris :
Voit-on que le fommeil en perde de fon prix :
En eft-il moins profond, & moins plein de délices?
Je lui voüe au défert de nouveaux facrifices.
Quand le moment viendra d'aller trouver les morts,
J'aurai vécu fans foins, & mourrai fans remords.

La variété qui régne dans les Fables de la
Fontaine leur donne une grace infinie : il
n'eft aucun état dans la vie, aucune profeffion, aucune vertu, aucun vice, dont il n'aît
fait un portrait auffi fpirituel que naïf. Il a
eu raifon de dire dans une de fes Fables.

§ Graces aux Filles de Mémoire, **

                                     Le

* Les Etoiles & les Planettes.
† Les Anciens ont cru que les Aftres & les Planettes
avoient influence fur toutes les actions des hommes.
‡ Celle des trois Sœurs qui fait vivre.
¶ Ourdir, terme de Tifferand, ne me donnera point
de grandes richeffes.
§ Fable 169. *Le Dépofitaire infidèle.*
** Les Mufes.

J'ai chanté des Animaux :
Peut-être d'autres Héros
M'auroient aquis moins de gloire.
Le loup , en langue des Dieux , *
Parle au chien dans mes ouvrages;
Les bêtes , à qui mieux mieux ,
Y font divers perſonnages ,
Les uns fous , les autres ſages;
De telle ſorte pourtant ,
Que les fous vont l'emportant :
La meſure en eſt plus pleine.
Je mets auſſi ſur la ſcène ,
Des trompeurs , des ſcélérats ,
Des tyrans & des ingrats;
Mainte imprudente pécore ,
Force ſots , force flâteurs :
Je pourrois y joindre encore
Des Légions de menteurs.

Mr. de Voltaire voudroit que la Fontaine eût accourci une partie de ſes Contes : il a raiſon. Il y en a pluſieurs en éfet qui ſont trop longs , & dans leſquels il ſe permet des digreſſions ingénieuſes , mais d'une trop grande étenduë : on peut même dire que ſes Contes , qui d'ailleurs ont des agrémens & des

tours

* En Vers.

tours inimitables, ont pourtant moins de pureté & d'exactitude que ſes Fables. Mais ce qui donne un entier avantage à ſes Fables ſur ſes Contes, c'eſt que les premiers forment le cœur & l'eſprit, & que les Contes, quelqu'ingénieux qu'ils ſoient, ſont capables de jetter dans la débauche & même dans la crapule, les jeunes gens qui les liſent avec peu de précaution : ils ſont même plus dangereux pour les femmes que pour les hommes ; parce qu'ils leur aprennent à mépriſer un certain point-d'honneur, dont il eſt eſſentiel pour le bonheur qu'elles ne ſe départent jamais. Je conſens qu'une femme aimable ait un amant : l'amour eſt la foibleſſe des grands cœurs ; je dirois preſque volontiers, la vertu ; mais je ne veux point qu'elle ſoit une Catin. Les Contes de la Fontaine n'inſpirent point de l'amour, mais du libertinage : il ſemble même qu'en pluſieurs endroits cet Auteur veuille fournir des armes aux Courtiſanes les plus avides. S'il avoit été païé par quelques-unes, auroit-il pû tenir un langage qui fut plus à leur gré que celui-ci ?

* Femmes, voilà ſouvent comme on vous traite.
Le ſeul plaiſir eſt ce qu'on ſouhaite.

Amour

* Tome II. Conte 14. *Les Remords.*

Amour est mort : le pauvre Compagnon
Fut enterré sur les bords du Lignon :
Nous n'en avons ici ni vent ni voïe.
Vous y servez de jouet & de proïe
A jeunes gens indiscrets, scélérats :
C'est bien raison qu'au double on le leur rende.
Le beau premier, qui sera dans vos lacs,
Plumez-le moi, je vous le recommande.

Voilà une morale & des préceptes qui seront fort du goût des coquettes les plus outrées. Quant à moi, je les croi aussi mauvais, que les excuses que la Fontaine a donné pour défendre la licence qui régne dans ses Contes : il prétend qu'il n'aprend aux jeunes filles qui les lisent, les obscénitez les plus blâmables & les plus indécentes, que pour les empêcher d'être trompées & séduites par leurs Amans. En vérité voilà une précaution bien sensée & bien utile.

 * C'est dans la vûë & dans l'intention
 Qu'on se méfie en telle ocasion.
 J'ouvre l'esprit & rends le sexe habile
 A se garder de ces piéges divers.
 Sotte ignorance en fait trébucher mille,
 Contre une seule à qui nuiroient mes vers.

II

* Tome II. *Le Fleuve Scamandre.*

Il faut pourtant convenir que tous les Contes de la Fontaine ne font point également dangereux ; il y en a , qui , loin de détruire l'amour & de mettre la débauche à fa place, font de cet amour un portrait flâteur, qui plaît aux cœurs, naturellement tendres & vertueux. Le Conte du Faucon eft fi touchant, qu'il a fourni le fujet d'une fort jolie Comédie ; celui de la Courtifane Amoureufe m'a fouvent fait répandre des larmes, par fon ingénieufe & tendre naïveté ; la douceur aimable de Camille, les épreuves auxquelles Conftance mit fa tendreffe , font dépeintes avec toutes les graces poffibles. Il y a dans ce Conte des endroits d'une fineffe infinie & d'une délicateffe charmante. Les réflexions que fait la Fontaine au fujet d'une Courtifane qui aime véritablement, font prifes dans la nature même.

Ce que poffible on ne croira pas vrai ,
C'eft que Camille , en careffant la belle ,
Des dons d'amour lui fit goûter l'effai.
L'effai ! Je faux , Conftance en étoit-elle
Aux élémens ? Ce que la belle avoit
Pris & donné de plaifirs en fa vie,
Conter pour rien jufqu'alors fe devoit.
Pourquoi cela ? Quiconque aime le die.

La Fontaine a raifon : l'amour feul procu-

re des plaifirs véritables; la débauche donne
& fournit en abondance des emportemens
luxurieux : ceci foit dit en paffant, je n'ai jamais compris comment un galant homme,
qui avoit goûté une fois en fa vie la douceur
d'aimer une Maîtreffe aimable, & d'en être
aimé, pouvoit fentir la moindre fatisfaction
dans la crapule & dans la débauche : je ne
crois pas même qu'il y ait quelque chofe de
bien flâteur dans ces prétenduës bonnes-for-
tunes paffagéres. Je ne penferai jamais ce
que la Fontaine fait dire dans le Conte du
Berceau :

> * Pinucio qui n'attendoit que l'heure,
> Et qui contoit les momens de la nuit,
> Son tems venu ne fait longue demeure;
> Au lit de camp s'en va droit, & fans bruit.
> Pas ne trouva la pucelle endormie;
> J'en jurerois. Colette aprit un jeu,
> Qui, comme on fait, laffe plus qu'il n'ennuïe.
> Trève fe fit; mais elle dura peu :
> Larcins d'amour ne veulent longue paufe.

Je le répéte encore : ce n'eft point avec une
fille, qu'on débauche en paffant dans un caba-
ret, comme fit Pinucio, qu'on goûte de véritables plaifirs. Il faut que l'on foit épris d'u-
ne

*Tome II. Conte. *Le Berceau*.

ne paſſion forte & véritable ; il faut que l'eſprit ſoit auſſi ſéduit que le cœur, pour qu'on
puiſſe dire véritablement, que ce *jeu laſſe plus
qu'il n'ennuïe*. Ce n'eſt qu'avec une Maîtreſſe, véritablement aimée, que *larcins d'amour
ne veulent longue pauſe* : mais il ſemble que la
Fontaine, dans preſque tous ſes Contes, ſe
ſoit fait un véritable plaiſir de fournir des armes au libertinage, pour détruire l'amour.
Dans ſa Joconde, qu'il a pris de l'Arioſte,
il fait un portrait du Roi Aſtolphe & de ſon
Confident, qui ſemble copié ſur celui de
deux jeunes Mouſquetaires, qui entretien-
nent une Griſette à frais communs. Cependant il loue beaucoup Aſtolphe, & ſon Confident, de leur ſage conduite & de leur goût
ſenſé.

    * Aïons quelque objet en commun ;
    Pour tous les deux, c'eſt aſſez d'un.
J'y conſens, dit Joconde, & je ſais une Dame
Près de qui nous aurons toute commodité ;
Elle a beaucoup d'eſprit, elle eſt belle, elle eſt femme
    D'un des premiers de la Cité.
Rien moins, reprit le Roi, laiſſons la qualité ;
    Sous les cotillons des griſettes,
    Peut loger autant de beauté,
    Que ſous les jupes des coquettes.

                    D'ail-

* Tome I. Conte premier.

D'ailleurs, il n'y faut point faire tant de façon.

   Etre en continuel soupçon,

Dépendre d'une humeur fiére, brusque ou volage,

   Chez les Dames de haut parage,

Ces choses sont à craindre, & bien d'autres encor.

   Une grisette est un tresor :

   Car sans se donner de la peine,

   Et sans qu'au bal on la proméne,

   On en vient aisément à bout :

On lui dit ce qu'on veut, bien souvent rien du tout.

Le point est d'en trouver une qui soit fidelle.

   Choisissons-là toute nouvelle,

Qui ne connoisse encor ni le mal, ni le bien.

Prenons, dit le Romain, la fille de notre hôte :

   Je la tiens pucelle sans faute,

   Et si pucelle, qu'il n'est rien

   De plus puceau que cette belle :

   Sa poupée en fait autant qu'elle.

J'y songeois, dit le Roi ; parlons-lui dès ce soir :

   Il ne s'agit que de savoir

Qui de nous doit donner à cette jouvencelle,

   Si son cœur se rend à nos vœux,

La premiére leçon du plaisir amoureux ?

Je sais que cet honneur est pure fantaisie :

Toutefois étant Roi, l'on me le doit céder :

Du reste il est aisé de s'en accommoder.

Si c'étoit, dit Joconde, une cérémonie,

   Vous auriez droit de prétendre le pas :

                Mais

Mais il s'agit d'un autre cas;
Tirons au sort, c'est la justice,
Deux pailles en feront l'office.

On ne peut narrer plus naturellement &
plus spirituellement : mais pour peu d'atention qu'on fasse en lisant ces vers, on verra
qu'il n'en est pas un seul qui n'établisse une
maxime qui tend à tourner en ridicule cet
amour qui fait le bonheur des cœurs. Tout
Amant délicat doit exhorter sa Maîtresse à ne
lire jamais les Contes de la Fontaine, & j'o-
serai dire que toute femme qui aime la gloire de son sexe, doit peu les estimer. Il semble qu'ils n'aïent été presque tous inventez
que pour deshonorer le beau-sexe, & le dépeindre comme occupé à tromper les hommes. Le Conte des trois Comméres est une
Satyre des plus violentes; ce sont trois femmes qui se font un honneur de tromper leurs
maris : & celle qui y réussit le mieux, passe
pour la plus spirituelle; celui de la Fiancée du
Roi de Garbe, fait l'apologie d'une Princesse
qui s'abandonne à dix ou douze personnes,
celui des Cordeliers de Catalogne change en
Catins toutes les femmes d'une grande Ville;
& celui du Muletier est inventé, pour servir
d'excuse à une Reine qui couche avec un
Muletier.

Nulle

Nulle beauté n'étoit alors égale
A Teudelinde, & la couche Roïale,
De part & d'autre, étoit aſſûrément
Auſſi complette, autant bien aſſortie,
Qu'elle fut onc. Quand Meſſer Cupidon,
En badinant, fit cheoir de ſon brandon
Chez Agiluf, droit deſſus l'écurie,
Sans prendre garde, & ſans ſe ſoucier
En quel endroit, donc avecque furie,
Le feu ſe prit au cœur d'un Muletier.
Ce Muletier étoit homme de mine,
Et démentoit en tout ſon origine.

En ſes preſens le Ciel eſt toujours juſte:
Il ne départ à gens de tous états
Mêmes talens. Un Empereur auguſte
A les vertus propres à commander;
Un Magiſtrat ſait les points décider;
Au jeu d'amour le Muletier fait rage.
Chacun ſon fait; nul n'a tout en partage.

Voilà quelque choſe de bien inſtructif pour
une jeune perſonne, dont on veut former
l'eſprit & le cœur. Les dévots ſe ſont élevez
contre les Contes de la Fontaine; ce n'étoit
pas eux ſeuls qui auroient dû blâmer des Poëſies auſſi dangereuſes. Les gens du monde,
& ſur-tout les Amans, auroient dû condamner

ner ce livre, comme le plus pernicieux qu'on ait jamais écrit. Si j'étois encore affez fortuné pour être aimé de quelque belle, j'aimerois mieux quelle fut amie de la plus déterminée coquette de Paris, que fi elle prenoit du goût à la lecture des Contes de la Fontaine. Cet Auteur a réduit en préceptes toutes les actions les plus capables de perdre le cœur d'une jeune perfonne; il a affaifonné fes maximes de tout l'efprit & de tout l'enjouement poffible; elles fe gravent aifément dans la mémoire: & elles s'offrent fi fouvent à l'imagination, qu'il eft très-dangereux qu'après s'être complu long-tems à leur fouvenir, on ne foit tenté de les mettre en pratique. Enfin, quand même il ne feroit pas vrai que les Contes de la Fontaine fuffent auffi dangereux qu'ils le font pour le beau-fexe, toujours eft-il certain qu'ils contribueroient à diminuer l'eftime que les hommes doivent avoir pour les femmes. Si l'on ôte cette eftime de la fociété civile, on la détruit; fi l'on fait croire aux maris que leurs femmes font des Catins, aux Amans, que leurs maîtreffes font des gourgandines; fi l'on établit enfin pour principe, que les filles qui paroiffent les plus fages, font rarement pucelles, on perd cette eftime & cette affection mutuelle, qu'il faut entretenir entre les deux fexes pour la tranquillité & pour l'augmentation des familles. Je demande,

Cc 4   de,

de , fi un homme qui méditera fur les vers
fuivans , où Aftolphe & fon ami , après avoir
cherché avec foin une pucelle , ne trouvent
qu'une Catin , conçevra une bonne opinion des Filles , qui paroiffent les plus fages
& les plus innocentes ?

De la chappe à l'Evêque , hélas ! ils fe battoient,
    Les bonnes gens qu'ils étoient ;
Quoiqu'il en foit , Joconde eut l'avantage
    Du prétendu pucelage.
La belle étant venuë en leur chambre le foir,
    Pour quelque petite affaire ,
Nos deux Avanturiers près d'eux la firent feoir;
Louèrent fa beauté , tâchèrent de lui plaire;
    Firent briller une bague à fes yeux ;
    A cet objet fi précieux
    Son cœur fit peu de réfiftance.
Le marché fe conclut , & dès la même nuit
Toute l'Hôtellerie étant dans le filence ,
    Elle vient les trouver fans bruit.
Au milieu d'eux ils lui font prendre place ,
    Tant qu'enfin la chofe fe paffe
Au grand plaifir des trois , & fur-tout du Romain,
    Qui crut avoir rompu la glace.
    Je lui pardonne , & c'eft en vain
    Que de ce point on s'embarraffe ,
    Car il n'eft fi fotte après tout

                 Qui

Qui ne puisse venir à bout
De tromper à ce jeu le plus sage du monde.
   Salomon, qui grand Clerc étoit,
   Le reconnoît en quelque endroit,
Dont il ne souvint pas au bon homme Joconde.
   Il se tint content pour le coup,
   Crut qu'Astolphe y perdoit beaucoup.
   Tout alla bien, & maître pucellage
   Joua des mieux son personnage.
Un jeune gars pourtant en avoit essaïé.

Quoique ces vers soient bien capables d'inspirer des sentimens très-désavantageux pour le beau-sexe, il y en a encore dans le même Conte, qui sont, à mon avis, plus pernicieux : ce sont ceux dans lesquels il est parlé de ce Livre, où Astolphe & son Compagnon Joconde, écrivent les noms de toutes les belles qu'ils avoient mis à mal pendant leur voïage. L'idée est singulière & plaisante ; mais elle n'en est pas moins contraire aux égards qu'on doit avoir pour tout ce qui peut contribuer au bien de la société.

Joconde aprouva fort le dessein du voïage.
   Il nous faut dans notre équipage,
Continua le Prince, avoir un Livre blanc,
   Pour mettre le nom de celles
   Qui ne seront pas rebelles,

Cha-

    Chacune felon fon rang.
    Je confens de perdre la vie,
Si devant que de fortir des confins d'Italie
    Tout nôtre Livre ne s'emplit,
Et fi la plus févére à nos vœux ne fe range.
Nous fommes beaux; nous avons de l'efprit;
Avec cela, bonnes lettres de change:
    Il faudroit être bien étrange,
    Pour réfifter à tant d'apas,
    Et ne pas tomber dans les lacqs
De gens qui fémeront l'argent & la fleurette,
    Et dont la perfonne eft bien faite.
Leur bagage étant prêt, & le Livre fur-tout,
    Nos Galans fe mettent en voïe.
    Je ne viendrois jamais à bout
De nombrer les faveurs que l'amour leur envoïe;
    Nouveaux objets, nouvelle proïe;
Heureufes les beautez qui s'offrent à leurs yeux!
Et plus heureufe encor celle qui peut leur plaire!
    Il n'eft en la plûpart des lieux,
    Femme d'Echevin ni de Maire,
    De Podeftat, de Gouverneur,
    Qui ne tienne à fort grand honneur
    D'avoir en leur Regiftre place, &c.

    Je ne faurois mieux finir ce que j'ai à dire
fur les Contes de la Fontaine, qu'en citant
le fage Defpréaux, qui aïant fait une Differtation,

ration, pour montrer que Mr. de la Fontaine étoit supérieur à l'Arioste, dans la maniére de conter agréablement, & *qu'il avoit mieux compris l'idée & le caractére de la narration* (ce font ses propres termes) a cependant condamné sévérement, dans un autre endroit, la licence qu'il a prise & la maniére libre dont il a écrit.

* » Que votre ame & vos mœurs, peintes dans
» vos ouvrages,
» N'offrent jamais de vous que de nobles images.
» Je ne puis estimer ces dangereux Auteurs,
» Qui de l'honneur en vers, infames déserteurs,
» Trahissant la vertu, sur un papier coupable ,
» Aux yeux de leurs Lecteurs rendent le vice ai-
» mable.

La Fontaine reconnut sur la fin de ses jours combien ses Contes étoient pernicieux ; il les condamna publiquement. Voici ce que dit à ce sujet Mr. l'Abbé d'Olivet dans son His-toire de l'Académie. † *Prêt à recevoir le Viati-que , il détesta ses Contes, les larmes aux yeux, & fit amande-honorable devant Messieurs de l'Aca-démie , qu'il avoit prié de se rendre chez lui par Députez pour être témoins de ses dispositions pré-sentes ,*

---

* Despréaux. Art. Poët. Chant IV.
†† Histoire de l'Académie , *Tome II. pag.* 344.

fentes, proteſtant que s'il revenoit en ſanté, il n'em-
ploïeroit ſon talent pour la Poëſie, qu'à écrire ſur
des matiéres pieuſes, & qu'il étoit réſolu à paſſer
le reſte de ſa vie, autant que ſes forces le permet-
troient, dans l'exercice de la pénitence. Quand
la Fontaine n'auroit point été dévot dans les
derniers momens de ſa vie, il auroit dû,
comme honnête-homme, être faché d'avoir
compoſé ces Contes, puiſqu'ils ne ſont guéres moins contraires au Citoïen qu'au Chrê-
tien.

Je viens aux Ouvrages poſthumes, dont
on a publié un ample Recueil. Mr. de Voltaire a raiſon de vouloir en ſuprimer la plus
grande partie. La Fontaine lui-même convenoit que tous ſes ouvrages n'étoient pas
d'un prix égal; il avoit voulu eſſaïer trop de
genres différens : il nous aprend lui-même
que c'étoit-là ſon défaut.

Papillon du Parnaſſe, & ſemblables aux abeilles,
A qui le bon Platon compare nos merveilles,
Je ſuis choſe legére, & vole à tous ſujets,
Je vai de fleur en fleur & d'objets en objets;
A beaucoup de plaiſir je mêle un peu de gloire.
J'irois plus haut, peut-être au Temple de Mémoire;
Si dans un genre ſeul j'avois uſé mes jours;
Mais, quoi! je ſuis volage en vers comme en
     amours.

                                   Mr.

Mr. l'Abbé d'Olivet prétend que le même esprit qui présidoit à la conduite de la Fontaine, présidoit à ses compositions. Esprit simple, ingénu, sensé, galant; mais inconstant, distrait, paresseux, il ne mettoit pas toûjours la derniére main à ses ouvrages; mais jusqu'aux morceaux qu'il a le plus négligez, tout décèle en lui un grand Maître. Le même Abbé assure, qu'il est regardé par tous les gens de goût comme * *l'un de nos cinq ou six Poëtes, pour lesquels le tems aura du respect, & dans les ouvrages desquels on cherchera les débris de notre langue, si jamais elle vient à périr.*

La Fontaine a fait un Roman, intitulé *les Amours de Psiché & de Cupidon.* Il est écrit spirituellement, ainsi que tous ses ouvrages: il en a pris le sujet dans Apulée; mais il l'a embelli. Son but principal étant de plaire, il lui parut qu'il devoit se conformer au goût de son siécle, porté au galant & à la plaisanterie : & comme le sujet qu'il traitoit étoit plein de merveilleux, mais d'un merveilleux badin, il a falu qu'il ait badiné depuis le commencement jusqu'à la fin de son ouvrage. La Fontaine dit quelque part, que quand il ne l'auroit pas falu, son inclination l'y eût porté, il assûroit cependant qu'il † avoit trouvé

vé

* Ibidem.
† Dans la Préface de ce Roman.

vé de plus grandes difficultez dans cet ouvrage, qu'en aucun autre qui fut sorti de sa
plume.

CONCLUSION.

Mr. de Voltaire a publié quelques ouvrages Philosophiques. Les Lettres sur les Anglois * sont remplies d'esprit, écrites avec
goût. J'ai fait dans mes Mémoires de la République des Lettres un fort long extrait
de ses Elémens de la Philosophie de Newton.
J'y renvoïe mes Lecteurs. Mais avant que de
finir l'Article de Mr. de Voltaire, je placerai
ici ce que j'ai déja dit ailleurs † de Madame
la Marquise du Châtelet à qui il a dédié son
ouvrage. » Je croirois manquer à ce que je
» dois au beau-sexe, si par l'éloge que mé-
» ritent les rares talens & les éminentes qua-
» litez de la Marquise du Châtelet, je ne mon-
» trois clairement qu'il n'est aucune science
» dans laquelle les Femmes ne puissent ex-
» celler. Elles vont même quelquefois beau-
» coup plus loin que les hommes. Combien
» peu de Poëtes François avons-nous que
» nous puissions comparer à Madame Des-
» houlié-

* Voïez le Mêlange de Littérature & de Philosophie. Tom. IV pag 133. & suiv.
† Mémoires de la République des Lettres. Part. XII.
pag. 60.

» houliéres & à la Comtesse de la Suze ? Ma-
» dame Dacier a surpassé son mari, & égalé
» les plus grands Humanistes. Nous n'avions
» point encore de femme qui eut poussé ses
» connoissances dans la Philosophie jusqu'à
» un certain point. Madame du Châtelet mon-
» tre aujourd'hui , qu'on peut joindre à la
» beauté & à la naissance la plus illustre ,
» toute la science des plus célèbres Mathéma-
» ticiens. Que l'ignorance publie que la Phi-
» losophie n'est point faite pour le beau-sexe ;
» ce discours sans fondement ne peut-être
» aprouvé que par des gens à qui la nature
» n'a acordé qu'un instinct un peu plus éten-
» du que celui des bêtes : les charmes les plus
» parfaits peuvent être augmentez par les
» connoissances les plus abstraites. Ce n'est
» pas la science qui rend une femme pédan-
» te ; c'est la croïance de savoir quelque cho-
» se, lorsqu'elle ne sait rien. Les personnes
» de goût, qui font usage de leur ame (car
» combien n'y a-t'il pas d'Automates parmi
» les hommes) sauront un gré infini à la Mar-
» quise du Châtelet , de donner un nouveau
» relief aux Sciences par son aplication , &
» remerciront Mr. de Voltaire de l'homma-
» ge public qu'il rend aux vertus de cette
» Dame , dans la belle Epitre Dédicatoire
» qu'il lui adresse.

VERS

VERS
DE MONSIEUR
DE MISSI,
SUR LE
TEMPLE DU GOÛT.

E Dieu du Goût venant pour voir le
    Temple,
    Qu'en son honneur Voltaire nous conf-
    truit,
D'un vif coup d'œil d'abord il le contemple,
Puis l'aprouvant : en ce Sacré réduit,
Je veux, dit-il, établir un Grand-Prêtre,
Qui régle tout, par moi-même inspiré.
Et sur le champ, comme digne de l'être,
Des mains du Dieu Voltaire fut sacré.

A MON-

A MONSIEUR

DE VOLTAIRE,

Sur son Poëme Epique de Henri le Grand, & sur la Vie de Charles XII. Roi de Suéde, qu'il vient de donner au Public. Par Mlle de Malcrais de la Vigne, *du Croisic en Bretagne.*

CHARLES, nommé l'Alexandre du Nord,
Le Grand Henri, le César de la France,
Ont repassé, dit-on, le sombre bord,
Pour assurer de leur reconnoissance
Notre Voltaire, Auteur par excellence.
Les deux Héros lui contérent d'abord,
Comment par tout dans les Champs Elisées
Avec éclat leurs Ombres sont prisées,
Depuis qu'on lit, & sa Prose & ses Vers,
Où sont moulez leurs faits d'armes divers,
Où leurs vertus sont immortalisées.
Mais, dit Henri, comme au séjour des Morts,
D'or ni d'argent ne se fabrique espéce,
De nous n'auras ces périlleux trésors,

Après

Après qui l'homme au cœur bas court sans cesse.
Ce nonobstant voulant à tes travaux,
Ainsi qu'il duit, donner loïer insigne,
Nous aportons présent cent fois plus digne
D'être estimé, que tous les minéraux.
Tien, le voilà, déja ton œil s'empresse;
Ce sont, ami, les titres de Noblesse;
Non par extrait, ains par originaux,
Dont autrefois en dépit des Rivaux,
Le bon Auguste honora son Virgile;
Virgile épris des beautez de son stile,
Car il entend le François aujourd'hui,
T'en fait présent pour charmer ton ennui.
Ton nom, mon cher, joint au sien s'y fait lire;
A cettui don Auguste a consenti,
Lui-même encore a voulu les souscrire,
Et Charles, & moi, qui prenons ton parti
Contre quiconque oposant au contraire,
De nos deux sceaux, avons, fameux Voltaire,
Le tout muni dûment & garanti.
Adieu; n'avons nulle autre récompense
Pour te païer de tes doctes bienfaits;
Mais bien jugeons qu'au païs des François,
Tant fier soit-il, n'est humain qui s'offense,
Qu'à son côté tu marches déformais.

PIECES

FUGITIVES

DE MONSIEUR

DE VOLTAIRE.

LETTRE

DE MONSIEUR

DE VOLTAIRE,

A MONSIEUR

DE LA ROQUE.

JE n'ai jamais jusqu'à present répondu, Monsieur, à aucune des brochures que l'on a imprimées contre moi, ou qui ont été inférées dans les Journaux. J'ai toujours cru que si les Critiques étoient mauvaifes, le Public en feroit juftice fans moi, & que si elles étoient bonnes, je ne devois y répondre qu'en corrigeant mes fautes.

D'ailleurs je n'ai jamais pû prendre fur moi, de défendre des Ouvrages que je n'ai jamais donnés qu'avec beaucoup de défiance, & que je voudrois n'avoir jamais hazardés dans le Public. Je fuis forcé aujourd'hui contre mon inclination de vous prier de vouloi loir bien faire insérer dans le Mercure cette réponse à Mrs. les Auteurs du Nouvelliste du Parnasse, & que j'ai l'honneur de vous envoïer.

Je sai combien peu il importe au Public de savoir, si j'ai fait ou non, une brochure Satirique contre Mr. de Campistron. Mais j'ai cru devoir détromper ceux qui lisent les Nouvelles Littéraires; j'ai cru devoir à mon honneur, & à la vérité, d'imposer du moins une fois en ma vie, un silence forcé à la calomnie. Ce n'est pas d'aujourd'hui que la seule récompense de ceux qui cultivent les beaux Arts, est d'être acusés d'ouvrages indignes d'eux : on m'a souvent atribué des Piéces, soit médiocres, soit absolument mauvaises, telles, que je ne sai quelle Satire intitulée *j'ai vû*, une misérable Ode où l'on ataquoit indignement un Ministre respectable. Je connois les Auteurs de ces lâches Ouvrages; je ne leur fais point la confusion de les nommer, il me suffit de défier la calomnie d'oser avancer que j'aïe jamais, ou fait, ou montré, ou aprouvé un seul Ouvrage Satirique. C'est une déclaration authentique que je fais dans cette Lettre aux Auteurs du Nouvelliste, & j'espére fermer la bouche pour jamais à ceux qui m'imputent ces sotises, de même que j'invite les sages & vrais Critiques à continuer d'éclairer les beaux

Arts

Arts par leurs réflexions. Je m'éleve contre le Calomniateur, mais j'encourage tous mes Censeurs, & je me flate d'avoir donné moi-même dans ce petit Ecrit l'exemple d'une Critique, pleine au moins de bienséance, si elle ne l'est pas de raison.

Je me flate, Monsieur, que vous la ferez paraître dans le Mercure, d'autant plus volontiers, que vous n'y avez jamais inséré aucune Satyre, & que vous avez trouvé le secret de plaire à tout le monde, sans offenser personne. Le Mercure, regardé autrefois comme un Ouvrage frivole & méprisable, est devenu entre vos mains un Livre choisi, plein de monumens curieux & nécessaires à quiconque veut savoir dans son siécle l'histoire de l'esprit-humain. La Lettre que je vous envoïe ne mérite d'y avoir place, qu'autant qu'elle est pleine de cet esprit de vérité que vous aimez.

Je suis, &c.

De Fakner, près de Londres, le 30. Juin 1731.

LETTRE

LETTRE

DE MONSIEUR

DE VOLTAIRE,

A MESSIEURS LES

AUTEURS DU NOUVELLISTE.

ESSIEURS, on m'a fait tenir à la campagne où je suis, près de Canterbury, depuis quatre mois, les Lettres que vous publiez avec succès en France depuis environ ce tems.

J'ai vû dans votre dix-huitiéme Lettre, des plaintes injurieuses que l'on vous adresse contre moi, sur lesquelles il est juste que j'aïe l'honneur de vous écrire, moins pour ma propre justification, que pour l'intérêt de la vérité.

Un ami, ou peut-être un parent de feu Mr. de Campistron, me fait des reproches pleins d'amertume & de dureté, de ce que

j'ai,

j'ai, dit-il, infulté à la mémoire de cet illuftre Ecrivain, dans une brochure de ma façon, & que je me fuis fervi de ces termes in-
décens, *de pauvre Campiftron*. Il auroit, fans
doute, raifon de me faire ce reproche ; & vous,
Meffieurs, de l'imprimer, fi j'avois en éfet été
coupable d'une groffiéreté fi éloignée de mes
mœurs. C'a été pour moi une furprife, également
vive & douloureufe, de voir que l'on
m'impute de pareilles fottifes ; je ne fai ce que
c'eft que cette brochure ; je n'en ai jamais
entendu parler. Je n'ai fait aucune brochure
en ma vie ; & fi jamais homme devoit être à
l'abri d'une pareille accufation, j'ofe dire que
c'étoit moi, Meffieurs.

Depuis l'âge de feize ans, où quelques
Vers un peu fatyriques, & par conféquent
très - condamnables, avoient échapé à l'im-
prudence de mon âge, & au reffentiment
d'une injuftice ; je me fuis impofé la loi de
ne jamais tomber dans ce déteftable genre
d'écrire. Je paffe mes jours dans les fouffran-
ces continuelles de corps qui m'accablent, &
dans l'étude des bons Livres qui me confo-
lent; j'aprens quelquefois dans mon lit que l'on
m'impute à Paris des Piéces fugitives que je
n'ai jamais vûës, & que je ne verrai jamais ;
je ne puis atribuer ces accufations frivoles à
aucune jaloufie d'Auteur ; car qui pourroit
être jaloux de moi ! mais quelque motif qu'on

ait pû avoir pour me charger de pareils
Ecrits, je déclare ici une bonne fois pour
toutes, qu'il n'y a perfonne en France qui
puiffe dire que je lui aïe jamais fait voir, depuis que je fuis hors de l'enfance, aucun
Ecrit fatyrique en vers ou profe. Et que ce-
lui-là fe montre qui puiffe feulement avancer que j'aïe jamais aplaudi un feul de ces
Ecrits, dont le mérite confifte à flâter la malignité humaine.

Non-feulement je ne me fuis jamais fervi
de termes injurieux, foit de bouche, foit par
écrit, en citant feu Mr. de Campiftron, dont
la mémoire ne doit pas être indifférente aux
gens de Lettres; mais je me fuis toujours révolté contre cette coutume impolie, qu'ont
prife plufieurs jeunes gens, d'apeller par leur
fimple nom, des Auteurs illuftres qui méritent des égards.

J'ai trouvé toujours indigne de la politeffe
Françaife, & du refpect que les hommes fe
doivent les uns aux autres, de dire Fontenelle, Chaulieu, Crébillon, la Motte, Rai-
mond, &c. & j'ofe dire que j'ai corrigé quelques perfonnes de ces maniéres indécentes
de parler, qui font toujours infultantes pour
les vivans, & dont on ne doit fe fervir envers les morts que quand ils commencent à
devenir anciens pour nous. Le peu de Curieux qui pourront jetter les yeux fur les Pré-
faces

faces de quelques Piéces de Théâtre que j'ai
hazardées , verront que je dis toujours le
Grand Corneille , qui a pour nous le mérite de
l'antiquité ; & je dis Mr. *Racine* , & Mr. *Despréaux* , parce qu'ils font presque mes contemporains.

Il est vrai que dans la Préface d'une Tragédie adressée à Mylord Bollingbrooke , ren-
dant compte à cet illustre Anglois des défauts & des beautez de notre Théâtre , je me
suis plaint avec justice que la galanterie dé-
grade parmi nous la dignité de la Scène ; j'ai
dit, & je le dis encore, que l'on avoit aplaudi ces
Vers de l'Alcibiade , indignes de la Tragédie.

Hélas ! qu'est-il besoin de m'en entretenir ?
Mon penchant à l'amour , je l'avouërai sans peine,
Fut de tous mes malheurs la cause trop certaine :
Mais bien qu'il m'ait causé des chagrins , des sou-
      pirs ,
Je n'ai pû refuser mon ame à ses plaisirs:
Car enfin , Amintas , quoi qu'on en puisse dire,
Il n'est rien de semblable à ce qu'il nous inspire.
Où trouve-t'on ailleurs cette vive douceur
Capable d'enlever & de calmer un cœur ?
Ah ! lorsque pénétré d'un amour véritable,
Et gémissant aux pieds d'un objet adorable,
J'ai connu dans ses yeux , timides ou distraits ,
Que mes soins de son cœur avoient troublé la paix;

Que

Que par l'aveu secret d'une ardeur mutuelle
La mienne a pris encore une force nouvelle ;
Dans ces tendres inftans j'ai toujours éprouvé
Qu'un mortel peut fentir un bonheur achevé.

J'aurois pû dire avec la même vérité, que
les derniers Ouvrages du grand Corneille font
indignes de lui & fort inférieurs à cet Alcibiade, & que la Bérénice de Mr. Racine n'eft
qu'une Elégie bien écrite, fans offenfer la
mémoire de ces grands Hommes. Ce font les
fautes des Ecrivains illuftres qui nous inftrui-
fent ; j'ai crû même faire honneur à Mr. de
Campiftron en le citant à des Etrangers à qui
je parlois de la Scène Françaife, de même
que je croirois rendre hommage à la mémoire de l'inimitable Moliére, fi pour faire fentir les défauts de notre Scène comique, je
difois que d'ordinaire les intrigues de nos
Comédies ne font ménagées que par des Valets, que les plaifanteries ne font prefque jamais dans la bouche des Maîtres, & que j'a-
portaffe en preuve la plûpart des Piéces de
ce charmant génie, qui, malgré ce défaut &
celui de fes dénouëmens, eft fi au-deffus de
Plaute, & de Térence.

J'ai ajoûté qu'Alcibiade eft une Piéce fuivie, mais foiblement écrite ; le défenfeur de
Mr. de Campiftron m'en fait un crime ; mais
qu'il

qu'il me foit permis de me fervir de la réponfe d'Horace.

Nempe incompofito dixi pede currere verfus
Lucili ! quis tam lucili fautor inepte eft
Ut non hoc fateatur ?

On me demande ce que j'entens par un
ftile foible ; je pourrois répondre, le mien.
Mais je vais tâcher de débroüiller cette idée,
afin que cet Ecrit ne foit pas abfolument inutile, & que ne pouvant par mon exemple
prouver ce que c'eft qu'un ftile noble & fort,
j'effaïe au moins d'expliquer mes conjectu-
res, & de juftifier ce que je penfe en général d'un ftile de la Tragédie d'Alcibiade.

Le ftile fort & vigoureux, tel qu'il convient à la Tragédie, eft celui qui ne dit ni
trop, ni trop peu, & qui fait toujours des
Tableaux à l'efprit, fans s'écarter un moment
de la paffion.

Ainfi Cléopâtre dans la Rodogune s'écrie :

Trône, à t'abandonner je ne puis confentir,
Par un coup de tonnerre il en vaut mieux fortir ;
Tombe fur moi le Ciel, pourvû que je me vange.

Voilà du ftile très-fort, & peut-être trop.

Le

Le vers qui fuit,

Il vaut mieux mériter le fort le plus étrange.

eft du ftile le plus foible.

Le ftile foible, non - feulement en Tragédie, mais en toute Poëfie, confifte encore à laiffer tomber fes Vers deux à deux, fans entremêler de longues périodes & de courtes, & fans varier la mefure, à rimer trop en épithétes, à prodiguer des expreffions trop communes, à répéter fouvent les mêmes mots, à ne pas fe fervir à propos des conjonctions qui paroiffent inutiles aux efprits peu inftruits, & qui contribuent cependant beaucoup à l'élégance du Difcours.

Tantum feries juncturaque pollent.

Ce font toutes ces fineffes imperceptibles, qui font en même-tems la difficulté & la perfection de l'Art. *In tenui labor at tenuis non gloria.*

J'ouvre dans ce moment le Volume des Tragédies de Mr. de Campiftron, & je vois à la première Scène de l'Alcibiade.

Quelle que foit pour nous la tendreffe des Rois, Un moment leur fuffit pour faire un autre choix.

Je dis que ces Vers, fans être abfolument mauvais, font foibles & fans beauté.

Pierre Corneille aïant la même chofe à dire, s'exprime ainfi:

Et

Et malgré ce pouvoir dont l'éclat nous féduit,
Si-tôt qu'il nous veut perdre, un coup d'œil nous détruit.

Ce *quelle que foit* de l'Alcibiade fait languir le Vers; de plus, *un moment leur suffit pour faire un autre choix*, ne fait pas à beaucoup près une peinture fi vive que ce Vers; *fi-tôt qu'il nous veut perdre, un coup d'œil nous détruit.*

Je vois dans ces prémiéres Scènes d'Alcibiade:

Mille exemples connus de ces fameux revers
Affoiblit notré empire; & dans *mille* combats
Nous cache *mille* foins dont il eft agité;
Il a *mille* vertus dignes du diadême,
Le fort le plus cruel, *mille* tourmens affreux.

Je dis que ce mot, *mille*, fi fouvent répété, & fur-tout dans des Vers affez lâches, affoiblit le ftile au point de le gâter; que la Piéce eft pleine de ces termes *oififs*, qui rempliffent languiffamment l'émiftiche des Vers: je m'offre de prouver à qui voudra, que prefque tous les Vers de cet Ouvrage font énervez par ces petits défauts de détail, qui répandent leur langueur fur toute la diction. Si j'avois vécu du tems Mr. de Campiftron, & que j'euffe eû l'honneur d'être fon ami, je lui aurois dit à lui-même ce que je dis ici au Public, & j'aurois fait tous mes éforts pour

Dd 4   obte=

obtenir de lui qu'il retouchât le ſtile de cette Piéce, qui ſeroit devenuë avec plus de ſoin un très-bon Ouvrage. En un mot, je lui aurois parlé, comme je fais ici, pour la perfection d'un Art qu'il cultivoit d'ailleurs avec ſuccès.

Le fameux Acteur qui repréſenta ſi long-tems Alcibiade, cachoit toutes les foibleſſes de la diction par les charmes de ſon recit: en éfet, l'on peut dire d'une Tragédie comme d'une Hiſtoire: *Hiſtoria quoquo modo ſcripta benè legitur, & Tragædia quoquo modo ſcripta benè repræſentatur;* mais les yeux du Lecteur ſont des Juges plus difficiles que les oreilles du Spectateur.

Celui qui lit ces Vers d'Acibiade,

Je répondrai, Seigneur, avec la liberté,
D'un Grec qui ne ſait pas cacher la vérité.

ſe reſſouvient à l'inſtant de ces deux beaux Vers de Britannicus.

Je répondrai, Madame, avec la liberté,
D'un ſoldat qui ſait mal farder la vérité.

Il voit d'abord que les Vers de Mr. Racine ſont pleins d'une harmonie ſinguliére, qui caractériſe en quelque façon Burrus par cette ceſure coupée, *d'un ſoldat,* au lieu que les Vers d'Alcibiade ſont rampans & ſans force. En ſecond lieu, il eſt choqué d'une imitation ſi marquée. En troiſiéme lieu, il ne

peut

peut fouffrir que le Citoïen d'un païs re-
nommé par l'éloquence & par l'artifice, donne à ces mêmes Grecs un caractére qu'ils n'a-
voient pas.

Vous allez attaquer des peuples indomptables,
Sur leurs propres foïers plus qu'ailleurs redou-
        tables.

On voit par tout la même langueur de ftile.
Ces rimes d'Epithétes *indomptables, redouta-*
bles, choquent l'oreille délicate du connoiffeur
qui veut des chofes, & qui ne trouve que
des fons. *Sur leurs propres foïers plus qu'ailleurs,*
eft trop fimple, même pour de la profe.

Je n'ai trouvé aucun homme de Lettres
qui n'ait été de mon avis, & qui ne foit convenu avec moi que le ftile de cette Piéce eft
en général très-languiffant. J'ajoûterai même
que c'eft la diction feule qui abaiffe Mr. de
Campiftron au - deffous de Mr. Racine. J'ai
toujours foutenu que les Piéces de Mr. de
Campiftron étoient pour le moins auffi régu-
liérement conduites que toutes celles de l'illuftre Racine ; mais il n'y a que la Poëfie de
ftile qui faffe la perfection des Ouvrages en
Vers. Mr. de Campiftron l'a toujours trop
négligée ; il n'a imité le coloris de Mr. Racine que d'un pinceau timide ; il manque à cet
Auteur, d'ailleurs judicieux & tendre, ces
beautés de détail, & ces expreffions heureu-

ſes qui ſont l'ame de la Poëſie, & qui ſont le mérite des Homére, des Virgile, des Taſ-ſe, des Milton, des Pope, des Corneille, des Racine, des Boileau.

Je n'ai donc avancé qu'une vérité, & mê-me une vérité utile pour les Belles-Lettres ; & c'eſt parce qu'elle eſt vérité, qu'elle m'at-tire des injures.

L'Anonime (quel qu'il ſoit) me dit à la ſuite de pluſieurs perſonnalitez, que je ſuis un très - mauvais modèle. Mais au moins il ne le dit qu'après moi, je ne me vante que de connoître mon art & mon impuiſſance. Il dit d'ailleurs (ce qui n'eſt point une inju-re, mais une Critique permiſe) que ma Tra-gédie de Brutus eſt très - défectueuſe. Qui le ſait mieux que moi ? C'eſt parce que j'étois très - convaincu des défauts de cette Piéce, que je la refuſai conſtamment un an entier aux Comédiens. Depuis même je l'ai fort re-touchée ; j'ai retourné ce terrain ingrat où j'avois travaillé ſi long - tems avec tant de peine & ſi peu de fruit. Il n'y a aucun de mes foibles Ouvrages, que je ne corrige tous les jours dans les intervalles de mes mala-dies : non-ſeulement je vois mes fautes, mais j'ai obligation à ceux qui m'en reprennent, & je n'ai jamais répondu à une Critique, qu'en tâchant de me corriger.

Cette vérité que j'aime dans les autres,
j'ai

j'ai droit d'exiger que les autres la souffrent
en moi. Mr. de la Motte sait avec quelle
franchise je lui ai parlé, & que je l'estime
assez pour lui dire, quand j'ai l'honneur de
le voir, quelques défauts que je crois apercevoir dans ses ingénieux Ouvrages. Il seroit honteux que la flâterie infectât le petit
nombre d'hommes qui pensent; mais plus
j'aime la vérité, plus je haïs & dédaigne la
Satyre, qui n'est jamais que le langage de
l'envie. Les Auteurs qui veulent aprendre
à penser aux autres hommes, doivent leur
donner des exemples de politesse comme
d'éloquence, & joindre les bienséances de
la Société à celles du stile. Faut-il que ceux
qui cherchent la gloire, courent à la honte par leurs quérelles littéraires, & que les
gens d'esprit deviennent souvent la risée des
sots!

On m'a souvent envoïé en Angleterre
des Epigrammes & de petites Satyres contre Mr. de Fontenelle; j'ai eu soin de dire
pour l'honneur de mes compatriotes, que ces
petits traits qu'on lui décoche, ressemblent
aux injures que l'esclave disoit autrefois aux
triomphateurs. Je crois que c'est être bon
Français, de détourner autant qu'il est en moi
le soupçon qu'on a dans les Païs étrangers, que
les Français ne rendént jamais justice à leurs
contemporains. Soïons justes, Messieurs, ne

crai-

craignons ni de blâmer, ni fur-tout de louer
ce qui le mérite. Ne lifons point Pertharite,
mais pleurons à Polieucte. Oublions avec
Mr. de Fontenelle des Lettres compofées dans
fa jeuneffe ; mais aprenons par cœur, s'il eft
poffible, les Mondes, la Préface de l'Académie des Sciences, &c. Difons, fi vous voulez, à Mr. de la Motte, qu'il n'a pas affez bien
traduit l'Iliade, mais n'oublions pas un mot
des belles Odes & des autres Piéces heureufes qu'il a faites ; c'eft ne pas païer fes dettes,
que de refufer de juftes louanges. Elles font
l'unique récompenfe des gens de Lettres ; &
qui leur païera ce tribut, finon, nous, qui
courant à peu près la même carriére, devons
connaître mieux que d'autres la difficulté &
le prix d'un bon Ouvrage ?

J'ai entendu dire fouvent en France que
tout eft dégénéré, & qu'il y a en tout genre
une difette d'hommes étonnante. Les Etrangers n'entendent à Paris que ces difcours, &
ils nous croïent aifément fur notre parole ;
cependant quel eft le fiécle où l'efprit humain ait fait plus de progrès que parmi nous ?
Voici un jeune homme de feize ans qui exécute en éfet ce qu'on a dit autrefois de Mr.
Pafcal, & qui donne un Traité fur les Cour-
bes qui feroit honneur aux plus grands Géo-
mettres. L'efprit de raifon pénétre fi bien dans
les écoles, qu'elles commencent à rejetter
égale-

également, & les abfurditez inintelligibles d'Ariftote, & les chiméres ingénieufes de Defcartes. Combien d'excellentes Hiftoires n'avons-nous pas depuis trente ans ? Il y en a telle qui fe lit avec plus de plaifir, que Philippes de Comines ; il eft vrai qu'on n'ofe l'avoüer tout haut, parce que l'Auteur eft encore vivant ; & le moïen d'eftimer un contemporain autant qu'un homme mort il y a plus de deux cens ans !

Ploravêre fuis non refpondere favorem
  Speratum meritis.

Perfonne n'ofe convenir franchement des richeffes de fon fiécle. Nous fommes comme les avares qui difent toujours que le tems eft dur ; j'abufe de votre patience, Meffieurs, pardonnez cette longue Lettre, & toutes ces réflexions, au devoir d'un honnête homme qui a dû fe juftifier, & à mon amour extrême pour les Lettres, pour ma Patrie, & pour la vérité.

Je fuis, Meffieurs, &c.

VOLTAIRE.

A Fakner, près de Canterbury,
ce 20. Juin. (1. Juillet.) 1731.

LETTRE

LETTRE

DE MONSIEUR ***,

A MONSIEUR

DE VOLTAIRE,

Sur ses Travaux durant sa Petite-Vérole.

I L n'y a que vous dans le monde, Monfieur, qui, le feiziéme jour d'une Petite-Vérole très-maligne, après dix prifes d'émétique, ne pouvant ni remuer, ni parler, aïez encore la force de penfer & de compofer des Ouvrages tels que celui que vous m'avez envoïé; mais je n'en fuis point furpris, je connois votre efprit & votre cœur; tous deux vous ont infpiré des Vers, fans fonger feulement fi la machine fouffroit ou non. Les corrections que vous avez faites à votre Ouvrage l'ont rendu parfait; vous avez retranché des Vers inutiles, vous en avez changé de défectueux, votre

Piéce

Piéce est devenuë par-là si diférente, que la première leçon n'aïant fait que m'émouvoir, la seconde m'a arraché des larmes. Vous êtes en France le seul Poëte qui soïez docile, aussi êtes-vous véritablement le seul Poëte. Le Public trouve ces derniers Vers admirables; vous avez pourtant des Censeurs; mais ne vous en éfraïez pas. Il y a des gens qui ne peuvent se résoudre à vous loüer; il y en a quelques-uns qui ne peuvent soufrir que vous loüiez personne. Je vous avertis d'avance que les loüanges ne réüssissent jamais à la Cour; mais celles que vous donnez dans votre Ouvrage, font des portraits si ressemblans, que le Public désintéressé les aimera toujours. Laissez donc gronder le petit nombre de vos Critiques, joüissez de votre gloire, & soïez sensible à mon amitié.

Je suis, &c.

LETTRE

DE MONSIEUR

DE VOLTAIRE,

Sur sa Guérison de la Petite-Vérole,

A MONSIEUR

LE BARON

DE BRETEUIL.

E vais vous obéïr , Monsieur, en vous rendant un compte fidèle de la Petite-Vérole dont je sors, de la maniére étonnante dont j'ai été traité ; & enfin de l'accident de Maisons, qui m'empêchera long-tems de regarder comme un bonheur mon retour à la vie.

Mr. le Président de Maisons, & moi, nous fûmes indisposez le 4. Novembre dernier, mais heureusement tout le danger tomba sur

moi ;

moi ; nous nous fîmes faigner le même jour ;
il s'en porta bien, & j'eus la Petite-Vérole.
Cette maladie parut après deux jours de fiévre, & s'annonça par une legére éruption.
Je me fis faigner une feconde fois, de mon
autorité, malgré le préjugé vulgaire. Mr. de
Maifons eut la bonté de m'envoïer le lendemain M. de Gervafi, Médecin de M. le Cardinal de Rohan, qui ne vint qu'avec répugnance. Il craignoit de s'engager inutilement
à traiter dans un corps délicat & foible une
Petite-Vérole, déja parvenuë au fecond jour
de l'éruption, & dont les fuites n'avoient été
prévenuës que par deux faignées trop légé-
res, fans aucun purgatif.

Il vint cependant, & me trouva avec une
fiévre maligne. Il eut d'abord une fort mauvaife opinion de ma maladie ; les Domeftiques
qui étoient auprès de moi s'en aperçûrent &
ne me laiffèrent pas l'ignorer. On m'annonça
dans le même-tems, que le Curé de Maifons,
qui s'intéreffoit à ma fanté & qui ne craignoit
point la Petite-Vérole, demandoit s'il pouvoit me voir, fans m'incommoder ; je le fis
entrer auffi-tôt ; je me confeffai & je fis mon
Teftament, qui, comme vous croïez bien,
ne fut pas long. Après cela j'atendis la mort
avec affez de tranquilité, non toutefois fans
regreter de n'avoir pas encore mis la derniére
main à mon *Poëme*, & à *Mariamne*, ni fans
être

être un peu fâché de quitter mes amis de fi
bonne heure ; cependant M. de Gervafi ne
m'abandonnoit pas d'un moment ; il étudioit
en moi avec atention tous les mouvemens de
la nature ; il ne me donnoit rien à prendre
fans m'en dire la raifon, il me laiffoit entrevoir le danger, & il me montroit clairement
le reméde : fes raifonnemens portoient la con-
viction & la confiance dans mon efprit ; méthode bien néceffaire à un Médecin auprès
de fon malade, puifque l'efpérance de guérir eft déja la moitié de la guérifon. Il fut
obligé de me faire prendre huit fois l'émétique ; & au lieu de cordiaux, qu'on donne
d'ordinaire dans cette maladie, il me fit boire
deux cent pintes de limonade : cette conduite, qui vous femblera extraordinaire, étoit
la feule qui pouvoit me fauver la vie. Toute
autre route me conduifoit à une mort infaillible ; & je fuis perfuadé que la plûpart de
ceux qui font morts de cette redoutable maladie, vivroient encore s'ils avoient été traitez comme moi.

Le préjugé populaire abhorre dans la Petite-Vérole la faignée & les médecines ; on ne
veut que des cordiaux ; on donne du vin au
malade ; on lui fait même manger de petites
foupes, & l'erreur triomphe de ce que plufieurs perfonnes guériffent avec ce régime. On
ne fonge pas que les feules Petites-Véroles,
qu'on

qu'on traite ainfi avec fuccès, font celles qu'aucun accident funefte n'accompagne, & qui ne font nullement dangereufes.

La Petite-Vérole, par elle-même, dépoüillée de toute circonftance étrangére, n'eft qu'une dépuration du fang, favorable à la nature, & qui en nétoïant le corps de ce qu'il a d'impur, lui prépare une fanté vigoureufe. Qu'une telle Petite-Vérole foit traitée ou non avec des cordiaux, qu'on purge, ou qu'on ne purge point, on en guérit fûrement.

Les plus grandes plaïes, quand aucune partie effentielle n'eft offenfée, fe referment aifément, foit qu'on les fuçe, foit qu'on les fomente avec du vin & de l'huile, foit qu'on fe ferve de l'eau de Rabel, foit qu'on y aplique des emplâtres ordinaires, foit enfin qu'on n'y mette rien du tout; mais lorfque les refforts de la vie font ataquez, alors le fecours de toutes ces petites récettes devient inutile, & tout l'art des plus habiles Chirurgiens fufit à peine. Il en eft de même de la Petite-Vérole.

Lorfqu'elle eft accompagnée d'une fiévre maligne, lorfque le volume du fang augmenté dans les vaiffeaux eft fur le point de les rompre, que le dépôt eft prêt à fe former dans le cerveau & que le corps eft rempli de bile & de matiéres étrangéres, dont la fermentation excite dans la machine des ravages mortels,

tels,

tels ; alors la feule raifon doit aprendre que
la faignée eft indifpenfable : elle épurera le
fang , elle détendra les vaiffeaux , rendra le
jeu des refforts plus fouples & plus facile,
débaraffera les glandes de la peau & favori-
fera l'éruption ; enfuite les médecines , par
de grandes évacuations, emporteront la fource du mal , & entraînant avec elle une partie
du levain de la Petite-Vérole , laifferont au
refte la liberté d'un dévelopement plus com-
plet , & empêcheront la Petite-Vérole d'être
confluente : enfin on voit que le Sirop de li-
mon dans une tifanne rafraîchiffante , adou-
cit l'acrimonie du fang , en apaife l'ardeur,
coule avec lui par les glandes miliaires jufques
dans les boutons , s'opofe à la corrofion du
levain & prévient même l'impreffion que d'ordinaire les puftules font fur le vifage.

Il y a un feul cas où les cordiaux, même
les plus puiffants , font indifpenfablement né-
ceffaires , c'eft lorfqu'un fang pareffeux , ral-
lenti encore par le levain qui en embaraffe
toutes les fibres , n'a pas la force de pouffer
au-dehors le poifon dont il eft chargé. Alors
la poudre de la Comteffe de Kent , le Beau-
me de Vaufeguer , le remede de M. Agnan,
&c. brifant les parties de ce fang prefque figé ,
le font couler plus rapidement , en féparent la
matiére étrangére , & ouvrent les paffages de la
tranfpiration au venin qui cherche à s'échaper.

Mais

Mais dans l'état où j'étois, ces cordiaux m'euffent été mortels; cela fait voir démonftrativement que tous ces Charlatans, dont Paris abonde, & qui donnent le remede (je ne dis pas pour toutes les maladies, mais toujours pour la même.) font des empoifonneurs, qu'il faudroit punir.

J'entends faire toujours un raifonnement bien faux & bien funefte. *Cet homme, dit-on, a guéri par une telle voïe; j'ai la même maladie que lui, donc il faut que je prenne le même remede.* Combien de gens font morts pour avoir raifonné ainfi. On ne veut pas voir que les maux qui nous affligent, font auffi différens que les traits de nos vifages, &, comme dit le grand Corneille (car vous me permettrez de citer les Poëtes.)

Que fouvent l'un fe perd, où l'autre s'eft fauvé;
Et par où l'un périt, un autre eft confervé.

Mais c'eft trop faire le Médecin, je reffemble aux gens, qui aïant gagné un procès confidérable par le fecours d'un habile Avocat, confervent encore pour quelque-tems le langage du Barreau.

Cependant, Monfieur, ce qui me confoloit le plus dans ma maladie, c'étoit l'intérêt que vous y preniez ; c'étoit l'atention de mes amis, & les bontez inexprimables dont Madame & Mr. de Maifons m'ho-

no-

noroient. Je joüiſſois d'ailleurs de la douceur d'avoir auprès de moi un ami, je veux dire un homme, qu'il faut compter parmi le très-petit nombre d'hommes vertueux, qui ſeuls connoiſſent l'amitié, dont le reſte du monde ne connoît que le nom. C'eſt M. Tiriot, qui ſur le bruit de ma maladie, étoit venu en poſte de quarante lieuës pour me garder, & qui depuis ne m'a pas quitté un moment. J'étois le 15. abſolument hors de danger, & je faiſois des Vers le 16. malgré la foibleſſe extrême qui me dure encore, cauſée par le mal & par les remédes.

J'atendois avec impatience le moment où je pourrois me dérober aux ſoins qu'on avoit de moi à Maiſons, & finir l'embarras que j'y cauſois; plus on avoit pour moi de bontez, plus je me hâtois de n'en pas abuſer plus long-tems. Enfin je fus en état d'être tranſporté à Paris le 1. Décembre.

Voici, Monſieur, un moment bien funeſte; à peine fus-je à deux cens pas du Château, qu'une partie du plancher de la Chambre où j'avois été, tomba tout enflâmée; les chambres voiſines, les apartemens qui étoient au-deſſous, les meubles précieux dont ils étoient ornez, tout fut conſumé par le feu. La perte monte à près de cent mille livres, & ſans le ſecours des pompes qu'on envoïa chercher à Paris, un des plus beaux édifices

du

du Roïaume, alloit être entiérement détruit. On me cacha cette étrange nouvelle à mon arrivée ; je l'a fçus à mon réveil ; vous n'imaginerez point quel fut mon défefpoir ; vous favez les foins généreux que M. de Maifons avoit pris pour moi ; j'avois été traité chez lui comme fon frére, & le prix de tant de bontez étoit l'incendie de fon Château. Je ne pouvois concevoir comment le feu avoit pu prendre fi brufquement dans ma Chambre, où je n'avois laiffé qu'un tifon prefque éteint. J'apris que la caufe de cet embrafement étoit une poutre, qui paffoit précifément fous la cheminée. C'eft un défaut, dont on s'eft corrigé dans la ftructure des bâtimens d'aujourd'hui, & même les fréquents accidents qui en arrivoient, ont obligé d'avoir recours aux Loix pour défendre cette façon dangereufe de bâtir. La poutre, dont je parle, s'étoit embrafée peu-à-peu par la chaleur de l'âtre qui portoit immédiatement fur elle, & (par une deftinée fingulière, dont affurément je n'ai point goûté le bonheur) le feu qui couvoit depuis deux jours n'éclata qu'un moment après mon départ.

Je n'étois point la caufe de cet accident, mais j'en étois l'occafion malheureufe ; j'en eus la même douleur que fi j'en avois été coupable ; la fiévre me reprit auffi-tôt ; & je vous affure que dans ce moment je fçus mauvais

gré

gré à Mr. de Gervafi de m'avoir confervé la vie.

Madame & Mr. de Maifons reçûrent la nouvelle plus tranquilement que moi ; leur générofité fut auffi grande que leur perte & que ma douleur. Mr. de Maifons mit le comble à fes bontez , en me prévenant lui-même par des Lettres , qui font bien voir qu'il excelle par le cœur comme par l'efprit. Il s'occupoit du foin de me confoler, & il fembloit que ce fût de moi dont il eût brûlé le Château : mais fa générofité ne fert qu'à me faire fentir encore plus vivement la perte que je lui ai caufée, & je conferverai toute ma vie ma douleur, auffi-bien que mon admiration pour lui, &c.

Je fuis, &c.

LETTRE

DE MONSIEUR

DE VOLTAIRE

A MONSIEUR

L'ABBÉ DUBOS.

I L y a long-tems, Monſieur, que je vous ſuis attaché par la plus forte eſtime. Je vais l'être par la reconnoiſſance. Je ne vous réitére point que vos Livres doivent être le Bréviaire des Gens de Lettres, que vous êtes l'Ecrivain le plus utile & le plus judicieux que je connoiſ-ſe : je ſuis ſi charmé de voir que vous êtes le plus obligeant, que je ſuis tout occupé de cette derniére qualité.

Il y a long-tems que j'ai aſſemblé quel-ques matériaux pour faire l'Hiſtoire de Louïs XIV. ce n'eſt pas ſimplement la vie de ce Prin-ce que j'écris, ce ne ſont point les Annales de ſon Règne, c'eſt plûtôt l'Hiſtoire de l'eſ-

prit humain, puiſée dans le ſiécle le plus glorieux à l'eſprit humain.

Cet Ouvrage eſt diviſé en Chapitres ; il y
en a environ vingt deſtinés à l'Hiſtoire générale, ce ſont vingt tableaux des grands événemens du tems, les principaux perſonnages
ſont ſur le devant de la toile, la foule eſt dans
l'enfoncement : malheur aux détails, la poſtérité les néglige tous, c'eſt une vermine qui
tue les grands Ouvrages ; ce qui caractériſe
le ſiécle, ce qui cauſe des révolutions, ce qui
ſera important dans cent années, c'eſt ce que
je veux écrire aujourd'hui.

Il y a un Chapitre pour la vie privée de
Louïs XIV. deux pour les grands changemens
faits dans la Police du Roïaume, dans le Com-
merce, dans les Finances, deux pour le Gouvernement Eccléſiaſtique, dans leſquels la Ré-
vocation de l'Edit de Nantes, & l'affaire de
la Régale ſont compriſes, cinq ou ſix pour
l'Hiſtoire des Arts, à commencer par Deſ-
cartes & à finir par Rameau.

Je n'ai d'autres Mémoires pour l'Hiſtoire
générale qu'environ deux cens volumes que
tout le monde connoît ; il ne s'agit que de
former un corps proportionné de tous les
membres épars, & de peindre avec des couleurs, mais d'un trait, ce que Larrey, Li-
miers, Lamberty, & Rouſſel falſifient & dé-
laïent dans des volumes.

J'ai

J'ai pour la vie privée de Louïs XIV. les Mémoires de Mr. de Dangeau, & 40.volumes dont j'ai extrait 40. pages : j'ai ce que j'ai entendu dire à de vieux Courtifans, Valets, Grands Seigneurs, & autres : je raporte les faits dans lefquels ils s'accordent. J'abandonne le refte aux converfations d'Anecdotes. J'ai un extrait de la fameufe Lettre du Roi au fujet de Mr. de Barbefieux, dont il marque tous les défauts auxquels il pardonne en faveur des fervices du pere, ce qui caractérife Louïs XIV. bien mieux que les flâteries de Péliffon.

Je fuis affez inftruit de l'avanture de l'homme au mafque. Il y a un efpéce de Mémorial écrit de la main de Louïs XIV. qui doit être dans le Cabinet de Louïs XV. M. Hardion le connoît fans doute, mais je me propofe d'en demander la communication.

Sur les affaires de l'Eglife, j'ai tout le fatras des injures du parti, & je tâcherai d'extraire un once de miel de tout l'abfinte des Jurieux, des Quefnels, des Doucins ; & pour le dedans du Roïaume, j'examine les Mémoires des Intendans & les bons Livres qu'on a fur cette matiére. M. l'Abbé de Saint Pierre a fait un Journal politique de Louïs XIV. que je voudrois bien qu'il me confiât. Je ne fçai s'il fera cette acte de bienfaifance pour gagner le Paradis.

A l'égard des Arts & des Sciences, il n'est question, je crois, que de trouver la marche de l'esprit humain en Philosophie, en Eloquence, en Poësie, & en Critique ; de marquer le progrès de la Peinture, de la Sculpture, de la Musique, de l'Orfêvrerie, des Manufactures de Tapisseries, de Glaces, d'E-toffes d'or, de Draps, & de l'Horlogerie, &c.

Je ne veux que peindre, chemin faisant, les génies qui ont excellé dans ces parties ; Dieu me préserve d'emploïer trois cens pages à l'Histoire de Gassendi. La vie est trop courte, & le tems trop précieux, pour donner des éloges inutiles. En un mot, Monsieur, vous voïez mon plan, &c.

VOLTAIRE.

1739.

LETTRE

DE MONSIEUR

DE VOLTAIRE,

A MONSIEUR

SEGUY.

J'AI reçû, Monſieur, la lettre que vous m'avez fait l'honneur de m'écrire, avec votre Projet de Souſcription pour les Œuvres du célèbre Poëte dont vous étiez l'ami. Je me mets très-volontiers au rang des Souſcripteurs, quoique j'aïe été malheureuſement au rang de ſes ennemis les plus déclarés; je vous avouerai même que cette inimitié peſoit beaucoup à mon cœur. J'ai toujours penſé, j'ai dit, j'ai écrit que les gens de Lettres dévroient être toujours fréres. Ne les perſécute-t'on pas aſſés? Faut-il qu'ils ſe perſécutent encore eux-mêmes les uns les autres? Plût à

E e 3   Dieu

Dieu qu'ils puffent s'aider, fe foutenir, fe confoler mutuellement ! Il fembloit que la deftinée, en me conduifant dans la Ville, où l'illuftre & malheureux Rouffeau a fini fes jours, me ménageât une réconciliation avec lui. L'efpéce de maladie dont il étoit accablé, m'a privé de cette confolation que nous avions tous deux également fouhaités. L'amour de la paix l'eût emporté fur tous les fujets d'aigreur qu'on avoit femés entre nous. Ses talens, fes malheurs, & ce que j'ai ouï dire ici de fon caractère, ont banni de mon cœur tout reffentiment, & n'ont laiffé mes yeux ouverts qu'à fon mérite. Votre amitié pour lui, Monfieur, contribue fur-tout à me réconcilier avec fa mémoire. J'atends avec impatience une édition, que votre goût rendra digne du Public à qui vous la prefentés. J'en retiens deux exemplaires; & je fuis charmé que cette occafion me procure le plaifir de vous dire à quel point je vous eftime, & combien j'ai l'honneur d'être, Monfieur, votre, &c.

A Bruxelles, le 29. Septembre 1741.

ℜ

LETTRE

LETTRE

DE MONSIEUR

DE VOLTAIRE,

AU REVEREND PERE

DE LA TOUR,

PRINCIPAL DU COLLEGE

DE LOUIS LE GRAND.

MON REVEREND PERE,

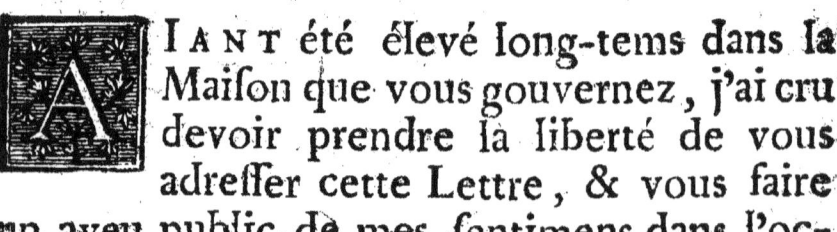

IANT été élevé long-tems dans la Maison que vous gouvernez, j'ai cru devoir prendre la liberté de vous adreſſer cette Lettre, & vous faire un aveu public de mes ſentimens dans l'occaſion qui ſe preſente. L'Auteur de la Gazette Eccléſiaſtique m'a fait l'honneur de me joindre à Sa Sainteté, & de calomnier à la fois,

dans

dans la même page, le premier Pontife du monde, & le moindre de ses Serviteurs. Un autre Libelle, non moins odieux, imprimé en Hollande, me reproche avec fureur mon attachement pour mes Maîtres, à qui je dois l'amour des Lettres & celui de la vertu. Je vous prie d'engager les Révérends Peres, qui travaillent au Journal de Trévoux, à vouloir bien honorer d'une place dans leur Recueil, ce que je vais prendre la liberté de vous dire sur ces deux Articles.

Il y a quatre mois, qu'aïant vû une Estampe du Portrait de S. S. je mis au bas cette Inscription.

Lambertinus hic est, Roma decus & Pater orbis
Qui terram scriptis docuit, virtutibus ornat.

Je ne croïois pas que le sens de ces paroles fût repris par ceux qui ont lû les Ouvrages de ce Pontife, & qui sont instruits de son régne ; s'il dépendoit de lui de pacifier le monde comme de l'éclairer, il y a long-tems que l'Europe joindroit la reconnoissance à la vénération personnelle qu'elle a pour lui.

Monseigneur le Cardinal Passionei, Bibliotéquaire du Vatican, homme consommé en tout genre de Littérature, & Protecteur des Sciences, aussi-bien que le Pape, lui mon-

ura

tra ce foible hommage que je lui avois rendu, & que je ne croïois pas devoir parve-
nir jufqu'à lui. Je pris cette occafion d'envoïer à S. S. & à plufieurs Cardinaux, qui
m'honorent de leurs bontés, le Poëme fur
la Bataille de Fontenoy, que le Roi avoit
daigné faire imprimer à fon Louvre ; je ne
faifois que remplir mon devoir en prefen-
tant à ces Perfonnes principales de l'Europe
ce monument élevé à la gloire de notre Nation, fous les aufpices du Roi même.

Vous fçavez, mon Révérend Pere, avec
quelle indulgence cet Ouvrage fut reçu à
Rome. La gloire du Roi, qui eft chére aux Romains comme à nous, répandit quelqu'un
de fes raïons fur ce foible effai. Il fut traduit
en Vers Italiens, & vous avez vû la traduction que S. E. le Cardinal Quirini, digne Suc-
ceffeur des *Bembes* & des *Sadolets*, voulut
bien en faire & qu'il vous envoïa. Ceux qui
connoiffent le caractére du Pape, fon goût
& fon zèle pour les Lettres, ne font point
furpris qu'il m'ait gratifié de plufieurs de fes
Médailles, lefquelles font autant de monumens du bon goût qui régne à Rome. Il n'a
fait en cela que ce que Sa Majefté avoit daigné faire ; & s'il a ajoûté à cette faveur celle de m'honorer d'une Lettre particuliére, qui
n'eft point un Bref de la Daterie, y a-t-il dans
ces marques de bonté, fi honorables pour

la

la Littérature , rien qui doive choquer ,. rien qui doive attirer les fureurs de la ca- lomnie ? Voilà cependant ce qui a excité la bile de l'Auteur clandeſtin de la Gazette Ec- cléſiaſtique : il oſe accuſer le Pape *d'honorer de ſes Lettres un Séculier , tandis qu'il perſecute des Evêques , &c.* & il me reproche à moi, je ne ſçai quel Livre auquel je n'ai point de part ,. & que je condamne avec autant de ſincéri- té , qu'il dévroit condamner ſes Libelles.

Je ſai combien le Monarque bienfaiſant qui régne à Rome eſt au-deſſus de la licence où l'on s'emporte de le calomnier, & de la liberté que je prendrois de le défendre.

Scilicet is ſuperis Labor eſt , ea cura quietos Sollicitat ?

Il eſt étrange que tandis que ce Prince eſt chéri de ſes Sujets & du monde chrétien ,. un Ecrivain du Faubourg Saint Marceau le ca- lomnie. Il ſeroit bien inutile que je réfutaſſe cet Ecrivain : les diſcours des petits ne par- viennent pas de ſi loin à la hauteur où ſont placés ceux qui gouvernent la terre. C'eſt à moi de me renfermer dans ma propre cauſe : mais ſi l'eſprit de parti pouvoit être calmé un moment , ſi cette paſſion tiranique & té- nébreuſe pouvoit laiſſer quelque accès dans l'ame aux lumières douces de la raiſon , je

con-

conjurerois cet Ecrivain , & ses semblables ,
de se representer à eux-mêmes ce que c'est
que de mettre continuellement sur le papier
des invectives , contre ceux qui sont préposés
de Dieu , pour conserver le peu qui reste de
paix sur la terre ; ce que c'est que de se rendre
tous les huit jours criminels de lèze-Majesté
par des Libelles méprisés , & être tout à la
fois calomniateur & ennuïeux. Je lui deman-
derois avec quelle chaleur il condamneroit
dans d'autres ce malheureux & inutile dessein , de troubler l'Etat que le Roi défend à
la tête de ses Armées : il verroit dans quel
excès d'avilissement & d'horreur est une telle
conduite auprès de tous les honnêtes-gens : il
sentiroit s'il lui convient de gémir sur les pré-
tendus maux de l'Eglise , tandis qu'on n'y voit
d'autre mal que celui de ces Convulsions ,
avec lesquelles trois ou quatre Malheureux ,
méprisés de leur Parti même , ont prétendu
surprendre le petit peuple , & qui sont enfin
l'objet du dédain de ceux - mêmes qu'ils
avoient voulu séduire. Qu'il se trouve des
hommes assez insensés & assez privés de pu-
deur pour dresser des Filles de sept à huit ans
à faire des tours de passe-passe , dont les Charlatans de la Foire rougiroient , qu'ils aïent le
front d'apeller ce manége infâme , *des Mira-*
cles faits au nom de Dieu ; qu'ils joüent à prix
d'argent cette farce abominable pour prou-

ver

ver qu'*Elie eft venu* ; qu'un de ces Miférables ait été de Ville en Ville fe pendre aux poutres d'un plancher ; contre-faire l'étranglé & le mort, contre-faire enfuite le reffufcité, & finir enfuite fes preftiges par mourir en éfet dans Utrecht le 17. Janvier 1743. à la Potence qu'il avoit dreffé lui-même, & dont il croïoit fe tirer comme auparavant : voilà ce qu'on pourroit apeller les maux de l'Eglife, fi de tels hommes étoient en éfet écoutés, foit dans l'Eglife, foit dans l'Etat.

Il fied bien fans doute à de telles gens de calomnier le fouverain Pontife, en citant l'Evangile & les Peres : il leur fied bien d'ofer parler des Loix du Chriftianifme, eux qui violent la premiére de ces Loix, la Charité ; eux, qui au mépris de toutes les Loix divines & humaines, vendent tous les jours un Libelle qui dégoûte aujourd'hui les Lecteurs les plus avides de médifance & de fatyre.

A l'égard de l'autre Libelle d'Hollande qui me reproche d'être attaché aux Jéfuites, je fuis bien loin de lui répondre comme à l'autre, vous êtes un calomniateur ; je lui dirai, au contraire, *vous avez dit la vérité ;* j'ai été élevé pendant fept ans chez des hommes qui fe donnent des peines gratuites & infatigables à former l'efprit & les mœurs de la jeuneffe. Depuis quand veut-on que l'on foit fans reconnoiffance pour fes Maîtres ? Quoi !

il

il fera dans la nature de l'homme de revoir avec complaifance une maifon où l'on eft né, un Village où l'on a été nourri, & il ne fera pas dans fon cœur d'aimer ceux qui ont pris un foin généreux de nos premiéres années? Si des Jéfuites font en Procès au Malabar avec un Capucin, pour des chofes dont je n'ai point de connoiffance, que m'importe; eft-ce une raifon pour moi d'être ingrat envers ceux qui m'ont infpiré le goût des Belles-Lettres, & des fentimens qui feront jufqu'au Tombeau la confolation de ma vie? Rien n'éfacera dans mon cœur la mémoire du Pere Porée, qui eft également chére à tous ceux qui ont étudié fous lui. Jamais homme ne rendit l'étude & la vertu plus aimable. Les heures de fes leçons étoient pour nous des heures délicieufes, & j'aurois voulu qu'il eût été établi dans Paris comme dans Athènes, que l'on pût affifter à tout âge à de telles leçons, je ferois revenu fouvent les entendre. J'ai eu le bonheur d'être formé par plus d'un Jéfuite du caractére du Pere Porée, & je fçai qu'il a des fucceffeurs dignes de lui: enfin pendant les fept années que j'ai vécu en leur Maifon; qu'ai-je vû chez eux? La vie la plus laborieufe, la plus frugale, la plus réglée; toutes leurs heures partagées, entre les foins qu'ils nous donnoient, & les exercices de leur Profeffion auftére. J'en attefte des
mil-

milliers d'hommes élevés par eux , comme
moi , il n'y en aura pas un feul qui puiffe me
démentir. C'eft furquoi je ne ceffe de m'é-
tonner qu'on puiffe les accufer d'enfeigner
une Morale corruptible : ils ont eû comme
tous les autres Religieux , dans des tems de
ténèbres , des Cafuiftes qui ont traité le pour
& contre de Queftions aujourd'hui fi éclair-
cies ou mifes en oubli. Mais de bonne-foi ,
eft-ce par la Satyre des Lettres-Provinciales
qu'on doit juger de leur Morale ? C'eft affû-
rément par le Pere Bourdalouë , par le Pere
Cheminais , par leurs autres Prédicateurs , par
leurs Miffionnaires. Qu'on mette en paralle-
le les Lettres Provinciales , & les Sermons
de Bourdalouë , on aprendra dans les premiéres l'art de la raillerie , celui de prefenter
des chofes indifférentes fous des faces criminelles , celui d'infulter avec éloquence : on
aprendra , avec le Pere Bourdalouë , à être
févére à foi-même , & indulgent pour les autres. Je demande alors de quel côté eft la
vraïe Morale , & lequel de ces deux Livres
eft le plus utile aux hommes ? J'ofe le dire ,
il n'y a rien de plus contradictoire ni de plus
inique , rien de plus honteux pour l'humanité , d'accufer d'une Morale relâchée des hommes qui ménent en Europe la vie la plus dure , & qui vont chercher la mort au bout de
l'Afie & de l'Amérique. Quel eft le particulier

ffer qui ne fera pas confolé d'effuïer des calomnies, quand un Corps entier en reçoit
continuellement d'auffi cruelles ? Je voudrois
bien que l'Auteur de ces Libelles pitoïables
dont nous fommes fatigués, vînt un jour aux
pieds d'un Jéfuite au Tribunal de la Pénitence, & que là il fit un aveu fincére de fa conduite en prefence de Dieu ; il feroit obligé
de dire : j'ai ofé traiter de perfécuteur un
Roi adoré de fes Sujets ; j'ai apellé cent fois
fes Miniftres, des Miniftres d'iniquité ; j'ai
vomi les calomnies les plus noires contre le
Primat du Roïaume, contre un Cardinal qui
a rendu des fervices effentiels dans fes Am-
baffades auprès de trois Papes. Je n'ai ref-
pecté ni le nom, ni l'autorité fainte, ni les
mœurs pures, ni la grandeur d'ame, ni la
vieilleffe vénérable de mon Archevêque. Si
l'Evêque de Langres dans une maladie populaire qui faifoit du ravage à Chaumont,
accourut avec des Médecins & de l'argent,
& arrêta le cours de la maladie ; s'il a figna-
lé toutes les années de fon Epifcopat par les
actions de la charité la plus noble ; ce font
ces mêmes actions que j'ai empoifonnées. Si
l'Evêque de Marfeille, pendant que la con-
tagion dépeuploit cette Ville, & qu'il ne fe
trouvoit plus perfonne qui donnât la Sépul-
ture aux Morts, ni qui foulageât les Mou-
rants, alloit le jour & la nuit, les fecours tem-

porels d'une main, & Dieu dans l'autre, affronter de maison en maison, un danger beaucoup plus grand que celui où on est exposé
à l'attaque d'un chemin couvert ; s'il sauva
les tristes restes de ses Diocésains par l'ardeur
du zèle le plus attendrissant , & par l'excès
d'une intrépidité qu'on ne caractériseroit pas
sans doute assez, en l'apellant héroïque ; c'est
cet homme dont le nom sera beni avec admiration dans tous les âges ; ce sont ceux qui
l'ont imité que j'ai voulu décrier dans mes
petits Libelles diffamatoires.

Je supose pour un moment que le Jésui-
te qui entendroit cet aveu, eût à se plaindre de tous ceux qu'on vient de nommer,
qu'il fût le parent & l'ami du coupable, ne
lui diroit-il pas, vous avez commis un crime
horrible & vous ne pouvés trop l'expier. Ce
même homme, qui ne se corrigera pas, con-
tinuëra de calomnier tous les jours ce qu'il
y a de plus respectable sur la terre, & il ajoû-
tera à sa liste le Confesseur qui lui aura reproché ses excès. Il l'accusera, lui & sa Société, d'une Morale relâchée : c'est ainsi qu'en
use l'esprit de parti.

L'Auteur du Libelle peut, tant qu'il voudra, mettre mon nom dans le Recueil immense & oublié de ses calomnies, & il pourra m'imputer des sentimens que je n'ai jamais eûs, des Livres que je n'ai jamais faits,

ou qui ont été altérés indignement par les Editeurs : je lui répondrai comme le grand Corneille dans une pareille occafion : *je foumets mes Ecrits au jugement de l'Eglife.* Je doute qu'il en faffe autant. Je ferai bien plus, je lui déclarerai, à lui & à fes femblables, que fi jamais on a imprimé fous mon nom une page qui puiffe fcandalifer feulement le Sacriftin de leur Paroiffe, je fuis prêt de la déchirer devant lui ; & que je veux vivre & mourir tranquilement dans le fein de l'Eglife Catholique, Apoftolique & Romaine, fans ataquer perfonne, fans nuire à perfonne, fans fentir la moindre opinion qui puiffe offenfer perfonne. Je détefte tout ce qui peut porter le moindre trouble dans la Société. Ce font ces fentimens connus du Roi qui m'ont attiré fes bien-faits : comblé de fes graces, ataché à fa Perfonne Sacrée, chargé d'écrire, ce qu'il fait de glorieux & d'utile pour la Patrie. Uniquement occupé de cet emploi, je tâcherai, pour le remplir, de mettre en pratique les inftructions que j'ai reçûës dans votre Maifon refpectable ; & fi les régles de l'éloquence que j'ai aprifes fe font éfacées de mon efprit, le caractére de bon Citoïen ne s'éfacera jamais de mon cœur. On a vû, je crois, ce caractére dans tous mes Ecrits, quelques défigurés qu'ils foient par les ridicules éditions qu'on en a faites. La Henriade même n'a jamais

mais été exactement imprimée ; on n'aura probablement mes véritables Ouvrages qu'après ma mort. Mais j'ambitionne peu pendant ma vie de groffir le nombre des Livres dont on eft furchargé ; pourvû que je fois au nombre des honnêtes-gens, attachés à leurs Souverains, zèlés pour leur Patrie, fidèles à leurs amis dès l'enfance, & reconnoiffans envers leurs premiers Maîtres. C'eft dans ces fentimens que je ferai toûjours avec refpect,

MON REVEREND PERE,

*Votre très - humble &
très-obéïffant Serviteur.*

VOLTAIRE.

En 1746.

REFLEXIONS

SUR

LES MOINES.

QUAND je vois un Moine tondu,
A l'œil triste, à la face blême,
Qui pendant tout l'an fait Carême,
Au travail des mains assidu,
Qui chante long-tems au Pupitre,
Souvent se flagelle en Chapitre;
Bref, qui dans son Cloître encofré,
De tout plaisir est sequestré,
Sans compter le Prieur austére
Sous qui tremble le Monastére,
Je dis, en voïant ce Reclus,
Du Seigneur, tels sont les abus!
Mais si le Moine Quéneliste,
Cache sous son froc Janséniste,
Un esprit rebelle à la Foi,
Si le Caffart se rit sous cape,
Et des Evêques & du Pape,
Et du zèle ardent de son Roi,

Je le regarde avec éfroi,
Et lui dis, Moine fanatique,
Qui dans le troupeau Catholique
De tout Pasteur brave la Loi,
O que ta misérable vie
De maux affreux sera suivie !
Dis-moi, gibier de Belzébut,
De tes travaux quel est le but ?
N'est-tu pas fol d'aller au Diable
Par un chemin impraticable ?
Ton froc fera-t'il ton salut ?
Non ; ta stérile pénitence
Déja te damne par avance.
Malheureux, tu diras un jour,
L'Enfer m'avoit semblé trop court.

RE'PONSE

RÉPONSE
DE MONSIEUR
DE VOLTAIRE
A MONSIEUR
RACINE,

Sur son Poëme de la Grace.

 HER Racine, j'ai lû dans tes vers Didacti-
ques,
De ton Janſénius les Dogmes fanatiques;
Quelquefois je t'admire, & ne te crois en
rien:
Si ton ſtile me plaît, ton Dieu n'eſt pas le mien;
Tu m'en fais un tiran, je veux qu'il ſoit mon pere,
Ton hommage eſt forcé, mon culte eſt volontaire:
De ſon Sang mieux que toi je reconnois le prix,
Tu le ſers en eſclave, & je l'adore en fils.
Crois-moi, n'affecte plus une inutile audace,
Il faut comprendre Dieu, pour comprendre ſa
grace,
Soumettons nos eſprits, preſentons-lui nos cœurs,
Et ſoïons des Chrétiens, & non pas des Docteurs.

A VER

AVERTISSEMENT.

LEs deux Piéces fuivantes furent prefentées à l'Académie Françaife en 1714. au fujet du VOEU DE LOUÏS XIII. que LOUIS XIV. venoit d'acomplir, en faifant conftruire l'Autel de Notre-Dame de Paris. Celle de Mr. de VOLTAIRE ne remporta point le Prix. L'Académie la mit au-deffous de celle de l'Abbé du JARRI, que le Public trouva très-mauvaife : on a jugé à propos de l'inférer ici, afin que les connoiffeurs foient en état d'en faire la différence.

L'Académie ne s'apercevant point de tous les dé-fauts de cette Piéce, qui eft très-platte, & où l'on trouve des Pôles glacez & des Pôles brûlans, jugea à propos de la couronner.

Faut-il s'étonner que ceux qui ont le meilleur talent pour les Vers, ne veüillent plus compofer pour les Prix de l'Académie ?

ODE

ODE

DE MONSIEUR

DE VOLTAIRE,

SUR LE VŒU

DE

LOUIS XIII.

 U Roi des Rois la voix puiſſante,
S'eſt fait entendre dans ces lieux :
L'or brille, la toile eſt vivante,
Le marbre s'anime à mes yeux.
Prêtreſſes de ce Sanctuaire,
La Paix, la Piété ſincére,
La Foi ſouveraine des Rois,
Du Très-haut, filles immortelles,
Raſſemblent en foule autour d'elles
Les Arts animez par leurs voix.

O Vier-

O Vierges, compagnes des Juſtes,
Je vois deux Héros * proſternez
Dépoüiller leurs bandeaux auguſtes
Par vos mains tant de fois ornez ;
Mais quelle puiſſance céleſte
Imprime ſur leur front modeſte
Cette ſuprême Majeſté ?
Terrible & ſacré caractére,
Dans qui l'œil étonné révére
Les traits de la Divinité.

L'un voüa ces pompeux portiques,
Son Fils vient de les élever,
O que des projets héroïques,
Seul il eſt digne d'achever !
C'eſt lui, c'eſt ce Sage intrépide
Qui triompha du ſort perfide ;
Contre ſa vertu conjuré,
Et de la Diſcorde étouffée
Vient dreſſer un nouveau trophée
Sur l'Autel qu'il a conſacré. †

Tel autrefois la Cité ſainte,
Vit le plus ſage des mortels,

Du

---

* Les Statuës de L o u ï s XIII. & de L o u ï s XIV.
ſont aux deux côtez de l'Autel.
† La Paix de l'Empereur faite dans le tems que le
Chœur a été achevé.

Du Dieu qu'enferma son enceinte
Dreſſer les ſuperbes Autels.
Sa main redoutable & chérie,
Loin de ſa paiſible Patrie
Ecartoit les troubles affreux,
Et ſon autorité tranquile,
Sur un Peuple à lúi ſeul docile,
Faiſoit luire des jours heureux.

O toi, cher à notre mémoire,
Puiſque L o u ï s te doit le jour,
Deſcend du pur ſein de la gloire,
Des bons Rois immortel ſéjour ;
Revien ſur ces rives illuſtres,
Où ton fils depuis tant de luſtres
Porte ton Sceptre dans ſes mains :
Reconnois-le aux vertus ſuprêmes,
Qui ceignent de cent diadêmes
Son front reſpectable aux humains.

Vien, l'Héréſie inſinuante,
Le Duel armé par l'affront,
La révolte pâle & ſanglante,
Ici ne lévent plus leur front.
Tu vis leur cohorte éfrénée,
De leur haleine empoiſonnée,
Souffler leur rage ſur tes Lis.
Leurs dents, leurs flèches ſont briſées,

Tome I.   F f   Et

Et fur leurs têtes écrafées
Marche ton invincible Fils.

Vien fous cette voute nouvelle,
De l'Art, ouvrage précieux ;
Là brûle, allumé par fon zèle,
L'encens que tu promis aux Cieux.
Offre au Dieu que fon cœur révére,
Ses vœux ardents, fa Foi fincére,
Humble tribut de piété.
Voilà les dons que tu demandes,
Grand Dieu, ce font-là les Offrandes
Que tu reçois de ta bonté.

Les Rois font les vives images
Du Dieu qu'ils doivent honorer,
Tous lui confacrent des hommages,
Combien peu fçavent l'adorer ?
Dans une Offrande faftueufe
Souvent leur piété pompeufe
Au Ciel eft un objet d'horreur.
Sur l'Autel que l'orgueil lui dreffe,
Je vois une main vengereffe
Tracer l'Arrêt de fa fureur. *

Heureux le Roi que la Couronne

N'é-

* *Apparuerunt digiti quafi hominis fcribentis.*

N'éblouit point de sa splendeur,
Qui fidèle au Dieu qui la donne,
Ose être humble dans sa grandeur,
Qui donnant aux Rois des exemples
Au Seigneur éleve des Temples,
Des aziles aux malheureux,
Dont la clairvoïante Justice,
Démêle & confond l'artifice
De l'Hypocrite ténébreux.

Assise avec lui sur le Trône,
La Sagesse est son ferme apui ;
Si la Fortune l'abandonne,
Le Seigneur est toujours à lui.
Ses vertus seront couronnées
D'une longue suite d'années,
Trop courte encor à nos souhaits,
Et l'Abondance dans ses Villes,
Fera germer ses dons fertiles,
Cueillis par les mains de la Paix.

PRIERE

PRIERE

POUR LE ROI.

TOI qui formas LOUÏS de tes mains sa-
lutaires,

*Pour augmenter ta gloire & pour combler
nos vœux,*

Grand Dieu, qu'il soit encor l'apui de nos neveux,
Comme il fut celui de nos peres.

Templum de marmore ponam propter aquam.

Virgil. Georgic. lib. 3.

POEME

POËME

DE MONSIEUR

L'ABÉ DU JARRY. *

ENFIN le jour paroît où le saint Taber-
nacle
D'ornemens enrichi nous offre un beau
spectacle.
La mort ravit un Roi plein d'un projet si beau ;
Salomon est fidèle à David au tombeau.

Vien, ô Religion des mortels adorée,
Descend, fille du Ciel, de la voûte azurée,
Reçoi de tes enfans couronnez & soumis
Les dons offerts par l'un, & par l'autre promis.

Que j'aime à voir L o u ï s victorieux & calme,
La tête couronnée & d'olive & de palme,
A la source des dons offrir un saint tribut,
Et raporter à Dieu l'éclat qu'il en reçut.

Héros

* Voïez le Recueil des Piéces de Poësies, qui ont
remporté le Prix de l'Académie Françoise, depuis
1671. jusqu'à 1747. *in-douze*, *pag.* 191. à Paris, chez
Coignard.

F f 3

Héros religieux, des Princes le plus juste,
Digne Pere d'un Roi des Rois le plus auguste,
Voi sur la terre enfin tes saints Vœux accomplis,
Voi ta Religion dans celle de ton Fils.
Quel prodige! de l'art l'excellence admirée
Imite sur l'Autel la puissance qui crée.
Dieu parle, & le néant, que sa voix rend fécond,
Par mille êtres formez à ses ordres répond :
Du ténébreux cahos sort le visible Temple
Où tout offre sa gloire à l'œil qui le contemple.
Tels du docte artisan les desseins inventez
Passent de son esprit sur le bronze enfantez.
Une informe matiére en chef-d'œuvre est formée,
Le ciseau fait sortir la figure animée.
Marbre, jaspe, taillez sous le sacré lambris
A la sculpture antique y disputent le prix.
Monumens, de L o u ï s éternisez le zèle,
Egalez de son nom la durée immortelle.
Les chants de la victoire entonnez tant de fois
De l'Eglise & du monde ont rassemblé les voix.
Je voi parmi les dons de nos Chrétiens Monarques,
Flotter de leurs exploits les éclatantes marques.
Pompes des conquérans, drapeaux, disparoissez,
Ne nous rapellez plus cent peuples terrassez.
Le Dieu de paix préfére un pacifique hommage
A ceux que de la guerre ensanglante l'image,
Et d'un plus beau spectacle en ce jour glorieux,
La splendeur réjouït & la Terre & les Cieux.

O Vier-

O Vierge, souvien-toi de ce jour mémorable,
Où tremblant sous la main de ton Fils adorable,
Un Monarque pieux, vraiment Roi très-Chrétien,
Mit son sceptre roïal sous la garde du tien.
C'est un serment sacré qui te plut dans le Pere,
Que dans le Fils dégage un zèle héréditaire.
Voi son peuple avec lui devant toi prosterné
Lui demander encor ce Roi par lui donné.
Qu'en ce jour de l'encens la plus pure fumée
Remplisse du Seigneur la maison parfumée.
Que nos vœux pour Loüis jusques au Ciel montez,
Au Trône de ton Fils soient par tes mains portez.
Que la terre & le Ciel, que l'homme joint à l'Ange
Forme d'un saint concert l'harmonieux mélange;
Que par toutes les voix au Parnasse sacré
Par d'immortels accords L o u ï s soit célébré.
De cendres en ce jour couvrant son diadême,
Il ignore son rang, & se cache à lui-même.
Isles, vastes climats, lointaines régions,
Dont l'infidèle nuit couvre les Nations,
Pôles glacez, brûlans, où sa gloire connue
Jusqu'aux bornes du monde, est chez vous par-
    venue,
Puisse la Renommée, en louant ce grand Roi,
Porter jusques à vous un raïon de sa foi,
Et de sa piété l'exemple se répandre,
Autant que de son nom le bruit s'est fait entendre:
Voïez, non plus ce front où sur des traits guerriers

La fageffe triomphe au milieu des lauriers ;
Mais le Roi, qui defcend du char de la victoire,
Aime à voir devant Dieu difparoître fa gloire,
Joint l'humble adorateur au plus grand des hu-
    mains ,
S'unit aux dons offerts par fes roïales mains ,
Met au pié des Autels tous fes titres illuftres,
Offre au Ciel en tribut l'éclat de quinze luftres ,
Ce beau régne tiffu d'innombrables exploits ,
Et rend de tout l'hommage au Monarque des Rois.
Tel jadis adorant cette Couronne fainte ,
Qui du fang de l'Agneau montre l'épine teinte ,
L'Aïeul faint de L o u ï s pofoit fur les Autels
La Relique fans prix , vénérable aux mortels ;
Plus grand, lorfqu'il offroit dans les pompes facrées,
De l'innocent contrit les marques révérées ,
Le chef & le pié nud , l'œil , le front abbatu ,
Qu'au Trône & fous les dais de fplendeur revêtu.
Hé ! que font-ils, grand Dieu, fur leur Trône fragile,
Ces Rois , ces conquérans , que tu paîtris d'argile !
Que font-ils à tes yeux , quand par de vains préfens
Jufques fur les Autels ils reeherchent l'encens ?
Tu dédaignes , Seigneur , leurs fuperbes offrandes,
C'eft dans leurs riches dons leur foi que tu de-
    mandes ,
Et tu veux qu'un Héros des paffions vainqueur
En parant tes Autels t'en faffe un de fon cœur.
C'eft ce cœur infini , plus vafte que le monde ,

Que

Que pour Temple a choisi ta sagesse profonde.
Son hommage te plaît. Un signe heureux enfin
D'un déluge de sang nous annonce la fin.
Tu veux qu'au même jour un saint Vœu s'accomplisse,
     plisse,
Et que l'Hymne de joïe * au Temple retentisse.
Heureux jour , saint baiser , qui comblant nos souhaits
     souhaits
Unit la piété , la justice & la paix.

  * *Le* Te Deum *pour la Paix fut chanté le même*
jour que le Vœu fut accompli.

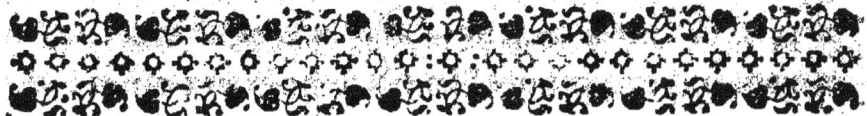

PRIERE
POUR LE ROI.

T<small>OUT</small> *le peuple, grand Dieu, devant toi*
      s'humilie,
De tes dons pour L<small>OUÏS</small> *renouvelle le cours:*
Plus ta clémence ajoûte au nombre de ses jours,
Plus nous avons besoin qu'elle les multiplie.
Pour prix de tes Autels, parez & rétablis,
Laisse croître & fleurir un rejetton de lys
A l'ombre des lauriers de sa roïale tige.
Joint aux ans de l'Aïeul ceux de l'auguste Enfant:
Qu'au régne de L<small>OUÏS</small> *tout tienne du prodige,*
Et qu'il soit aussi long, qu'illustre & triomphant.

LE VRAI DIEU.
ODE.
Par M. DE VOLTAIRE.

S E peut-il que dans ſes ouvrages
L'homme aveugle ait mis ſon apui,
Et qu'il prodigue ſes hommages
A des Dieux moins divins que lui ?
Juſqu'à quand, par d'affreux blaſphêmes,
Rendrons-nous des honneurs ſuprêmes
Aux métaux qu'ont formé nos mains ?
Juſqu'à quand l'encens de la terre
Ira-t'il groſſir le tonnerre
Prêt à tomber ſur les humains ?

Deſcends des demeures divines,
Grand Dieu, les tems ſont accomplis :
L'erreur enfin ſur ſes ruïnes
Va voir des Temples rétablis.
Un jour pur commence à paroître,
Sur la terre un Dieu vient de naître
Pour nous arracher au tombeau.
De l'Enfer, les Monſtres terribles,

Abaiſ-

Abaiſſant leurs têtes horribles,
Tremblent aux piés de ſon berceau.

Mais l'homme conſtant dans ſa rage,
S'opoſe à ſa félicité.
Amoureux de ſon eſclavage,
Il s'endort dans l'iniquité.
Je vois ſes mains infortunées,
Aux palmes du Ciel deſtinées,
S'offrir à des fers odieux.
Il boit dans la coupe infernale ;
Et l'épais venin qu'elle exhale,
Dérobe le jour à ſes yeux.

Ne peut-il des nuages ſombres
Percer la longue obſcurité ?
Son Dieu porte à travers les ombres
Le flambeau de la vérité.
Ouvre les yeux, homme infidelle,
Suis le Dieu puiſſant qui t'apelle ;
Mais tu te plais à l'ignorer ;
Affermi dans l'ingratitude,
Tu voudrois que l'incertitude
Te diſpenſât de l'adorer.

Mets le comble à tes injuſtices ;
Il n'eſt plus tems de reculer.
Ses vertus condamnent tes vices ;
Il faut le ſuivre, ou l'immoler.

L'erreur,

L'erreur, la colére, l'envie,
Tout s'est armé contre sa vie.
Que tardes-tu, perce son flanc,
De ses jours il t'a rendu maître;
Et qui l'a bien pu méconnoître,
Craindra-t'il de verser son sang?

Ciel! déja ta rage exécute
Ce qu'a présagé ma douleur.
Ton Juge, à tous les maux en bute,
Va succomber sous ta fureur.
Je vous vois, Victime innocente,
Sous le fais d'une Croix pesante,
Vous traîner jusqu'au triste lieu.
Tout est prêt pour le sacrifice :
Vous semblez, de vos maux complice,
Oublier que vous êtes Dieu.

O toi, dont la course Céleste
Annonce aux hommes ton Auteur,
Soleil, en cet état funeste,
Reconnois-tu ton Créateur?
C'est à toi de punir la terre :
Si le Ciel suspend son tonnerre,
Ta clarté doit s'évanouïr.
Va te cacher au sein de l'onde :
Peux-tu donner le jour au monde,
Quand ton Dieu cesse d'en jouïr.

Mais

Mais quel prodige me découvre
Les flambeaux obſcurs de la nuit ?
Le Voile du Temple s'entr'ouvre,
Le Ciel gronde, le jour s'enfuit.
La Terre, en abîmes ouverte,
Avec regret ſe voit couverte
Du ſang d'un Dieu qui la forma :
Et la nature conſternée
Semble à jamais abandonnée
Du feu divin qui l'anima.

Toi ſeul, inſenſible à tes peines,
Tu chéris l'inſtant de ta mort ;
Grand Dieu ! grace aux fureurs humaines,
L'Univers a changé de ſort.
Je vois des Palmes éternelles,
Croître en ces campagnes cruelles,
Qu'arroſa ton ſang précieux.
L'homme eſt heureux d'être perfide,
Et coupable d'un déïcide,
Tu nous fais devenir des Dieux.

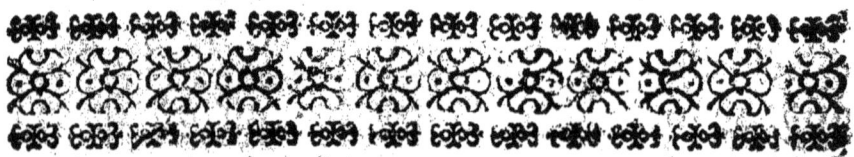

AU ROI
STANISLAS,

*Lorsqu'il traversa l'Empire, pour re-
monter sur le Trône de Pologne, après
la mort du Roi Auguste.*

L falloit un Monarque aux fiers enfans
  du Nord,
 Un peuple de Héros se pressoit pour l'é-
  lire;
Mais l'Aigle de Russie, & l'Aigle de l'Empire,
Menaçoient la Pologne & maîtrisoient son sort.
De la France aussi-tôt son Trône & sa Patrie,
La Vertu descendit aux champs de Varsovie;
Mars conduisoit ses pas, Vienne en frémit d'éfroi,
La Pologne à genoux courut la reconnaître :
Peuple né, lui dit-elle, & pour Mars & pour moi,
De nos mains à jamais recevez votre Maître,
Stanislas à l'instant, vint, parut, & fut Roi.

VERS

VERS

A LA LOUANGE

DE PHILIPPE

DUC D'ORLEANS,

RÉGENT DE FRANCE,

Lors de la Minorité de LOUIS XV.
Roi de France.

A UPRE's du jeune Roi regardez ce Héros,
Propre à tous les emplois, né pour tous les travaux ;
Son esprit éclairé, peu connu du vulgaire,
De l'art de gouverner possède le mistére.
Les Arts sont étonnez de marcher sur ses pas,
Avec la Politique & le Dieu des combats :
Sans besoin de Ministre, il fait tout par lui-même ;
Maître de ses Voisins, sa clémence est extrême ;

Toute

Toute l'Europe entiére apuſant ſon pouvoir,
Céde à ſes volontez ſans s'en apercevoir ;
Il a tous les talens de Sujet & de Maître ;
Il n'eſt pas Roi, mon Fils, mais il enſeigne à l'être.

EPITRE

EPITRE

AU MÊME.

PRINCE, chéri des Dieux, toi qui fers
    aujourd'hui
De pere à ton Monarque, à fon Peuple
    d'appuie,
Toi qui de tout l'Etat portant le poids immenfe,
Immole ton repos à celui de la France;
Philippe, ne crois point dans ces jours ténébreux,
Plaire à tous les Français que tu veux rendre heu-
    reux,
Aux Princes les plus grands, comme aux plus beaux
    ouvrages,
Dans leur gloire naiffante il manque des fuffrages,
Et qui de fa vertu reçut toujours le prix ?
Il eft chez les Français de ces fombres efprits,
Cenfeurs extravagans d'un fage miniftére,
Incapables de tout, à qui rien ne peut plaire.
Dans leurs caprices vains, triftement affervis,
Toujours du nouveau Maître ils font les ennemis;
Et n'aïant d'autre emploi que celui de médire,
L'objet le plus augufte irrite leur fatyre.
Ils voudroient de cet aftre éteindre la clarté,

Et

Et se venger sur lui de leur obscurité.

Ne crains point leur poison, quand tes soins poli-
    tiques

Auront réglé le cours des affaires publiques;

Quand tu verras nos cœurs justement enchantez

Au-devant de tes pas, volant de tous côtez,

Les cris de ces frondeurs à leur chagrin en proïe,

Ne seront point ouïs parmi nos cris en joïe.

Mais dédaigne, ainsi qu'eux, les serviles flâteurs,

De la gloire d'un Prince infâmes corrupteurs.

Que ta mâle vertu méprise & desavouë,

Le méchant qui te blâme, & le fat qui te louë,

Toujours indépendant du reste des humains,

Un Prince tient sa gloire ou sa honte en ses mains;

Et quoiqu'on veüille enfin le servir ou lui nuire,

Lui seul peut s'élever, lui seul peut se détruire.

En vain contre Henri la France a vû long-tems

La calomnie affreuse exciter ses serpens.

En vain de ses Rivaux les fureurs Catholiques

Armérent contre lui des mains Apostoliques;

Et plus d'un Monachal & servile Ecrivain,

Vendit pour l'outrager, sa haine & son venin.

La gloire de Henri par eux n'est point flétrie.

Leurs noms sont détestez, sa mémoire est chérie.

Nous admirons encor sa valeur, sa bonté,

Et long-tems dans la France il sera regretté.

Cromwel d'un joug terrible accablant sa Patrie,

Vit bien-tôt à ses piés ramper la flâterie.

Ce Monftre politique au Parnaffe adoré,
Teint du fang de fon Roi fut aux Dieux comparé.
Mais malgré les fuccès de fa prudente audace,
L'Univers indigné démentoit le Parnaffe ;
Et de Waller enfin les écrits les plus beaux,
D'un illuftre Tiran n'ont pu faire un Héros.
Prince, ne crois donc point que les hommes vul-
     gaires
Qui prodiguent aux Grands des écrits mercenaires,
Impofent par leurs Vers à la poftérité,
Soient les difpenfateurs de l'immortalité.
Tu peux, fans qu'un Auteur te critique ou t'encenfe,
Jetter les fondemens du bonheur de la France,
Et nous verrons un jour l'équitable Univers
Pefer tes actions, fans confulter nos Vers.
Que dis-je, fans les Vers, un Héros fans l'Hiftoire,
Peut même à l'avenir tranfmettre fa mémoire.
Taifez-vous, s'il fe peut, illuftres Ecrivains,
Inutiles apuis de fes honneurs certains.
Tombez, marbres vivans, que d'un cizeau fidèle,
Anima fur fes traits la main d'un Praxitèle.
Que tous ces Monumens foient par tout renverfez,
Il eft grand, il eft jufte, on l'aime, c'eft affez.
Mieux que dans nos écrits, & mieux que fur le cuivre,
Ce Héros dans nos cœurs à jamais doit revivre.
L'heureux Vieillard en paix, dans fon lit expirant,
De ce Prince, à fon Fils, fait l'éloge en pleurant.
Le Fils encore tout plein de fon règne adorable,

Le vante à ſes Neveux ; & ce nom reſpectable,
Ce nom dont l'Univers aime à s'entretenir,
Paſſe de bouche en bouche aux ſiécles à venir.
C'eſt ainſi qu'on dira dans la race future,
Philippe eut un cœur noble, ami de la droiture.
Politique & ſincére, habile & généreux,
Conſtant quand il falloit rendre un mortel heureux;
Irréſolu, changeant, quand le bien de l'Empire
Au malheur d'un ſujet le forçoit à ſouſcrire.
Affable avec nobleſſe, & grand avec bonté,
Il ſépara l'orgueil d'avec la Majeſté.
Et le Dieu des combats, & la docte Minerve,
De leurs preſens divins le combloient ſans réſerve.
Capable également d'être avec dignité,
Et dans l'éclat du Trône, & dans l'obſcurité.
Voilà ce que de toi mon eſprit ſe préſage.
O toi, de qui ma plume a craïonné l'image ;
Toi de qui j'atendois ma gloire & mon apui,
Ne chanterai-je donc que le bonheur d'autrui ?
En peignant ta vertu, plaindrai-je ma miſére ?
Bien-faiſant envers tous, envers moi ſeul ſévére,
D'un exil rigoureux tu m'impoſe la loi,
Mais j'oſe de toi-même en apeller à toi.
Devant toi je ne veux d'apui que l'innocence,
J'implore ta juſtice, & non point ta clémence.
Lis ſeulement ces Vers, & juge de leur prix,
Vois ce que l'on m'impute & ce que je t'écris.
La libre vérité qui régne en mon ouvrage,

D'une

D'une ame fans reproche est le noble partage;

Et de tes grands talens, le fage eftimateur,

N'eft point de ces couplets l'infame & vil Auteur.

Philippe, quelquefois fur une toile antique,

Si ton œil pénétrant jette un regard critique,

Par l'injure du tems le portrait éfacé,

N'en cachera jamais la main qui l'a tracé.

D'un choix judicieux difpenfant la louange,

Tu ne confondras point Vignon & Michel Ange,

Prince, il en eft ainfi chez nous autres rimeurs.

Et fi tu connoiffois mon efprit & mes mœurs,

D'un Peuple de Rivaux l'adroite calomnie,

Me chargeroit en vain de leur ignominie.

Tu les démentirois; & je ne verrois plus

Dans leurs craïons groffiers mes pinceaux confon-
        dus.

Tu plandrois par leurs cris ma jeuneffe oprimée.

A verfer les bienfaits ta main acoutumée,

Peut-être de mes maux voudroit me confoler,

Et me protégeroit au lieu de m'accabler.

VERS
A MONSIEUR
LE MARQUIS
DE SADE,

Lequel a épousé Mlle. Carman, & qui est parti pour l'Armée, avec M. de Villars.

Ous suivez donc les étendarts
De Bellone & de l'Hymenée,
Vous vous enrôlez cette année,
Et sous Carman, & sous Villars;
Le Doïen des Héros, une beauté novice
Vont vous occuper tour à tour,
Et vous nous aprendrez un jour,
Quel est le plus rude service,
Ou de Villars ou de l'Amour.

RE'PONSE.

RÉPONSE.

MI, je suis les Etendarts
De Bellone & de l'Hymenée ;
Si je quitte une Epouse aimée,
C'est pour voir triompher Villars.
Mars & l'Amour me trouveront novice ;
Mais je m'instruirai tour-à-tour ;
Avec Villars, des rigueurs du Service ;
Avec Carman, des douceurs de l'Amour.

FRAGMENT

FRAGMENT D'ARTEMIRE,

TRAGÉDIE.

La Reine faussement accusée d'adultére par Pallante, se justifie auprès du Roi son mari.

SCENE

ARTEMIRE, CASSANDRE, CEPHISE.

ARTEMIRE.

 U suis-je, où vais-je ? ô Dieux ! je me
meurs... je le vois.

CEPHISE.

Avançons.

ARTEMIRE.

Ciel!

CASSANDRE.

Eh bien, que voulez-vous de moi ?

CEPHISE.

Dieux puiſſans, protégez une Reine innocente.

ARTEMIRE.

Vous me voïez, Seigneur, interdite & mourante,
Je n'oſe juſqu'à vous lever un œil tremblant,
Et ma timide voix expire en vous parlant.

CASSANDRE.

Levez-vous & quittez ces indignes allarmes.

ARTEMIRE.

Hélas ! je ne viens point, par d'impuiſſantes larmes,
Craignant votre juſtice & fuïant le trépas,
Mandier un pardon que je n'obtiendrois pas,
La mort à mes regards s'eſt déja preſentée,
Tranquille, & ſans regret, je l'aurois acceptée :
Faut-il que votre haine, ardente à me ſauver,
Pour un ſort plus affreux m'ait voulu réſerver ?
N'étoit-ce pas aſſez de me joindre à mon pere,
Au-delà de la mort étend-on ſa colére ?
Ecoutez-moi du moins, & ſouffrez à vos piés,
Ce malheureux objet de tant d'inimitiez.
Seigneur, au nom des Dieux, que le parjure offenſe,
Par le Ciel qui m'entend, qui ſçait mon innocence,
Par votre gloire enfin que j'oſe en conjurer,
Donnez-moi le trépas, ſans me deshonorer.

CAS-

C A S S A N D R E

N'en accufez que vous, quand je vous rends juftice,
La honte eft dans le crime & non dans le fuplice;
Levez-vous, & quittez un entretien fâcheux,
Qui redouble ma honte & nous pefe à tous deux.
Voilà donc le fecret dont vous vouliez m'inftruire?

A R T E M I R E.

Eh que me fervira, Seigneur, de vous le dire!
J'ignore, en vous parlant, fi la main qui me perd
Dans ce projet affreux vous trahit ou vous fert,
J'ignore fi vous-même, en pourfuivant ma vie,
N'avez point de Pallante armé la calomnie.
Hélas, après deux ans de haine & de malheurs,
Souffrez quelques foupçons qu'excufent vos ri-
        gueurs,
Mon cœur même en fecret refufe de les croire,
Vous me deshonorez, & j'aime votre gloire;
Je ne confondrai point Pallante & mon époux,
Je vous refpecte encor en mourant par vos coups;
Je vous plains d'écouter le monftre qui m'acufe,
Et quand vous m'oprimez, c'eft moi qui vous ex-
        cufe;
Mais fi vous apreniez que Pallante aujourd'hui
M'offroit contre vous-même un criminel apui,
Que Ménas à mes piés craignant votre juftice,
D'un heureux fcélérat, infortuné complice,
Au nom de ce perfide imploroit... mais hélas!

Vous détournez les yeux & ne m'écoutez pas.

CASSANDRE.

Non, je n'écoute point vos lâches impoſtures,
Ceſſez, n'empruntez point le ſecours des parjures,
C'eſt bien aſſez pour moi de tous vos attentats;
Par de nouveaux forfaits ne les défendez pas;
Auſſi-bien ç'en eſt fait, votre perte eſt certaine,
Toute plainte eſt frivole, & tout excuſe vaine.

ARTEMIRE.

Hélas! voilà mon cœur, il ne craint point vos coups;
Faites couler mon ſang, barbare, il eſt à vous:
Mais l'hymen dont le nœud nous unit l'un à l'autre,
Tout malheureux qu'il eſt, joint mon honneur au
    votre;
Pourquoi de tel affront voulez-vous vous couvrir?
Laiſſez-moi chez les morts deſcendre ſans rougir,
Croïez que pour Ménas une flâme adultére,..

CASSANDRE.

Si Ménas m'a trahi, Ménas a dû vous plaire,
Votre cœur m'eſt connu mieux que vous ne penſez;
Ce n'eſt pas d'aujourd'hui que vous me trahiſſez.

ARTEMIRE.

Eh bien connoiſſez donc mon ame toute entiére;
Ne cherchez point ailleurs une triſte lumiére:
De tous mes attentats je vais vous informer;
Ouï, Caſſandre, il eſt vrai, je n'ai pû vous aimer,

Je vous le dis fans feinte, & cet aveu fincére
Doit peu vous étonner & doit peu vous déplaire;
Et quel droit en éfet aviez-vous fur mon cœur
Qui ne voïoit en vous que fon perfécuteur?
Vous qui de tous les miens ennemi fanguinaire,
Avez jufqu'en mes bras affaffiné mon pere,
Vous que je n'ai jamais abordé fans éfroi,
Vous dont j'ai vû le bras toujours levé fur moi;
Vous, Tyran foupçonneux, dont l'affreufe injuftice
M'a conduite au trépas, de fuplice en fuplice,
Je n'ai jamais de vous reçû d'autres bienfaits,
Vous le favez, Caffandre, aprenez mes forfaits.
Avant qu'un nœud fatal à vos loix m'eut foumife,
Pour un autre que vous mon ame étoit éprife;
J'étouffai dans vos bras un amour trop puiffant,
Je le combats encore, & même en ce moment:
Ne vous en flâtez point; ce n'eft pas pour vous
      plaire,
Vous êtes mon époux; votre gloire m'eft chére,
Mon devoir me fuffit, & ce cœur innocent
Vous a gardé fa foi, même en vous haïffant.
J'ai fait plus; ce matin à la mort condamnée,
J'ai pû brifer les nœuds d'un funefte himenée,
Je tenois dans mes mains l'Empire & votre fort,
Si j'avois dit un mot, on vous donnoit la mort.
Vos peuples indignez alloient me reconnoître,
Tout m'en follicitoit, je l'aurois dû peut-être,
Du moins par votre exemple inftruit aux attentats,

J'ai pû rompre des loix que vous ne gardez pas,
J'ai voulu cependant respecter votre vie,
Je n'ai considéré, ni votre barbarie,
Ni mes périls presens, ni mes malheurs passez,
J'ai sauvé mon époux : vous vivez ; c'est assez.
Le tems qui perce enfin la nuit la plus obscure,
Peut-être éclaircira cette horrible avanture,
Et vos yeux recevant une triste clarté,
Verront trop tard un jour luire la vérité :
Vous connoîtrez alors tous les maux que vous
        faites,
Et vous en frémirez, tout Tyran que vous êtes.

AUTRE

AUTRE FRAGMENT
DE LA
TRAGÉDIE
D'ARTEMIRE.

Voila quelle eſt ſouvent la vertu d'une
femme,
L'honneur peint dans ſes yeux, ſemble
être dans ſon ame :
Mais de ce faux honneur les dehors faſtueux,
Ne ſervent qu'à cacher la honte de ſes feux.
A ſon Amant chéri prodiguant ſa tendreſſe,
Ses yeux n'ont pour autrui qu'une auſtére rudeſſe,
Et l'Amant rebuté prend ſouvent pour vertu,
Les fiers dédains d'un cœur qu'un autre a corrompu.

SUR

SUR
LE BIRIBI,
A MADAME DE***.

L eſt au monde une aveugle Déeſſe
Dont la Police a briſé les Autels,
C'eſt du Hocca, la fille enchantereſſe,
Qui ſous l'apas d'une feinte careſſe
Va ſéduiſant tous les cœurs des mortels.
De cent couleurs bizarément ornée,
L'argent en main elle marche la nuit,
Au fond d'un ſac elle a la deſtinée,
De ſes Suivans que l'intérêt ſéduit;
Monconſeil en riant par la main la conduit;
La froide Crainte & l'Eſpérance avide,
A ſes côtez marchent d'un pas timide.
Le Repentir à chaque inſtant la ſuit,
Mordant ſes doigts & grondant la perfide;
Belle Philis, que votre aimable cœur
A nos regards offre de différence!
Les vrais plaiſirs brillent dans ce ſéjour,
Et pour jamais banniſſant l'eſpérance,

Tou-

Toujours vos yeux y font régner l'Amour.
Du Biribi la Déeſſe infidelle,
Sur mon eſprit n'aura plus de pouvoir,
J'aime encor mieux vous aimer ſans eſpoir,
Que d'eſpérer nuit & jour avec elle.

SUR
LA TRAGÉDIE
DE
JULES-CÉSAR,
Par M. DE VOLTAIRE.

E'SAR est bienfaisant, vertueux, magna-
nime;

Et s'il n'étoit Tyran, César feroit fans crime.

Brutus femble aux Français un traître, un inhumain,

Mais Rome, dans Brutus, reconnaît un Romain.

EPIGRAMME

EN INPROMPTU,

SUR L'OPÉRA

DE JEPHTÉ.

QUE le Vieux Testament, ô Ciel, est en-
nuïeux !

Que l'Eternel est triste, & le Public profane !

En vain pour nous sauver l'Arche descend des
Cieux,

Montéclair est là qui nous damne.

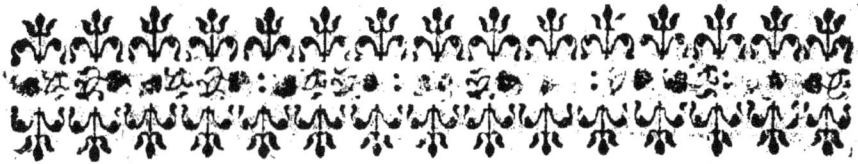

VERS

A MONSIEUR

SYLVA,

MEDECIN DU ROI,

En lui envoïant son Portrait.

 U Temple d'Épidaure on offroit les
    Images.
Des Humains conservez & guéris par les
   Dieux :
Sylva, qui de la mort est le maître comme eux,
  Mérite les mêmes hommages.
Esculape nouveau, mes jours sont tes bienfaits,
Tu revois ton ouvrage en revoïant mes traits.

SUR

SUR
L'AMOUR.

Qui que tu fois, voilà ton Maître ;
Il l'eft, le fut, ou le doit être.

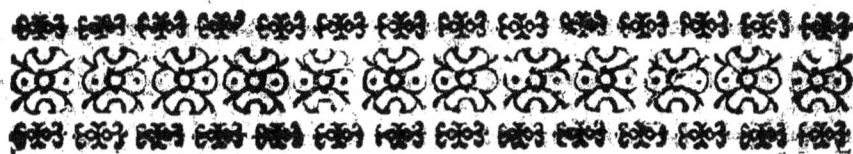

VERS

SUR

LE PORTRAIT

DE MONSIEUR

DE MAUPERTUIS.

LE Globe mal connu qu'il a sçu mesurer,
Devient un monument où sa gloire se fonde;
Son sort est de fixer la figure du monde,
De lui plaire & de l'éclairer.

VERS
A M. BERNARD,
POËTE.

N ce païs trois Bernards font connus;
L'un eft ce Saint, ambitieux reclus,
Prêcheur adroit, grand fabriqueur d'o-
      racles :
L'autre Bernard, eft celui de Plutus,
Bien plus grand Saint, faifant plus de miracles;
Et le troifiéme eft l'enfant de Phœbus,
Gentil Bernard, dont la Mufe féconde
Doit faire encor les délices du Monde,
Quand des deux Saints on ne parlera plus.

EPIGRAMME

SUR

L'ABBÉ PELLEGRIN.

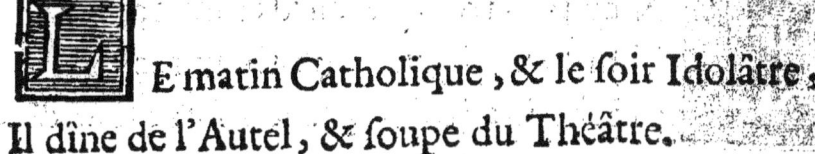

LE matin Catholique, & le foir Idolâtre,
Il dîne de l'Autel, & foupe du Théâtre.

L'ART
ET
LA NATURE.

'ART dit un jour à la Nature,
　Vous n'égalez jamais les œuvres de mes
　　mains,
　Vous agissez sans choix, vous marchez
　　sans desseins;
　Que feriez-vous sans ma parure?
Un teint flétri par vous s'embellit par mon fard.
C'est moi qui d'une Prude arrange la sagesse,
Aux Coquettes beautés j'inspire la finesse,
　Je conduis sous mon étendart,
　Et les beaux Esprits & les Belles.
J'ai seul dicté sans vous les Vers de Fontenelle
　Et les Fables du Sieur Houdart.
Ainsi, belle Dussé, l'Art se croïoit le maître,
Et le monde à son char paroissoit s'attacher;
　Mais la Nature vous fit naître,
　Et l'Art confus s'alla cacher.

HARAN-

HARANGUE

DE MONSIEUR

DE VOLTAIRE,

Prononcée par un Acteur, quelques jours après la mort de Mademoiselle le Couvreur, le jour de la clôture du Théâtre.

Essieurs, vous savez combien il est difficile de représenter dignement nos Personnages ; mais oser parler devant vous en notre nom, même dépouillez des ornemens & de l'illusion qui nous soutiennent, (l'Acteur qui fait cette Harangue est en habit de Ville) c'est une hardiesse, je ne le sens que trop bien ici, qui a besoin de toute votre indulgence.

Jamais le Public n'a été si éclairé en tout genre ; jamais les Arts n'eurent besoin de plus d'éforts, & peut-être seroient-ils découragez, si vous aviez une sévérité proportionnée à vos lumiéres ; mais vous aportez ici cette vraïe justice,

juſtice, qui panche toujours plutôt vers la bonté
que vers la rigueur. Plus vous connoiſſez l'Art,
plus vous en ſentez les difficultez. Le ſpecta-
teur ordinaire exigeroit qu'on lui plût toujours, ſemblable à l'homme ſans expérience, qui atend des plaiſirs dans toutes les cir-
conſtances de ſa vie; le juge éclairé daigne
ſe contenter qu'on le ſatisfaſſe quelquefois.

Vous démêlez & vous aplaudiſſez une beauté, au milieu même des défauts qui vous choquent. Telle eſt ſur-tout votre équité, qu'il
n'y a point de Cabale qui puiſſe ſoutenir ce
que vous condamnez, ni faire tomber ce que
vous aprouvez.

Que ne puis-je, Meſſieurs, étudier avec
fruit votre goût ſage & épuré, qui a banni
l'enflure de l'Art de reciter, comme de celui
d'écrire, vous voulez qu'on vous peigne par
tout la Nature; mais la Nature noble & em-
bellie par l'Art, telle que vous la repreſentoit
cet excellent Auteur (Baron) qui vous plai-
ſoit encore au bout d'une ſi longue carriére.
(Il jouoit à 80. ans.)

Ici, Meſſieurs, je ſens que vos regrets re-
démandent cette Actrice inimitable, qui avoit
preſque inventé l'Art de parler au cœur, &
de mettre du ſentiment & de la vérité, où
l'on ne mettoit guéres auparavant que de la
pompe & de la déclamation.

Mademoiſelle le Couvreur (Voltaire venoit

noit d'en recevoir les derniers foupirs) fouf-
frez-nous la confolation de la nommer, faifoit fentir dans fes Perfonnages toute la délicateffe, toute l'ame, toutes ces bienféances
que vous défirez. Elle étoit digne de parler
devant vous, Meffieurs.

Parmi ceux qui daignent ici m'entendre,
plufieurs l'honoroient de leur amitié ; ils fçavent qu'elle faifoit l'ornement de la Société,
comme celui du Théâtre. Et ceux qui n'ont
connu en elle que l'Actrice, peuvent bien
juger par le degré de perfection où elle étoit
parvenuë, que non - feulement elle avoit
beaucoup d'efprit ; mais encore l'art de rendre l'efprit aimable.

Vous êtes trop juftes, Meffieurs, pour ne
pas regarder ce tribut de louanges, comme un
devoir. J'ofe même dire, qu'en la regrétant,
je ne fuis que votre interpréte.

BILLET
DE MONSIEUR
DE VOLTAIRE,
A LA
PRINCESSE ULRIQUE,
A BERLIN.

Souvent un peu de vérité
Se mêle au plus grossier mensonge;
L'autre nuit, dans l'erreur d'un songe,
Au rang des Rois j'étois monté;
Je vous aimois, & j'osois vous le dire.
A mon réveil, tout ne m'a pas été ôté,
Je n'ai perdu que mon Empire.

EPITRE

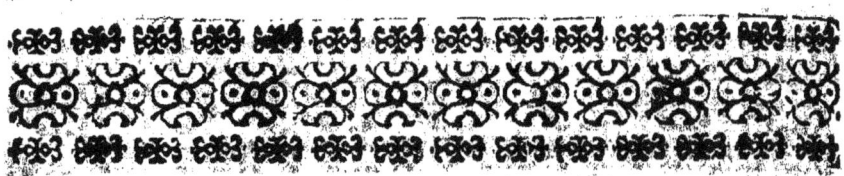

EPITRE
AU ROI,

Présentée à SA MAJESTÉ, au Camp devant Fribourg.

OUS, dont l'Europe entiére aime ou
    craint la Justice,
Brave & doux à la fois, prudent sans ar-
    tifice,
Roi néceffaire au monde, où portez-vous vos pas ?
De la fiévre échapé, vous courez aux combats !
Vous volez à *Fribourg* ! En vain la *Peironie* (*)
Vous difoit : » Arrêtez, ménagez votre vie,
» Il vous faut du régime, & non des foins guerriers,
» Un Héros peut dormir couronné de lauriers.
Le zèle a beau parler, vous n'avez pû le croire.
Rebelle aux Médecins, & fidèle à la gloire,
Vous bravez l'Ennemi, les affauts, les faifons,
Le poids de la fatigue, & le feu des canons.

Tout

(*) *Premier Chirurgien du Roi.*

Tout l'Etat en frémit, & craint votre courage.
Vos Ennemis, grand Roi, le craignent davantage.
Ah, n'éfraïez que *Vienne*, & raffurez *Paris* !
Rendez, rendez la joïe à vos Peuples chéris.
Rendez-nous ce Héros, qu'on admire & qu'on aime.
　Un Sage nous a dit, que le feul bien fuprême,
Le feul bien, qui du moins reffemble au vrai bon-
　　heur,
Le feul digne de l'homme, eft de toucher un cœur.
Si ce Sage eût raifon, fi la Philofophie
Plaça dans l'amitié le charme de la vie,
Quel eft donc (juftes Dieux !) le deftin d'un bon
　　Roi,
Qui dit, fans fe flâter : Tous les cœurs font à moi ?
A cet empire heureux qu'il eft beau de prétendre !
Vous qui le poffédez, venez, daignez entendre,
Des bornes de l'*Alface* aux remparts de *Paris*,
Ce cri que l'amour feul forme de tant de cris.
Accourez, contemplez ce Peuple dans la joïe,
Beniffant le Héros que le Ciel lui renvoïe.
Ne le voïez-vous pas, tout ce Peuple à genoux,
Tous ces avides yeux qui ne cherchent que vous,
Tous ces cœurs enflâmez volant fur notre bouche ?
C'eft-là le vrai triomphe, & le feul qui vous tou-
　　che.
　Cent Rois au Capitole en efclaves traînés,
Leurs Villes, leurs Trefors, & leurs Dieux enchaï-
　　nés,
Ces

Ces Chars étincelans, ces Prêtres, cette Armée,
Ce Sénat insultant à la terre oprimée,
Ces Vaincus envoïez du spectacle au cercueil,
Ces triomphes de Rome étoient ceux de l'orgueil :
Le vôtre est de l'Amour, & la gloire en est pure ;
Un jour les éfaçoit, le votre à jamais dure.
Ils éfraïoient le monde, & vous le rassurez,
Vous, l'image des Dieux, sur la terre adorés ;
Vous, que dans l'âge d'or elle eût choisi pour
    Maître.
Goûtez les jours heureux que vos soins font re-
    naître.
Que la Paix florissante embellisse leurs cours.
Mars fait des jours brillans, la Paix fait les beaux
    jours.
Qu'elle vole à la voix du Vainqueur qui l'apelle,
Et qui n'a combattu que pour nous & pour elle.

               1. Novembre 1744.

RÉPONSE

DU REVEREND PERE

DE LA TOUR

A MONSIEUR

DE VOLTAIRE.

MONSIEUR,

J'AI reçu la Lettre si judicieuse, si belle, & si touchante, dont vous venez de m'honorer, & je l'ai vûë avec autant de reconnoissance, que de plaisir & d'admiration, puisqu'elle est tout à la fois l'ouvrage de la raison, l'apologie de la vérité, & l'expression fidèle des sentimens les plus vertueux. Dans l'usage que nous en ferons, Monsieur, nous consulterons moins nos intérêts que votre gloire : rien ne peut donner plus de consolation à tout ce qui aime la Vertu, le Bien, la Religion, que de voir les talens les plus connus plaider leur défense avec tant de zèle & d'onction.

A notre égard, nous ne pouvons être qu'infiniment touchez de la juſtice que vous nous rendez ; elle entretiendra notre émulation ; elle l'augmentera même. Nous tâcherons de conſerver ce même eſprit qui nous mérite votre eſtime : nous n'ambitionnons aucune des pompeuſes chimères que la malignité & la ſotiſe continuent à nous attribuer, avec une perſévérance auſſi odieuſe qu'affligeante pour l'humanité : nous conſacrons & nos forces & nos peines , nous bornons tous nos vœux à tranſporter & à diſtribuer dans tous les Etats , par tout ce que nous avons l'honneur d'élever , le règne de la Religion & de la Vertu ; l'Amour du Souverain , de la Patrie , des devoirs ; le goût des travaux utiles ; la douceur & l'honnêteté des mœurs ; & ces principes invariables , qui font penſer à agir avec ſuite pour le repos commun de la Société & des Familles. Je ne ſai point ſi la perſécution ſe laſſera de nous éprouver , mais j'eſpére qu'elle ne nous découragera jamais.

Quoíque je ne puiſſe , Monſieur , attribuer l'honneur que vous me faites de vous adreſſer à moi, qu'à la place que je remplis , je n'en ſuis pas moins ſenſible à une attention qui m'honore infiniment ; je voudrois bien mériter perſonnellement cette diſtinction : peut-être n'en ſuis-je pas ſi indigne, ſi vous avez la bonté de ne conſulter , pour l'accorder , que les qualités du cœur & que l'eſtime auſſi étenduë que reſpectueuſe avec laquelle j'ai l'honneur d'être , &c.

LET-

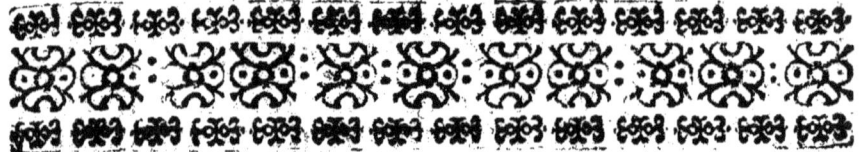

LETTRE

DE MONSIEUR

DE VOLTAIRE

A MONSIEUR

L'INTENDANT DE LION,

Pour lui recommander un Juif, dont le Valet avoit été arrêté aux Portes de la Ville, saisi de Marchandises de contrebande.

BEN I soit, Monsieur, l'Ancien Testament, qui me fournit l'ocasion de vous assurer que de tous ceux qui adorent le Nouveau, il n'est personne qui vous soit plus ataché que moi. Un des Descendants de Jacob, honnête Fripier, qui atend le Messie fermement, atend aussi votre protection, dont il a plus de besoin.

Les

Les gens du premier métier de St. Mathieu,
qui fouillent les Juifs & Chrétiens aux Portes de votre Ville, ont faifi je ne fçai quoi
dans les culotes d'un Page Ifraëlite, aparte-
nant au Circoncis, qui aura l'honneur de
vous remettre ce Billet en toute humilité.
Permettez-moi de joindre mes inflances aux
fiennes. Je n'ai fait que vous entrevoir à
Paris, comme Moïfe fit Dieu. Il me feroit
bien doux de vous voir face à face, fi le mot
de face eft fait pour moi ; confervez vos bontez à votre ancien & éternel ami, VOLTAI-
RE, qui vous aime de tout fon cœur.

EPITRE

EPITRE
DE MONSIEUR
THIRIOT,
A M. D. ***.

En Juin 1717. *

 E vous écris, mon cher, pour vous
remercier de nous avoir donné fou-
vent de vos nouvelles, & pour vous
demander pardon de ne vous avoir
pas écrit.

Sans vous ennuïer par l'histoire,
Si chacun s'est bien diverti,
Depuis que vous êtes parti,
Pour aller aux rives de Loire:

Sça-

* Comme M. Tiriot est lié d'amitié avec M. de
Voltaire, son bienfaiteur, on a jugé à propos d'inférer son Epitre dans le Recueil de ses Œuvres. L'on
se flâte qu'elle sera reçuë favorablement du Public.

H h 3

Sçachez de nous en racourci,
Que nous nous occupons ici
A dreſſer un Exécutoire,
Une Requête, un Compulſoire ;
Ou bien d'un Procès obſcurci,
Par quelque Nullité notoire,
Dont nous nous chargeons la mémoire
Débroüiller le *Car*, & le *Si* ;
N'aïant à faire en tout ceci
Qu'à Chicaneurs, gens d'écritoire,
Qui nous païent d'un grand merci.

    Or, vous devez aiſément croire,
Qu'en travaillant à tel grimoire,
Nous avons peu de tems ; qu'ainſi,
L'ennui nous acableroit, ſi
Quelquefois des gens ſans ſouci,
Ne diſſipoient notre humeur noire,
Par leur entretien, comme auſſi
A force de rire & de boire.

    Plus heureux de votre côté,
Loin du tumulte de la Ville,
Et plus juſtement enchanté,
Goûtez bien l'étude facile,
Que vous procure votre azile,
Cherchant plutôt par goût que par néceſſité,
Le Vrai, l'Agréable, & l'Utile,
Qu'on puiſe dans le ſein fertile
Des Auteurs de l'antiquité,

                                          Dont

Dont j'ai peu ou prou profité.
Peu, très-fûrement pour le ftile ;
Mais d'où pourtant j'ai raporté
Certain efprit de liberté,
Exempt du préjugé fervile,
Dont le Vulgaire eft infecté.
Avec une vertu docile,
A foutenir l'adverfité,
Dans un malheureux domicile,
Où je fuis en fociété
D'Ignorans, dont le plus habile
Entend l'Ordonnance Civile,
Qu'il a plus fouvent commenté,
Que Térence, Horace, ou Virgile.

Je fuporterois plus tranquilement l'ennui que me caufent ces Meffieurs, fi la perte de mes amis n'achevoit de m'acabler tout-à-fait. G… part pour Rome ; nous fommes fort aifes de ce voïage, par raport à lui, & très-fachez par la perte que nous faifons. Avec les talens qu'il a , jugez combien il en reviendra joli homme.

D'un naturel ingénieux,
Avec fuccès il concilie,
Sans être fort laborieux,
La Peinture & la Poëfie :

Mais, ce qui vaut encore mieux,
Il est de bonne compagnie.

    Quant au long & honteux silence
Que me reprochez justement;
Ce n'est point par indiférence,
Si je l'ai gardé longuement,
Mais bien plutôt par nonchalance,
Qui comme un Auteur d'importance,
M'abandonne très-rarement :
Or donc, après telle assurance,
N'aïez point de ressentiment,
Ecrivez-nous plus fréquemment,
Ou sinon, que votre presence
Nous tire de l'abatement,
Que nous a causé votre absence.

LETTRE

AUX

AUTEURS DU MERCURE.

De Cambray le 13. Septembre 1722.

NOus avons vû ici, Meſſieurs, avec plaiſir, dans votre dernier Mercure, l'Epitre de Mr. de Voltaire à Mr. le Maréchal de Villars. Cet Auteur y eſt arrivé la ſemaine derniére avec Me. de Rupelmonde, d'où il a écrit à Mr. le Cardinal du Bois la Lettre que j'ai l'honneur de vous envoïer : il nous en régala à ſouper chez Mr. de St. Conteſt ; & nous en laiſſa une copie. On parla à ce ſouper de la Comédie qui ſe devoit repreſenter le lendemain. Mr. le Comte de Vindiſgrats avoit demandé les Plaideurs : & on les avoit annoncez. Toute la compagnie marqua l'envie qu'elle auroit de voir joüer Oedippe en preſence de ſon Auteur. Mr. de Voltaire fut chargé d'écrire à Mr. de Vindiſgrats, pour lui demander cette Piéce, il ſortit de table, & lui écrivit cette eſpéce de Placet.

H h 5   Sci-

Seigneur, le Congrès vous suplie
D'ordonner tout presentement,
Qu'on nous donne une Tragédie
Demain pour divertissement.
Nous vous le demandons au nom de Rupelmonde,
Rien ne résiste à ses desirs,
Et votre prudence profonde,
Doit commencer par nos plaisirs,
A travailler pour le bonheur du monde.

Voici la réponse qui fut mise au bas du Placet.

L'Amour vous fit, aimable Rupelmonde,
Pour décider de nos plaisirs.
Je n'en sai pas de plus parfait au monde,
Que de répondre à vos desirs.
Si-tôt que vous parlez, on n'a point de replique.
Vous aurez donc Oedippe : & même la Critique ;
L'ordre est donné, pour qu'en votre faveur,
Demain l'on joüé, & la Piéce & l'Auteur.

LE
TOMBEAU
D'IRIS,

Par M. DE VOLTAIRE.

En Décembre 1723.

I deſſous gît Iris, que la Parque cruelle
Enleve au plus beau de ſes jours;
Iris eut dû vivre toujours,
Mais la beauté jamais ne rendit immor-
telle.

Contre la mort, l'enjoüement, les apas,
La belle humeur, l'eſprit, la politeſſe,
Les jeunes ans, la vertu, la ſageſſe,
Tout s'arme en vain, rien n'arrête ſon bras.

Iris eſt morte avec ſes charmes,
Iris, l'ornement de ces lieux,

Hh 6   Elle

Elle qui fit toujours le plaifir de nos yeux,
    En fait, hélas ! couler des larmes.

O vous que cette mort accable de douleurs,
Amant, fur fon Tombeau venez jetter des rofes,
    Le deftin des plus belles chofes
    Eft de paffer comme ces fleurs.

RE'PONSE

RÉPONSE

DE M. N***,

A LA LETTRE

DE M. DE VOLTAIRE,

Ecrite à M. le Baron de Breteuil, & inſérée dans le Mercure du Mois de Décembre 1723. *

JE ne ſuis pas ſurpris, Monſieur, que dans votre Lettre vous emploïez les expreſſions les plus emphatiques, pour marquer le danger extrême où vous avez été durant votre maladie ; aparemment vous n'étiez encore que convaleſcent lorſque vous l'avez écrite. Mais que vous aïez voulu vous mêler de la Médecine & parler de cet Art comme ſi vous le profeſſiez, j'avouë que cela me ſurprend ; & s'il n'y avoit que les Médecins qui luſſent votre Lettre, je

* Extraite du Mercure du Mois de Février 1724.

je ne m'embarasserois pas d'y répondre. Mais comme la plus grande partie des hommes ne se laisse conduire que par l'opinion, qu'ils ne jugent des choses que par les aparences, & qu'ils se forment aisément des préjugez faux dont il est dificile de les desabuser, ces réflexions m'ont donné occasion de faire quelques remarques sur votre Lettre, & d'en faire part au public, pour prévenir les mauvaises impressions, qui sont bien plus à craindre, lorsqu'elles sont assaisonnées de la Poësie.

Vous regardez la méthode qu'on a suivi dans votre traitement, comme nouvelle & extraordinaire; mais vous vous trompés; & puisque vous prétendez parler en Médecin, vous dévriez premiérement lire les Auteurs de Médecine, & connoître la pratique de nos plus célèbres Médecins de Paris. Que diroit-on d'un Jardinier qui voudroit parler d'Astronomie? Mais revenons à notre sujet: Sydenham retranche les *Cordiaux*, & ne songe qu'à tempérer le sang lorsqu'il est trop agité, ou à le ranimer lorsqu'il n'a pas assez de mouvement. Boerhaave traite la Petite-Vérole comme une vraïe maladie inflammatoire; c'est-à-dire, avec des *délaïans*, des *rafraîchissans*, &c. J'ai connu des Médecins fameux, qui après les saignées nécessaires n'ordonnoient que de l'eau, & des *tempérans*. Mais voici en quoi cette méthode est extraordinaire,

naire, c'est en ce qu'on vous a donné huit
fois l'émétique ; vous avez assurément tout
sujet de dire en cet endroit :

Que souvent l'un périt, où l'autre s'est sauvé,

Et par où l'un périt un autre est conservé.

En éfet, Monsieur, il est certain que l'*émétique*, au lieu de réussir dans les Petites-Véroles, où la fièvre est violente & accompagnée de facheux symptômes, ne produit que de très-mauvais éfets, parce qu'ordinairement l'estomach est tendu & gonflé de sang, qui en irritant le tissu nerveux & délicat de ce viscère, produit des nausées, & des vomissemens : dans ce cas-là il faut éviter l'*émétique* comme un vrai poison. Et je suis persuadé que si vous n'aviez pas bû autant de limonade que vous avez fait, vous n'en seriez jamais revenu. Cette liqueur a détruit la force de l'*émétique*, comme tous les autres acides. Dans quel état n'auriez-vous pas été réduit, si plein de santé vous eussiez pris huit fois l'*émétique* ? Vous aviez pourtant bien plus à craindre dans l'état où vous étiez, pour les raisons que je viens d'alléguer. Je croirois même que si vous en êtes revenu, c'est par un miracle, qu'Apollon, comme Dieu de la Poësie, de même que de la Médecine, a voulu faire en votre faveur.

Direz-

Direz-vous après cela d'un ton ferme : *Toute autre route me conduisoit à une mort infaillible ; & je suis persuadé que la plûpart de ceux qui sont morts de cette redoutable maladie, vivroient encore, s'ils avoient été traités comme moi ?* Et ne pourroit-on pas se servir, pour répondre à cette proposition, d'un autre endroit de votre Lettre, où vous vous plaignez des *raisonnemens faux & funestes* qu'on fait ? Voici vos propres termes : *Cet homme, dit-on, a guéri par une telle voïe ; j'ai la même maladie que lui, donc il faut que je prenne le même reméde.* N'auroit-on pas sujet de dire, combien de gens mourroient si on suivoit cette méthode ? Vous vous récriez, Monsieur, contre les préjugez, & vous ne cherchez qu'à les introduire ; vous voulez qu'on renonce à ces préjugez pour embrasser les vôtres.

Ce n'est pas tout, Monsieur, je remarque que vous décidez de la nature de la Petite-Vérole avec plus confiance que le plus habile Médecin. *La Petite-Vérole, dites-vous, par elle-même, dépouillée de toute circonstance étrangére, n'est qu'une dépuration du sang, favorable à la nature, & qui en nétoïant le corps de ce qu'il a d'impur, lui prépare une santé vigoureuse.* En vérité, à quoi pensiez-vous dans cet endroit ? Il y a plusieurs espéces de Petite-Vérole, indépendamment de *toute circonstance étrangére.* Il y en a de *distinctes*, & de *confluentes* ; il y

en

en a de plus violentes les unes que les autres. Comment prouverez-vous qu'il faut la regarder comme une *dépuration* du fang ? Si cela étoit, il faudroit que ceux qui ne l'ont jamais jouïffent d'une fanté moins vigoureuse que les autres; que les anciens fuffent plus valétudinaires que nous. Elle n'étoit point connuë chez les Grecs; les Arabes font les premiers qui nous en ont parlé; nous l'avons portée en Amérique, & il y a beaucoup de perfonnes qui ne l'ont jamais. On a beau l'avoir, elle revient fouvent. Pourquoi donc l'apeller une *dépuration* du fang ? Le mot de *levain*, ou *venin* eft encore équivoque, le vulgaire le prend pour une fubftance particuliére, & les gens qui raifonnent, pour une certaine difpofition des liqueurs de notre corps.

Si vous connoifficz les éfets des *Cordiaux* dans les Petites-Véroles les plus bénignes, vous n'auriez jamais dit : *Qu'une telle Petite-Vérole foit traitée ou non par les cordiaux.... on en guérit aifément.* Combien de malades ne voit-on pas à qui les *cordiaux* font funeftes? Chargez de particules fulphureufes ou ignées, volatiles, & extrêmement élaftiques, ils augmentent le mouvement du fang, ils le rarefient; le fang pouffé avec une trop grande rapidité fe porte dans les endroits qui lui réfiftent le moins, comme à la tête, aux vifcéres du ventre, & de la poitrine, à caufe que

les

les vaiffeaux de ces parties font plus courts, plus amples, plus droits & moins comprimés. De-là viennent tous ces fymptômes mortels; de-là vient que l'émétique eft fouvent funefte.

Vous dites, que *lorfque le volume du fang augmenté dans les vaiffeaux eft fur le point de les rompre*, &c. il faut recourir à la faignée : rien de plus jufte que cela; non pas pour *dépurer* le fang, mais *pour détendre les vaiffeaux, rendre le jeu des refforts plus fouple*, &c. Mais voici un endroit qui mérite réflexion : enfuite, dites-vous, *les Médecines par les grandes évacuations emporteront la fource du mal*, &c. Je remarque en premier lieu que vous confondez l'éfet avec la caufe ; vous croïez que le pus dont les grains de la Petite-Vérole font remplis, eft la caufe de cette maladie ; point du tout, ce n'en eft que l'éfet. Les liqueurs pouffées avec trop de violence, entrent fans être fuffifamment broïées ni divifées, dans les conduits *excrétoires* de la peau, &c. s'échapent par les extrémitez de ces conduits, & féjournant fous la furpeau, elles fe changent en pus. En fecond lieu, quoique je fois perfuadé que tout ce qui eft capable d'ouvrir doucement fans aucune irritation les conduits *excrétoires* des inteftins, eft d'un grand fecours dans cette maladie ; je fuis pourtant affuré que les *grandes évacuations* font pernicieufes. On peut diminuer avec fuccès en partie les liqueurs fu-

fuperfluës qui refluent dans le fang; on peut diminuer un peu la quantité des parties volatiles & extrêmement élaftiques, qui caufent fouvent la raréfaction du fang. Mais il faut éviter les *grandes évacuations*; il faut bannir comme funefte tout ce qui peut les procurer. Tout ce qu'on peut permettre, c'eft des *purgatifs* très-legers & doux, qui déterminent les humeurs vers les inteftins fans les irriter. Dans les *grandes évacuations* on a fujet d'apréhender, & cela n'arrive que trop fouvent, que les humeurs qui doivent naturellement s'échaper par la peau, ne foient forcées de fe précipiter dans les inteftins, fur-tout au commencement, parce qu'alors elles ne font pas bien déterminées vers la peau. Si cela arrive, les inteftins s'engorgent, & s'enflamment avec les autres vifcéres du ventre, & l'on fait que ces fymptômes, ou plutôt cette nouvelle maladie, eft plus à craindre que la Petite-Vérole elle-même.

Ce font-là, Monfieur, les remarques que la lecture de votre Lettre m'a donné ocafion de faire; je ne m'y fuis propofé que le bien du public, dont la confervation fera toûjours chére aux honnêtes-gens; vous en devez être d'autant plus perfuadé, que je n'ai pas l'honneur d'être connu de vous, ni de votre Médecin, à qui cette Lettre s'adreffe, à proprement parler; c'eft à lui à en faire l'ufage qu'il vou-

voudra. Comme il n'eſt rien de plus facile, ni de plus dangereux que d'introduire des préjugez dans la Médecine, je me ſuis crû obligé de faire voir qu'en loüant une métho-de dangereuſe, & trop commune, par mal-heur, vous tâchez d'établir un préjugé funeſ-te parmi ceux qui ne ſont pas Médecins. Ra-vi d'ailleurs de ce que vous vous portez bien.

Je ſuis, &c.

LETTRE

SUR

LA HENRIADE,

*A Meſſieurs les Auteurs du Journal
de Trevoux.* *

MESSIEURS,

'AVOIS lû le Poëme de *la Henriade,*
lorſqu'il parut la premiére fois ſous
le nom de *la Ligue*, & je ne le regar-
dois alors que comme un ouvrage
informe, plein d'inégalitez & de beaux Vers;
j'avouerai même que je déſeſpérois de voir
jamais l'honneur de la France bien rétabli
dans le genre de l'Epopée; mais enfin, il faut
rendre gloire à la vérité, & je ne ferai aucune difficulté de dire que la France peut
aujour-

aujourd'hui, en ce genre, se comparer à l'Italie, & se préférer à l'Angleterre.

J'écrivis une Lettre critique à l'illustre Mr. de Voltaire dès que la *Ligue* parut, & je l'avertis sincérement, combien il étoit loin de la perfection. Heureusement il a été assez supérieur pour ne le pas croire parfait; il a travaillé, il s'est corrigé, & au lieu d'avertissement, nous ne lui devons plus que des Eloges. Il sera à jamais un grand exemple, que la docilité & le travail continue, peuvent seuls mener à l'immortalité.

On vous a adressé contre ce fameux Ouvrage une Critique, que vous avez insérée dans votre Journal du Mois de Juin dernier. Je vous suplie, Messieurs, & j'ose vous sommer, comme Juges de la question, de décider entre cette Critique & mes Observations.

On semble d'abord refuser à la Henriade le nom de Poëme épique. Je vous demande quel nom mérite donc un Ouvrage qui a unité d'action, de lieu, de tems & d'intérêt, plus que tout autre Ouvrage de cette espéce ? J'en apelle à Vous & à tous les Savans de l'Europe. L'intérêt ne porte-t'il pas du premier Vers jusqu'au dernier, sur HENRI LE GRAND.

Le Poëme commence ainsi :

Je chante ce Héros qui régna sur la France,

Et

Et par droit de conquête, & par droit de naiſſance,
Qui par le malheur même aprit à gouverner,
Perſécuté long-tems, ſut vaincre & pardonner,
Confondit, & Maïenne, & la Ligue, & l'Ibére,
Et fut de ſes ſujets, le Vainqueur & le Pere.

Ce que l'Auteur promet dans cette annonce, il le tient dans tout le cours du Poëme, & enfin :

Tout le peuple changé dans ce jour ſalutaire,
Reconnoit ſon vrai Roi, ſon Vainqueur & ſon Pere.

Pour l'unité de lieu, elle eſt obſervée en ce que Paris eſt ſupoſé toujours aſſiégé, & que le commencement du ſiége & l'entrée du Roi dans la Ville, ſont le ſujet de l'Ouvrage.

L'unité de tems, eſt encore plus rigoureuſement ſuivie, puiſque toute l'action eſt ſupoſée ſe paſſer en un ſeul été.

L'unité d'intérêt eſt évidente, puiſque l'on ne s'intéreſſe que pour HENRI LE GRAND.

Il faut donc avouer que toutes les régles ſont ici inviolablement obſervées.

Je n'entens rien aux reproches qu'on fait à Mr. de Voltaire, *de n'avoir pas intéreſſé le Ciel, la Terre & les Enfers à ſon action.* On ne demande pas, ſans doute, que Jupiter & Vénus ſe mêlent des affaires d'Henri IV. & nous de-

vons,

vons, je croi, savoir bon gré à l'Auteur de n'avoir point introduit de Magiciens, comme *le Tasse*, ni fait battre les Anges à coups de canon, comme *Milton*; & il me paroît qu'il y a une singuliére dextérité à avoir emploïé des fictions, qui ne sont ni puériles, ni extravagantes dans ce siécle éclairé & Philosophique, où l'on regarde les fictions purement Poëtiques, comme des débauches d'esprit, où l'on méprise souverainement tout ce qui n'est pas raisonnable.

Or, je prétends que de toutes les fictions emploïées par Mr. de Voltaire, il n'y en a pas une qui ne soit ce qu'elle doit être pour nous plaire, je veux dire, vraie.

Que la discorde ait animé la Ligue, que la Politique ait eu son séjour à Rome, que l'espérance, les vices & les chagrins soient sans cesse les suivans de l'Amour, que St. Louïs, protecteur de la France, & ancêtre de Henri IV. intercéde pour lui auprès du Très-Haut; il n'y a rien là que de Chrétien & de vrai.

L'Auteur a imité Virgile dans la descente aux Enfers; je suis bien loin de désaprouver cette imitation, & je ne suis point du nombre de ceux qui regardent comme des Plagiaires ces nobles esprits, qui savent s'aproprier les beautez antiques, & faire des originaux François de ces beaux morceaux Grecs & Romains.

Je

Je ne crains point même d'affirmer qu'en plufieurs endroits notre Auteur enchérit fur fon modèle, & pour le prouver, comparez la Philofophie de Virgile avec celle de Mr. de Voltaire.

Principio cœlum ac Terras campofque virentes
    Spiritus intùs alit. . . . .

* Dans le centre éclatant de ces orbes immenfes,
Qui n'ont pû nous cacher leur marche & leurs diftances,
Luit cet aftre du jour par Dieu même allumé,
Qui tourne autour de foi fur fon axe enflâmé,
De lui partent fans fin des torrens de lumiére,
Il donne en fe montrant la vie à la matiére,
Et difpenfe les jours, les faifons, & les ans,
A des Mondes divers autour de lui flotans.
Ces aftres affervis à la loi qui les preffe,
S'atirent dans leur courfe, & s'évitent fans ceffe.
Et fervant l'un à l'autre & de régle & d'apui,
Se prêtent les clartez qu'ils reçoivent de lui.
Au-delà de leurs cours & loin dans cet efpace,
Où la matiére nage, & que Dieu feul embraffe,
Sont des foleils fans nombre, & des mondes fans fin.
Dans cet abîme immenfe, il leur ouvre un chemin,
Par-delà tous ces Cieux, le Dieu des Cieux réfide.

Je

Je ne fai fi je me trompe , mais avoir ainfi expliqué le fiftême du monde avec une Poëfie fi majeftueufe , & une précifion fi exacte , me paroît l'éfort de l'efprit. Virgile a mis aux portes des Enfers les maux qui affligent les hommes.

Veftibulum antè ipfum primifque in faucibus Orci ,
Luctus & ultrices pofuere cubilia curæ ;
Pallentefque habitant morbi , triftifque Senectus ;
Et Metus , & male-fuada fames & turpis egeftas ,
Terribiles vifu formæ , lethumque laborque ,
Tum confanguineus lethi fopor , & mala mentis
Gaudia , mortiferumque adverfo limine bellum.

Mr. de Voltaire a placé les vices à peu près au même endroit.

* Là , gît la fombre envie, à l'œil timide & louche,
Verfant fur des lauriers les poifons de fa bouche.
Le jour bleffe fes yeux dans l'ombre étincelans,
Trifte Amante des morts, elle haït les vivans.
Elle aperçoit H E N R I, fe détourne & foupire ,
Auprès d'elle eft l'orgueil, qui fe plaît & s'admire.
La foibleffe au teint pâle , aux regards abatus,
Tiran

* *Chant VII.*

Tiran qui céde au crime, & détruit les Vertus.
L'ambition fanglante, inquiéte, égarée,
De Trônes, de Tombeaux, d'Efclaves entourée,
La tendre hypocrifie aux yeux pleins de douceur,
(Le Ciel eft dans fes yeux, l'Enfer eft dans fon
  cœur.)
Le faux-zèle étalant fes barbares maximes,
Et l'intérêt enfin, Pere de tous les crimes.

Que l'on compare encore le bonheur que
les ames des Héros goûtent dans les Champs
Elifiens, avec la félicité des bienheureux, décrite dans la Henriade.

* Amour, en ces climats tout reffent ton empire,
Ce n'eft point cet amour que la moleffe infpire.
C'eft ce flambeau divin, ce feu pur & facré,
Ce pur enfant des Cieux fur la terre ignoré.
De lui feul à jamais tous les cœurs fe rempliffent,
Ils defirent fans ceffe, & fans ceffe jouiffent;
Et goûtent dans les feux d'une éternelle ardeur,
Des plaifirs fans regrets, du repos fans langueur.

Je ne raporte aucun de ces morceaux fans
en être ému, & je vous avouë que le plaifir
qu'ils me caufent, me donne quelque indi-
gnation contre des Français, qui préférent le
          Taffe

* Chant VII.

Taſſe & Milton à l'Auteur de la Henriade. Je
n'ai ſur cela qu'un mot à dire : le Taſſe &
Milton ſont pleins de *concetti* & de penſées
fauſſes. Qu'on me trouve dans Mr. de Voltaire une ſeule penſée fauſſe, une ſeule com-
paraiſon qui ne ſoit pas noble & juſte, & j'a-
bandonne ſa cauſe.

Mais ſur-tout, ce qui doit plaire davantage
dans la Henriade à des eſprits ſenſez, c'eſt que
l'Auteur a parlé humainement, quoique poë-
tiquement; il a peint nos mœurs & nos uſages,
& il faut avouer que nul Poëte épique, hors
Homére, n'avoit été aſſez heureux pour faire
des portraits reſſemblans. Vous trouvez dans
la Henriade nos maniéres de combattre, nos
fortifications, nos ſiéges, nos loix, nos cou-
tumes, nos intérêts, ceux de nos voiſins ; &
ce qui eſt plus que tout cela, les Peintures
vivantes de tous les hommes du tems de
Henri I V. Le Lecteur doit être charmé de
trouver tant de véritez dans une ſorte d'Ouvrage, où d'ordinaire on ne trouve que des
fictions.

On affecte à tout propos d'apeller le Télémaque un Poëme épique ; je ſuis bien perſuadé que Mr. de Fénelon, lui-même, n'auroit
pas oſé donner ce grand titre à ſon Ouvrage. Ceux qui parlent ſi improprement,
ſont des perſonnes qui voudroient avoir la
gloire d'être Poëtes ſans en avoir la peine ;

ils

ils debitent hardiment qu'un long Ouvrage en Vers ne peut réuſſir, parce qu'ils ſont incapables d'en faire, & j'oſe dire même qu'il a fallu que la Henriade parut, pour faire voir à la Nation qu'elle pouvoit avoir un Poëte épique.

Mr. de Fénelon avoit crû, je l'avouë, que les François ne pourroient jamais s'élever juſqu'à l'Epopée ; il ne connoiſſoit pas notre Poëſie. Lui-même il étoit un fort mauvais Poëte, on le voit par le peu de Vers qu'on a imprimez de lui, il penſoit que la meſure de l'Ode faiſoit plus de plaiſir à l'oreille que nos grands Vers, & que cette meſure ſeule pouvoit ſe ſoutenir ſans fatiguer ; mais s'il avoit voulu conſidérer que nos Tragédies ſont écrites en Vers Alexandrins de douze ſillabes, il n'auroit pas voulu que les Poëmes épiques fuſſent compoſez de ſtrophes.

Avant que l'aimable la Fontaine eût mis les Fables en Vers, toute l'Académie ſoutenoit qu'on ne les pouvoit écrire qu'en Proſe. Avant que Mr. de Voltaire enrichit notre ſiécle & notre Nation d'un Poëme épique, on croïoit auſſi qu'il falloit faire des Poëmes en Proſe. On a toujours regardé notre Langue comme incapable des ouvrages hardis, juſqu'à ce qu'il ſoit venu de grands hommes, qui aïent montré qu'un eſprit original fait du langage l'uſage qu'il lui plaît. En un mot, j'entens

dire

dire aujourd'hui aux esprits sérieux & pleins
d'impartialité, que le Télémaque est le seul
Roman moral, & la Henriade le seul Poëme
épique que nous aïons.

Le Critique reproche à Mr. de Voltaire
une chose qui, si elle étoit vraïe, le rendroit
certainement un mauvais Poëte; il insinuë
qu'on ne lit point la Henriade avec cette curiosité & cet empressement qu'inspire un Roman bien composé.

Je plains ce Critique sévére, qui se plaît si
fort à la lecture des Romans, & qui s'ennuïe à la Henriade; pour moi qui l'ai lûë dix
fois, toujours avec le même plaisir, j'ai recherché la cause pour laquelle cet Ouvrage
se fait lire de tout le monde; j'ai crû trouver
que la vivacité, & la netteté de la diction en
étoient la principale raison. Le stile rapide
emporte son Lecteur avec soi; telle est, par
exemple, la peinture des combats, que j'avouë
ne pouvoir lire que dans la Henriade.

Le Soldat à son gré sur ce funeste mur,
Combattant de plus près, porte un trépas plus sûr.
Alors on n'entend plus ces foudres de la guerre,
Dont les bouches de bronze épouventoient la terre.
Un farouche silence, enfant de la fureur,
A ces bruïants éclats succéde avec horreur.
D'un bras déterminé, d'un œil brûlant de rage,
Parmi ses Ennemis chacun s'ouvre un passage.

On

On saisit, on reprend par un contraire éfort,
Ce Rempart teint de sang, Théâtre de la mort.
Dans ses fatales mains la victoire incertaine,
Tient encor près des lys l'étendart de Lorraine.
Les assiégeans surpris, font par-tout renversez:
Cent fois victorieux & cent fois terrassez.
Pareils à l'Océan poussé par les orages,
Qui couvre à chaque instant & qui fuit ses rivages.
Jamais le Roi, jamais son illustre Rival,
N'avoient été si grands qu'en cet assaut fatal.

. . . .

Français, Anglais, Lorrains, que la fureur assemble,
Avançoient, combattoient, frapoient, mouroient
   ensemble.
Ange qui conduisiez leur fureur & leur bras,
Ange exterminateur, ame de ces combats,
De quel Héros enfin prîtes-vous la quérelle?
        Chant VI.

Une autre raison encore qui fait lire ce Poëme avec tant d'avidité, c'est un artifice qui
me semble particulier à l'Auteur; il a eu soin
de finir chaque Chant d'une maniére qui excite la curiosité de lire le suivant, en laissant
toujours attendre quelque événement.

Par exemple, au premier Chant, Henri IV.
finit par ce Discours à la Reine Elizabeth.

Sur-tout en écoutant ces tristes avantures.

On s'attend donc de voir ces avantures au second Chant.

A la fin du troisiéme :

La voix de la victoire en son Camp le rapelle.

On a donc envie d'aprendre ce qu'il va faire.

A la fin du cinquiéme :

Henri du haut du Trône alloit les foudroïer.

A la fin du sixiéme, St. Louïs lui aparoît, & l'Auteur réferve adroitement la vifion pour le feptiéme.

A la fin du huitiéme, en parlant de la Difcorde :

Dans un Char teint de fang qui fait pâlir le jour, Elle part, elle vole, & va trouver l'Amour.

Avec quelle impatience n'attend-on pas le fuccès du voïage de la Difcorde ?

Plus je réfléchis fur cet artifice, que perfonne jufqu'à prefent n'a remarqué, plus je fuis perfuadé que c'eft à lui qu'on doit le fuccès de la Henriade.

Le petit nombre d'ennemis que ce Poëme fameux a encore, triomphe de ce que l'Epifode de Didon eft beaucoup plus intéreffant que celui d'Elizabeth, & reproche à notre Auteur d'avoir mis le Chant, qu'on apelle le Chant des Amours, à la fin du Poëme, au lieu

lieu de l'avoir mis au commencement, comme Virgile. Il est bien certain que l'Episode de Didon dans l'Enéïde, est un morceau parfait, dont l'Episode d'Elizabeth, dont le Poëme François n'aproche pas. Que conclure de-là ? Rien autre chose, sinon, que Virgile est principalement admirable dans cette Episode, & Mr. de Voltaire dans la Saint Barthélemi, dans l'assaut de Paris, dans la Description de la Politique, dans le Temple de l'Amour. En vérité, le Critique voudroit-il qu'Henri IV. fût amoureux de la Reine Elizabeth, parce qu'Enée fit l'amour à Didon ?

C'est ici, sur-tout, que le Critique me paroît se tromper, & qu'il importe pour la perfection du goût de remarquer son erreur.

Le neuviéme Chant, dit-il, n'est point à sa place à la fin de l'action. Il la fait languir ; il me semble que c'est tout le contraire. Je suis persuadé que l'admirable Episode de Didon a fait grand tort à l'Enéïde, en cela seul qu'il est au commencement du Poëme ; en éfet, les combats dans le *Lavinium*, sont bien froids quand on vient de lire le quatriéme Livre de Virgile.

Il y a encore ici une observation très-utile à faire ; c'est que dans presque tous les Poëmes & dans presque tous les Romans, il y a toujours une Episode amoureuse, qui par la corruption de notre nature, est d'ordinaire

I i 5 l'enl'endroit de l'Ouvrage le plus piquant ; on en voit des exemples dans Virgile, dans le Taffe & dans tous nos Romans, même dans le Roman Moral de Télémaque.

Cette forte de beauté eft devenuë enfin un lieu commun ufé. Qu'a donc fait, ce femble, très-habilement Mr. de Voltaire ? Au lieu de nous donner une avanture Romanefque, il nous a donné un Chant tout allégorique ! ce n'eft pas une avanture amoureufe qu'il peint, c'eft le Palais de l'Amour ; c'eft-à-dire, uniquement les dangers de cette Paffion.

C'eft-là, c'eft au milieu de cette Cour affreufe,
Des plaifirs des humains, compagne malheureufe,
Que l'Amour a choifi fon féjour éternel,
Ce dangereux Enfant, fi tendre & fi cruel,
Tient en fa foible main les deffeins de la Terre, &c.

Il me paroît que cette Defcription, fi ingénieufe & fi morale, vaut bien les emportemens d'une Héroïne de Théâtre qui fe plaint d'être abandonnée par fon Amant. Je finis là mes Remarques fur la Critique de la Henriade ; je vous prie MM. de vouloir bien juger entre l'Obfervateur & moi. J'aurai enfuite l'honneur de vous demander auffi votre décifion fur des points concernant le Civil, le Sacré & le Moral, fur lefquels on attaque Mr. de Voltaire dans la feconde Partie. Je

ne

ne fuis ami que de la vérité, & fi Mr. de Voltaire a laiffé échaper des expreffions peu mefurées, permettez - moi de m'unir à vous pour le prier folemnellement de les corriger ; car en vérité, toute la France doit s'intéreffer à la perfection de cet Ouvrage.

Je fuis, MM. &c.

Signé, LA BRUÏERE.

A MON-

EPITRE
A MONSIEUR
DE VOLTAIRE,

Sur son Poëme Epique de HENRI LE GRAND, *& sur la Vie de* CHARLES XII. *Roi de Suede, qu'il vient de donner au Public. Par Mlle.* DE MALCRAIS DE LA VIGNE, *du Croisic, en Bretagne.* *

CHARLES, nommé l'Alexandre du Nord,
Le grand Henri, le César de la France,
Ont repassé, dit-on, le sombre bord,
Pour assurer de leur reconnoissance,
Notre Voltaire, Auteur par excellence.
Les deux Héros lui contérent d'abord,
Comment par-tout, dans les Champs Elisées,
Avec éclat leurs ombres sont prisées,
Depuis qu'on lit, & sa Prose & ses Vers,
Où sont moulez leurs faits d'armes divers,
Où leurs vertus sont immortalisées.

Mais,

* Extraite du Mercure du Mois de Juillet 1732.

Mais, dit Henri, comme au séjour des Morts,
D'or ni d'argent ne se fabrique espéce,
De nous n'auras ces périlleux trésors,
Après qui l'Homme au cœur bas court sans cesse.
Ce nonobstant voulant à tes travaux,
Ainsi qu'il duit, donner loïer insigne,
Nous aportons présent cent fois plus digne
D'être estimé, que tous les minéraux ;
Tien, le voilà, déja ton œil s'empresse ;
Ce sont, ami, les titres de Noblesse,
Non par extrait, ains par originaux,
Dont autrefois, en dépit des Rivaux,
Le bon Auguste honora son Virgile ;
Virgile épris des beautez de ton stile,
Car il entend le François aujourd'hui,
T'en fait présent, pour charmer ton ennui.
Ton nom, mon cher, joint au sien s'y fait lire ;
A cettui don Auguste a consenti,
Lui-même encore a voulu les souscrire,
Et Charles, & moi, qui prenons ton parti,
Contre quiconque oposant au contraire,
De nos deux sceaux, avons, fameux Voltaire,
Le tout muni dûment & garanti.
Adieu ; n'avons nulle autre récompense
Pour te païer de tes doctes bienfaits ;
Mais bien jugeons qu'au Païs des François.
Tant fier soit-il, n'est humain qui s'offense,
Qu'à son côté tu marches déformais.

EPITRE

EPITRE

A MONSIEUR

DE VOLTAIRE,

PAR MADEMOISELLE

DE MALCRAIS DE LA VIGNE,

DU CROISIC, EN BRETAGNE,

Pour le remercier du Present qu'il lui a fait de son
HISTOIRE DE CHARLES XII. *de sa*
HENRIADE, *& du* RECUEIL *de quelques-*
unes de ses TRAGE'DIES. *

Es deux Héros, Voltaire, enfin sont ar-
    rivez ;
Bon jour, leur ai-je dit, couple de Rois
    célèbres,
Conquérans, dont les noms de l'horreur des ténèbres,
Ont été, par Voltaire, à jamais préservez ;
    Vous êtes-vous bien conservez,
    Pendant la longueur du voïage ?
Auriez-vous essuïé d'un insolent orage,
    Les brusques incommoditez ?
                Non,

* Extraite du Mercure du Mois de Décembre 1732.

Non , vos habits brillans * n'ont point été gâtez.

 Votre Redingote luifante ,

 Faite d'une toile gliffante , †

Des torrens pluvieux vous a très-bien gardez ;

Mais combien avez-vous fufpendu mon attente !

 Combien mes plaifirs retardez ,

Ont-ils fait murmurer mon ame impatiente !

Trois fois dix jours , bon Dieu ! pour venir de Paris

Au Païs des Bretons ! votre marche eft trop lente.

 Ou , fi je l'ai bien compris ,

 Il faut que vous aïez pris

 La route des Pirénées ;

 Autrement , fans m'étonner ,

 Je ne puis m'imaginer ,

 Qu'à fi petites journées ,

 Guerriers veuillent cheminer.

 Cependant Charles douziéme , §

 S'offre à mes regards contens ,

 Mars , autant que Mars lui-même ,

 Terrible , armé jufqu'aux dents ,

 Comme s'il alloit fe battre.

 Quel air d'intrépidité ?

 Il eft encore tout botté.

 Ni Charles , ni Henri-quatre ,

 N'étoient de minces Héros ,

        Ener-

* Ces Livres étoient couverts de papier marbré.

† Ils étoient envelopez dans une toile cirée.

§ Allufion à l'Eftampe qui eft en tête de l'Hiftoire de Charles XII.

Enervés dans le repos,
Qui craignent la pleuréfie,
Et n'épargnent leurs chevaux
Que pour épargner leur vie.

Après avoir atendu pendant un grand mois,
j'ai reçû, Monfieur, le prefent dont vous m'a-
vez honorée. Vous avez ajoûté à Charles XII. &
à la Henriade, que vous me promettiez dans le
Mercure de Septembre, Oedipe, Mariamne &
Brutus. Cette généreufe politeffe m'a furprife
agréablement, je n'avois vû jufqu'à ce jour votre Brutus que par Extrait ; & qu'eft-ce qu'un
Extrait, quand la Piéce eft toute belle ? cela ne
fert qu'à mettre le Lecteur en apétit ; j'étois
comme celle à qui l'on fait fentir une orange,
qu'on lui ôte auffi-tôt de deffous le nez, afin
qu'il ne lui en demeure que l'odeur. La pareffe du Meffager m'a fort impatientée, & le feu
Pere du Cerceau n'a jamais murmuré davantage contre le Meffager du Mans. Vous ne fau-
riez croire combien vos Vers & votre prefent
m'ont renduë glorieufe. *Vedendo dono cofi gentile,
non reftò nel mio cuore dramma, che non foffe od amif-
ta, ò fiamma.* Perfonne ne me vient voir que je
n'en faffe parade à fes yeux ; enfin je ne me tro-
querois pas aujourd'hui pour une autre

Que quelqu'un deformais me dife,
Que mon Pégafe va le trot,
Que mon Phébus parle oftrogot,

Et

Et que mes Vers font marchandife,
A vendre un fou marqué le lot ;
Je répondrai tout auffi-tôt :
Efprit fait dans un méchant moule,
Demandez à Voltaire, à ce fameux Auteur,
Il fait comment ma veine coule ;
Et fi mes Vers font fans valeur,
Marchand d'oignon fe connoît en ciboule.

Comme je prife infiniment tout ce qui fort
de votre plume, & que je ferois fachée de perdre de vos Ouvrages, jufqu'à la moindre ligne ;
je me fuis chagrinée, quand j'ai vû qu'à la fin du
volume de la Henriade, il manquoit quelques
feüillets à la vie du Taffe, de cet homme divin,
avec qui vous partagez tout mon cœur.

Mais à cheval donné regarde-t-on la bride ?
Ce mot m'eft échapé, Voltaire, ami, pardon ;
C'eft le Proverbe qui me guide
A faire la comparaifon,
Qui convient mal au riche don,
Dont en divers climats mon nom fe glorifie,
Exprimons-nous donc autrement ;
Supofons que d'un diamant
Un humain libéral un autre gratifie,
Se perfuadera-t-on qu'il fut fi délicat,
Qu'à caufe d'un petit éclat,
Dont le défaut laiffa la pierre moins finie,
D'accepter le prefent il fit cérémonie !

Ic

Je ne me fuis nullement étonnée, quand j'ai vû par la Piéce que vous m'adreſſez, que tout ce qu'il y a de beau étoit du reſſort de votre eſprit. Vous vous êtes, pour ainſi dire, ſignalé en tous genres; Hiſtorien du premier ordre, Poëte excellent, Epique, Tragique, Comique, &c. eſt-il quelqu'Illuſtre de l'Antiquité, dont vous duſſiez envier la gloire? que n'avez-vous point eſſaïé? & en quoi n'avez-vous point réuſſi? J'avouërai pourtant qu'il eſt une exception, mais une touchante exception à faire à la plénitude de votre contentement: quoi, à trente-ſept ans vous vous trouvez hors d'âge de pouvoir aimer? Vous avez donc été bien amoureux à vingt, &, comme un dépenſier, vous avez mangé le fond & le revenu de bonne heure. Que la condition de certains hommes eſt bizarre! à dix-neuf & vingt ans vous faiſiez des Vers à merveille, à trente-ſept vous vous en aquittez encore mieux. Hélas! & trente-ſept ans en amour ne repreſentent que l'ombre, & le fantôme de votre premiére & douce réalité!

> Votre expérience confirme
> La vérité de ce qu'on lit,
> Qu'eſprit eſt prompt, mais que chair eſt infirme,
> D'ailleurs Cicéron nous a dit,
> Ce docte Cicéron, Profeſſeur en ſageſſe,
> Que les plaiſirs vifs & preſſans

Où

Où se laisse avec fougue emporter la jeunesse,
La livrent par avance aux desirs impuissans
   De la foible & triste vieillesse.

Je me trompe, Monsieur, & je dois penser
tout autrement sur votre compte. Si vous quittez l'amour, c'est que vous avez découvert
tout le faux de ses charmes, & pénétré tout le
vuide de ses plaisirs. Votre sort, bien loin d'ê-
tre à plaindre, est digne d'envie, & vous n'en
êtes encore que plus estimable. Vous avez fait
les mêmes réflexions qu'Arioste, dans la premiére Stance du Chant 24. de Roland furieux.

» Chi mette il piè sù l'amora piana,
» Cerchi ritrarlo, è non v'invefchi l'ale ;
» Che non è in sommosa Amor, se non insania,
» Al gindicio dè savii, universale.

C'est trop parler morale ; chut, je vois que
toutes les oreilles ne s'y prêtent pas de la même maniére. Je reviens à Charles XII. & à la
Henriade, dont je ne saurois me lasser de vous
remercier ; je vous assure que quoique venus
les derniers, ils seront au rang principal dans
ma petite Bibliothéque, & qu'avec vos Tragédies, ce seront mes Livres favoris.

   Mais comme je les ai reçus,
D'un tafetas changeant legérement vétus,
   J'ai craint que le froid & la brume
Venant avec l'hyver, affreux porteur de rhume,

Ne

Ne les euffent incommodez.

C'eft pourquoi proprement on a pris leur mefure,
Puis on a mis fur eux des habits fans couture,
D'or magnifiquement bordez,
A qui le tafetas a fervi de doublure.

J'accepte avec joïe l'amitié que vous me promettez à la fin de votre Lettre. Nous nous en fommes donné des preuves réciproques, que je crois auffi fincéres de votre part qu'elles le font de la mienne. Les amitiez que le hazard fait naître font fouvent de plus longue durée que les autres. Il ne tiendra point à moi que la nôtre ne finiffe jamais. Je voudrois avoir quelque chofe qui fut digne de vous être envoïé en revanche de votre prefent ; mais c'eft-là fouhaiter l'impoffible.

» Quel ch'io vi debbo, poffo di parole
» Pagare in parte, è d'opera d'inchioftro
» Ne che pocho vi dia da imputar fono,
» Che quanto io poffo, dar, tutto vi dono.

Vous voudrez bien que les fentimens de mon cœur fupléent au refte. Je fuis avec toute la reconnoiffance, toute l'amitié & tout le refpect poffible, Monfieur, votre très-humble, &c.

EPITRE

EPITRE
A MADEMOISELLE
DE MALCRAIS.*

Ne plume plus délicate,
Que n'eſt celle qui vous écrit,
Et dont l'encens chatouille & flâte
Le cœur & ſatisfait l'eſprit:
Cette plume à jamais célèbre,
Depuis la Seine juſqu'à l'Ebre,
Depuis l'Ebre juſques aux bords
Qu'arroſe la Tamiſe altiére;
Enfin dont les nobles eſſors,
Juſqu'aux lieux où naît la lumiére
Bien-tôt ſe feront admirer;
Cette plume ajoûte à ſa gloire,
La gloire de vous célébrer;

Par-

* Comme elle eſt citée dans cet Ouvrage en différens endroits, & que dans cet Epitre (tirée du Mercure du Mois de Février 1734.) il y eſt fait mention
de M. de Voltaire, on a crû devoir auſſi l'y inférer.

Par-là croïant mieux s'affurer
Un nom d'éternelle mémoire;
Voltaire, en tous lieux fi vanté,
Unit fon nom avec le vôtre,
Et vous charmerez l'un & l'autre
La derniére poftérité.
Touché de cet exemple illuftre,
Malcrais, que ne puis-je à mon nom
Affurer un auffi beau luftre
En célébrant votre renom ?
Jufques ici dans le filence,
Content d'admirer vos Ecrits,
Et charmé que toute la France
Vous en donnât le jufte prix,
J'ai fçû réfifter à l'envie,
A l'ardeur de vous exalter ;
Mais enfin mon ame ravie
Ne fauroit plus y réfifter.
Je veux d'une Mufe nouvelle
Chanter les admirables traits ;
Et la Déeffe la plus belle
Pour mon cœur auroit moins d'atraits,
Que n'en a l'illuftre Immortelle
Qui porte le nom de Malcrais.
Son efprit me la reprefente
Vive, gracieufe, amufante ;
De fes beaux yeux le feu charmant
Pénétre jufqu'au fond de l'ame;

Qui

Qui la voit, l'entend un moment,
Reffent la plus ardente flâme,
Et fait en soi-même ferment
De l'aimer éternellement.
Il fait ce ferment en soi-même,
Non à l'objet de son ardeur;
C'eft en secret qu'il faut qu'on l'aime,
Renonçant au bonheur extrême
De triompher de sa rigueur;
Sa raifon eft sa loi fuprême,
Et son efprit défend son cœur.
Ouï, telle eft l'adorable idée
Que je me fais de vous, Malcrais,
Et ma plume s'eft hazardée
A vous en tracer tous les traits.
Je jurerois qu'ils vous reffemblent;
Vos charmants Ecrits les raffemblent;
Par-là, juftement admirez;
C'eft d'eux que je les ai tirez.
Un Auteur a beau se contraindre;
Digne d'eftime ou de mépris,
La nature dans fes Ecrits
Le force toujours à se peindre.
Quelque fujet que vous traitiez,
Par tout on vous trouve admirable;
Et quelque ton que vous preniez,
Vous paroiffez toujours aimable.
Que l'on célèbre vos talens,

Du

Du Couchant jusqu'à l'Aurore ;
Qu'on vous admire, j'y consens ;
Moi, je fais plus, je vous adore.
De mon cœur acceptez le don.
Pour que votre gloire y consente,
De celui qui vous le presente,
Je prétens vous cacher le nom.
L'ignorant, vous croirez peut-être
Que ce don vous pourroit flâter,
Au lieu que me faisant connoître,
Il pourroit bien vous irriter.
Ne pressez donc point ma disgrace,
Et contentez-vous de savoir
Que se prêtant à mon audace,
Vos neuf Sœurs, sur le Mont Parnasse,
Daignent par fois me recevoir.
Calliope, ni Melpoméne,
N'ont jamais élevé mes sons,
Quoique parmi ses nourriffons
Phœbus m'ait placé sur la Scène.
Voltaire plein d'un feu divin
Chauffe le cothurne tragique :
Ma Muse naïve & comique,
Ne chauffe que le brodequin.

Fin de la II. Partie du Tome I.

www.ingramcontent.com/pod-product-compliance
Lightning Source LLC
Chambersburg PA
CBHW050736030726
47505CB00002B/288